JN065113

あなたの生命の樹

1 ケテル

3 ビナー

2 コクマー

5 ゲブラー

4 ケセド

6 ティファレト

8 ホド

7 ネツァク

9 イエソド

10 マルクト

切り取ってお使いください

宇宙とつながる、意識の設計図「生命の樹——受け取りの法則」月のリズムで行なうワーク22日間

小西温子
Atsuko Konishi

宇宙とつながる、意識の設計図
「生命の樹——受け取りの法則」
月のリズムで行なうワーク 22日間

はじめに

はじめにことばがあった
ことばは神と共にあった
ことばは神であった（ヨハネによる福音書　第1章 第1節）

みなさま、はじめまして。

混沌とした社会の中で、どのように生きていったらいいのか不安でいっぱいの人、経済的に困窮している人、疲れきって絶望している人を見るたびに、かつての私も同じように苦しみもがいて生きていたことを思い出します。私はずっと、自分はなんてちっぽけで無力な存在なのかと思って生きてきました。私なんて価値が無いと、ずっと自分を否定していました。まったく自信が無く、希望も感じられず、不安でいっぱいでした。じゃあどうしたらいいのかと、考えても考えてもわからなくて、何かしたいのだけれども、何をしたらいいかがわからない……、ただむなしく毎日が過ぎていくだけでした。いつも生きる意味や目的を探し求めていましたが、心の中は不安と焦りでいっぱいでした。日々の生活に追われ、夢や希望、将来のことなど明るく楽しいことを考えることもできない……、苦しくてたまらない……、ほんの数年前の私はそんな状態だったのです。

そんな私に訪れた転機は２００７年の**「引き寄せの法則と生命の樹との出会い」**です。私は、正しいこと、良いことをしようと思い、世のため人のためにボランティア活動をしたりして、一生懸命真面目に生きてきました。しかし、現実は経済的にとても困っていて、心の安らぎも喜びもありませんでした。世のため人のためにがんばっている自分が不幸なのですからお話にもなりません。結局、世のため人のためどころか「自分をなんとかしなくてはならない」状況にまで追いつめられて、ようやく「自分は何か違うのではないか?」と思った時に、「引き寄せの法則」で、「宇宙の法則」というものがあること、「自分が現実をつくっている」ことを知ったのです。

「自分が現実をつくっている??」

衝撃を受けると同時にこうも思いました。「それが本当なら、この現実は自分がつくったことになる……だとしたら、それを変えられるのだろうか……?　変えられるなら変えてみたい！」おそらくみなさんもこのように思ったことがあるのではないでしょうか？　根が真面目だったこともあり、今度は引き寄せの実践を一生懸命やり出したのですが……これがまったくうまくできない‼　ワクワクがわからない‼　のです。なかなか現実は変わらず、そう簡単に意識も変わりません。シンプルな教えは、いざやると難しかったのです。

でも、せっかく知った「宇宙の法則」。私も自分の現実をつくりたい。当時は経済的に困っていたので、とにかく自立したい！　という気持ちでいっぱいでした。その気持ちがあふれんばかりになった頃、私の意識に浮かび上がってきたのが生命の樹でした。この不思議な図形とは引き寄せと同じ時期に出会いましたが、とても強烈な印象を受けました。しかし、初めはまったく意味がわかりませんでした。そうしていよいよ行き詰まった時、生命の樹が意識に浮かび上がってきたのです。力強く「感じて」心の中で見えてきました。生命の樹の「見えない何か」に強烈に引き寄せられたのです。それ以来、夢中になって生命の樹を探求しました。頭の中には常に生命の樹があって、この図形の意味を知りたい知りたいと追い求めていったのです。

２０１０年、生命の樹に感じた「見えない何か」とつながりました。

ついに「その時」がやってきたのです。散歩中に突然閃きがやってきました。「言葉に注目せよ‼」私の頭の中に降ってきたその声は、**「言葉に注目せよ‼」**と告げてきました。そして次々に、**「旧約聖書！」「カバラ！」「ヘブライ語！」と3つの単語**が続きました。頭の中で、威厳のある大きな声が響き渡ったのです。この出来事は自分ではまったく意図しない神秘体験でした。私はこの体験で、カバラの「受け取る」という意味を理解しました。私はこの時、**「見えない何か」が突然語りかけてきたことを「受け取った」のです。今思えば、自分でも気づかぬうちに、準備ができていたのだと思います。**この出来事を受け取っていなければ、今こうして本を書くことはなかったと思います。

生命の樹は「カバラ」という知識を表す図形です。**カバラの意味は「受け取る」で、「引き寄せの原点にあたる古代の叡智」だと伝えられています。**この体験をきっかけに「見えない何か」につながって、生命の樹の秘密が明かされていきました。生命の樹を探求して3年後、「受け取る」体験をした先には、驚くような古代の叡智との出会いがありました。**生命の樹は、「見えないけれども在る何か」につなげてくれる図形です。**「あなたが求めているもの」を受信できるように導く働きをする図形なのです。「あなたが求めているもの」につながるには、あなたにはやるべきことがあります。それは、**いつ来てもいいように受**

け取る準備をすることです。その準備は、生命の樹を使って整えることができます。格言に「準備ができたら師が現れる」とか、「機が熟した時に実現する」というのがありますが、**生命の樹は格言にあるように、まさに「受け取る準備を整える図形」なのです。**これからそのやり方を学んでいきましょう。

生命の樹とは、

①カバラの教えを表す図形
②意味は「受け取る」
③引き寄せの原点の教え

です。

これから生命の樹が出てきたら、カバラ、受け取る、引き寄せの原点だと受け取ってください。生命の樹の教えの3本柱は、以下の3つです。

①生命の樹（カバラの教え）とは、「受け取る」ことを説いた図である（意味）
②生命の樹（カバラの教え）とは、身体、宇宙、意識の３つをまとめる図である（仕組み）
③生命の樹（カバラの教え）とは、現実化のプロセスをつくるために使える（使い方）

特に③の使い方は、イメージを実現させる＝未来を受け取るためにとても役に立ちます。この本では、生命の樹の「受け取りの法則」についてお伝えします。「受け取りの法則」とは、「見えない何か」「あなたが求めているもの」がいつ来てもいいように、受け取る準備を整える方法です。「引き寄せの法則」は世の中に充分広がったと思いますが、これからは、「受け取りの法則」が世に出る時期に来たのです。生命の樹を使うと、あなたはもっと受け取り上手になり、気づきやすくなり、見えないものとつながれるのです。そして、発信したことをどんどん受信できるようになるでしょう！　**なかなか引き寄せができない人は、「引き寄せていない」のではなく、「受け取っていない」のです。願いが叶わない人は、ブレーキとアクセルを同時に踏んでいると言われています。それと同じで、**

せっかく引き寄せていても、気づいていないし、受け取っていないのです。最後のところで受け取ることを拒否しているのです。引き寄せができない人は、「受け取り」の練習が必要です。「受け取り」ができるようになると、見えない世界とのつながりを実感して、自分や宇宙を信じられます。そうした土台ができると、受け取る許可を出せるようになり、すんなりと「引き寄せ」ができるのです。

生命の樹やカバラの伝統があるのはユダヤです。ユダヤと日本にはつながりがあることが明かされてきています。ユダヤ人は世界の中でも特に優秀な人たちです。豊かになる考え方が身についていると言われています。数々の迫害を受けてきたユダヤ人は、生き抜くために、価値あるものを生み出す知恵を得てきたのでしょうか。そして、ユダヤ人の神や見えないものを大切にする意識には、日本人と同じものを感じます。私たち日本人の中に、生命の樹やカバラの知識が眠っているのかもしれません。最近では、日本が世界を変える鍵だというメッセージも耳にします。生命の樹、「受け取りの法則」が私たち日本人を目覚めさせ、混沌とした世界の土台や柱となって、世界を豊かにすることを願っています。

ここでお断りがあります。この本は、生命の樹やカバラの専門的で難しい神秘主義や魔術やオカルトを学ぶ本ではありません。生命の樹やカバラを分厚く覆う神秘のヴェールを取り、シンプルにまとめた本です。私たちの生活で実際に役に立つ知識を学んで頂けるように、古代の叡智に現代の息吹を吹き込みました。

この本が、「心の奥で求めている何か＝生きる意味」につながるきっかけになりましたら嬉しく思います。「生きる意味」がわかれば、迷いから抜け、不安や焦りを感じることもなく、自然と豊かになっていくでしょう。かつての私が変われたように、カバラの知識を受け取って頂けたら幸いです。

◎世のため人のために一生懸命真面目にがんばっているのに、現実がうまくいかない優しくて強い人

◎精神的にも経済的にも不安を抱えている状態だけれど、なんとしても自立したい、自分の人生をつくりたいと願う人

◎自分にしかできないことをやって、自分も周りも豊かに幸せにする決意をした人

そして！

生きる意味を探し求めて、自己啓発、スピリチュアル、引き寄せを学んできても、現実

が変わらないすべての人へ、お金もかからず一生使える！　豊かになる「受け取りの法則」を贈ります。

＊＊＊

1章を読む前に、30秒だけ目を閉じて、この本を読み終えた少し先の未来とつながってください。そして、次の**奇跡の問い**を未来のあなたにそっと渡してまた戻ってきてください。

どうして、こんなに〇〇なんだろう……？

〇〇にはあなたの叶えたい願いを入れてください。

例・どうして、こんなになんでもうまくいくのだろう……？

・どうして、お金がたくさん入ってくるのだろう……？

・どうして、いつもＨＡＰＰＹなんだろう……？

あまり深く考えずに、自分に問いを渡してきてくださいね。

この意味は**「おわりに」**で説明いたします。

本書の使い方

この本は、要点が太字で書いてあります。

各章のはじめに、重要なメッセージがあります。冒頭にある生命の樹とフラワーオブライフの図形は、見えない世界と見える世界の回路を開いていきます。頭を空っぽにして、そのページをぼ～っと眺めてください。そして、何か受け取ったらメモしていきます。特に何も受け取らなくても、図形によって見えない世界とつながっていますので、心配せずにリラックスしてください。何度もやってみると、閃きを受け取りやすくなります。いつしか、図形がなくても必要なことを受け取れる自分になっているでしょう。

各章の終わりには、その章で受け取った3つのことを書く欄があります。気づいたことやわかったこと、やってみようと思ったことなどを書いてみてください。受け取ったことを書くと、受信のセンサーが上がっていきます。

本の中で紹介しているワークは、すべて受け取る力をつけるためのワークですので、ぜひやってみてください。身につけると受け取り上手になります。一番重要なワークは、なんといっても「4章の受け取りの生命の樹のつくり方」です。このワークで多くの人が人生を豊かにすることを体験しています。生命の樹は使って初めてその威力がわかります。

今までになかった未来を受け取る方法を、ぜひご自分のものにしてください！

第2章　生命の樹の仕組み　69

第3章　生命の樹は使うもの　131

第4章　受け取りの生命の樹のつくり方 189

第5章　生命の樹をつくった後のステップ　277

第6章　生命の樹で意識を変える　353

第1章　生命の樹とは

I AM THAT I AM
私は私で在る

生命の樹とは

最近は「引き寄せの法則」の第2次ブームと言われています。

今やたくさんの人が引き寄せを実践し、人生を豊かにしていることでしょう。みなさんはいかがですか？　実は私はずいぶん長い間、まったく引き寄せができなかったのです。それがこの本を書くきっかけとなったのですから、人生って何があるか本当にわからないものです。

この本では、まったく引き寄せができなかった側の視点から、どうやってうまく人生の波に乗るか、古くて新しい知恵をひも解きながらお伝えしていきます。どんなにがんばってもまったく流れに乗れない、引き寄せなんてとうていできない、私はダメダメ……たとえ現在地がそうであったとしても、古代の叡智はあなたを見捨てることはありません。

私が今いる場所へと移行できたのは、引き寄せよりもさらに古い知恵を使ったからです。「そうか！　だからできなかったんだ！」という気づきを得られたその知恵をあなたにも使って欲しいと思っています。読み進めるうちに、あなたも気づきを得られて実践するのが待ち遠しくなるはずです。なぜなら、人生の波に乗るコツがわかり、勇気と希望が湧いてくるからです。今がどんな状態でも大丈夫、考える頭と感じる心と字を書く手を持っていれば、誰でもできる幸せになる方法です。一緒に進んでまいりましょう!

＊＊＊

かつての私は、ずっと悩んでいました。2007年に引き寄せを知って、ワクワクして取り組んではみたものの、なかなか思うように引き寄せができなかったのです。この本を手に取ってくださったあなたも同じ悩みをお持ちかもしれません。

悩みながらいつも宇宙に問いを投げかけていました。

どうやったら、引き寄せがうまくできるのだろう??

うまくできる人もいるのに、私はうまくできない……、どうして?

引き寄せって何なのだろうか?

この問いが生命の樹に取り組むきっかけとなりました。当時は、私が生命の樹をひも解くことになるとは夢にも思いませんでした。ただ、引き寄せがうまくできるようになりたい！「私も輝きたい‼」、その一心で生命の樹のワークを始めたのが２０１０年のことでした。

私が生命の樹の探求を始めたのは、２００７年です。友人が持ってきた本に出ていた生命の樹を目にした瞬間、雷が落ちたかのような衝撃を受けました。「この不思議な図形は引き寄せのヒントに違いない‼」と直感し、探求を始めましたが、はじめは、まったくわからないまま時間だけが過ぎていきました。その間も引き寄せはまったくできず、ずっと問い続ける毎日。そして、３年後、散歩中に突然降りてきた閃きで、生命の樹の「受け取る」という意味を理解しました。この「受け取る」という意味が引き寄せをうまくやるための答えだ！　と強く感じ、生命の樹のワークをすることにしたのです。実に、３年かけて、脳が答えを探してくれたのでした。

実際にワークをしていくと、思いもよらないＨＡＰＰＹなことが起こっていきました。不思議なくらい、良い方向へと進んでいき、心の中が喜びでいっぱいになっていきました。楽しいことに心が向いて喜んでいるうちに、ふと気づいたら引き寄せがうまくできる自分になっていたのです。

なぜ引き寄せができるようになったか？

それは、「自分とつながることができた」からです。生命の樹を探求するにあたり、多大な影響を受けた舘岡康雄先生という方がいます。舘岡先生は、新しい時代における相互支援について研究し、体系立てた『世界を変えるＳＨＩＥＮ学――力を引き出し合う働きかた』（フィルムアート社）という著書を出版されています。先生からはたくさんのことを教えて頂きましたが、その中の３つの教えが生命の樹をひも解く大きなヒントになりました。

先生に許可を頂いたので、その３つの教えをお伝えさせて頂きます。

① 従来の支援とは、力のあるものが力のないものに施すという考え方である。新しい時代は、新しい「ＳＨＩＥＮ」という考え方が必要ではないか。それは、対等の関係で共に新しい価値を立ち上げたり、互いの価値を引き出し合う「ＳＨＩＥＮ」である

舘岡先生の著書『世界を変えるＳＨＩＥＮ学』の「はじめに」から、次の文章を引用させて頂きます。

②新しい時代のパラダイムシフトを示す言葉は、リザルトパラダイム「すでに決まっている」→プロセスパラダイム「一緒に立ち上げる」→コーズパラダイム「向こうからやってくる」です

私は、リザルトパラダイムを、生命の樹の❿マルクトから❶ケテルへの下から上への流れとして受け取りました。そして、プロセスパラダイムを、❶ケテルから❿マルクトへの流れと、その逆の❿マルクトから❶ケテルへの流れの相互交流として受け取り、最後のコーズパラダイムを、❶ケテルから❿マルクトへの上から下への流れとして受け取ったのです。特にプロセスパラダイム「一緒に立ち上げる」は、生命の樹の働きに通じると思いました。今は何のことかわからないと思います。本書を読み進めていただくと感じるものがあるかもしれません。

先生から教えて頂いた「天分と自分」という考え方は、大きなヒントとなりました。

③天分とは天から分けてもらった自分で、がんばらなくてもうまくいく。自分とは自ら分けた、自分でこうだと思っている自分のことで、がんばっているのにうまくいかないことが

ある

この「天分と自分」という考え方を教えて頂いて、先ほどの「自分とつながることができた」でいう「自分」とは、天分の自分のことだとわかったのです。スムーズに願いが叶う「自分」とは、天分の自分のことなのです。そして、天分の自分とは高い波動の自分です。この自分は、先生の教えのコースパラダイム「向こうからやってくる」の高い領域につながっているので、もっとスムーズに未来を受け取ることができるのです。

私は生命の樹を使って、波動の高い天分の自分につながることができました。生命の樹は10個の丸と22本の線からできた図形で、旧約聖書のアダムとイブのお話に出てくる樹木を表しています。アダムとイブのお話によると、生命の樹は天国でひっそりと守られていることになっていて、天国へ還る地図と言われています。私は天国にある生命の樹がすべての人を天分へと導いているように思えてなりません。

私が引き寄せをうまくできなかったのは、私の中で、自ら分けた、自分でこうだと思っている自分だけで生きていたからです。それが、引き寄せの高い波動につながれなかった原因でした。私の中にはひたすら真面目にがんばる自分と、ひねくれた自分がいました。「ひたすら真面目にがんばる自分」は、がんばることは良いことで、幸せになれるという思い込みです。ひねくれた自分とは、「思い込み以外のことを受け入れない頑固さ」です。生命の樹のワークをするうちに、そうした自分が引き寄せの抵抗となっていることがわかっていきました。楽しく生きられないのは、小さな頭で信じている思い込みと頑固な自分が原因だと受け入れていったのです。とはいえ初めは、抵抗する気持ちでいっぱいでした。でも、何もかもがうまくいかない現状を見つめると、認めざるを得ない気持ちになりました。その頃の私は、どんなに真面目にがんばっても本当にうまくいかなかったのですから。それを認めることが初めの難関でした。生命の樹のワークをして、抵抗している自分を受け入れることができた時、とても楽になりました。がんばるエネルギーがいかに重いものかがわかりショックでした。

次の難関は、実際の行動です。明るく軽くさわやかに宇宙に委ねる、流れに乗る、これがなかなかできない‼　力を抜くこと、リラックスすることがなかなか思うようにできません！　深刻に真面目に考えて行き詰まっては、気づいた時にはがんばっている。どうしても、長年のクセでがんばる状況を無意識でつくり出してしまうのですね。頭でわかっていても、実際にはなかなか変わることができませんでした。とにかく初めは、がんばらないようにがんばって、気づいた時には考えない……考えない……、と深呼吸したりして……。今思えば笑えるのですが当時は必死にやっていまして、自分を変える初期の頃は葛藤と混乱で本当に大変でした。

生命の樹のワークは、自ら分けた「自分」（思い込みが強い、頑固、ひねくれている）が強い私に合ったものでした。引き寄せは柔らかいエネルギーで、ふわりとした羽衣のような型だと感じます。生命の樹は、パンチのあるエネルギーで、気合いの入った道着のような型という感じです。自ら分けた「自分」でずっと生きてきた私は、筋肉もりもりのマッチョなタイプだったのです。その人格が柔らかい女性に変わるには、まずは、気合いの入った道着のような型が合っていたわけです。

道着に身を包んで練習していくうちに、新しい型が身について、引き寄せの高い波動につながれるようになったと思います。高い波動は柔らかくて軽く、低い波動は硬くて重いのですね。私は、「よっしゃ〜、よっしゃ〜、がんばるぞ‼ 気合いだ、精神力だ！オッス！」みたいな意識でずっと生きてきたので、ふんわり軽いのは、まったく効かなかったのです。このエピソードが笑える方はきっとお仲間ですね。

生命の樹のワークは、生命の樹の10個の丸に望む未来に合わせた思考を書いていきます。よく新月の願いごとを書くメソッドがありますが、**生命の樹では、未来につながる10個の考えを書きます。コツは天分になって書くことです。書いた後は、月のリズムに合わせて実験、検証して、自分のものにしていきます。**

このワークをすると思考のチェックができます。どんな思考を持って、どんなプロセスをたどっているのかがわかるようになります。そして欲しい感情とつながる思考にチューニングを合わせていきます。すると、どんどん天分の自分とつながるようになるのです。

生命の樹とは何かを一言で言うと、「受け取る準備を整える図形」です。受信の感度を上げる図形なのですね。生命の樹は「受け取る力」を引き出すわけです。この深くて神秘的な仕組みが「引き寄せの原点の教え」だと言われています。この図形には、願いごとを引き寄せるための意味と仕組みと使い方があり、未来を受け取る方法を表しているのです。

私は、生命の樹に引き寄せのヒントがあると感じてワークをしてきました。その結果、生命の樹にある「願いが叶う自分になる働き」を確かめることができました。生命の樹のワークの効果は、スムーズに引き寄せができる考え方や在り方が身につくことなのです。

具体的には、

①楽しくない考え方ではなく、「楽しくなれる考え方」へと意識を変えることができます

②必死にがんばる自分から、「自分を超えた世界から来るものを受け取れる柔らかい自分」になっていきます

③「欲しい感情とつながる考え方」ができるようになり、スムーズに行動できるようになります

2010年に、「私も輝きたい‼」の一心から始めた生命の樹のワークは、私を思いもよらない場所に連れていってくれました。思うような人生を生きられなかった私は今、生命の樹を伝える活動をして楽しい日々を過ごしています。まったく考える余裕もなかった自分や未来のこと、将来の夢を、イメージできるようになりワクワクしています。

生命の樹は聖書の秘密の教えだと思います。それは、意識の女性的側面に関する「受け取る教え」であり、世界中の神秘家たちが受け継ぎ、伝承してきた高次の知識なのだと思います。あなたの中には、望む未来を創造する偉大な力が使われるのを待っています。生

命の樹の「受け取る教え」を使って、あなたの中の偉大な力を引き出していきましょう！

生命の樹

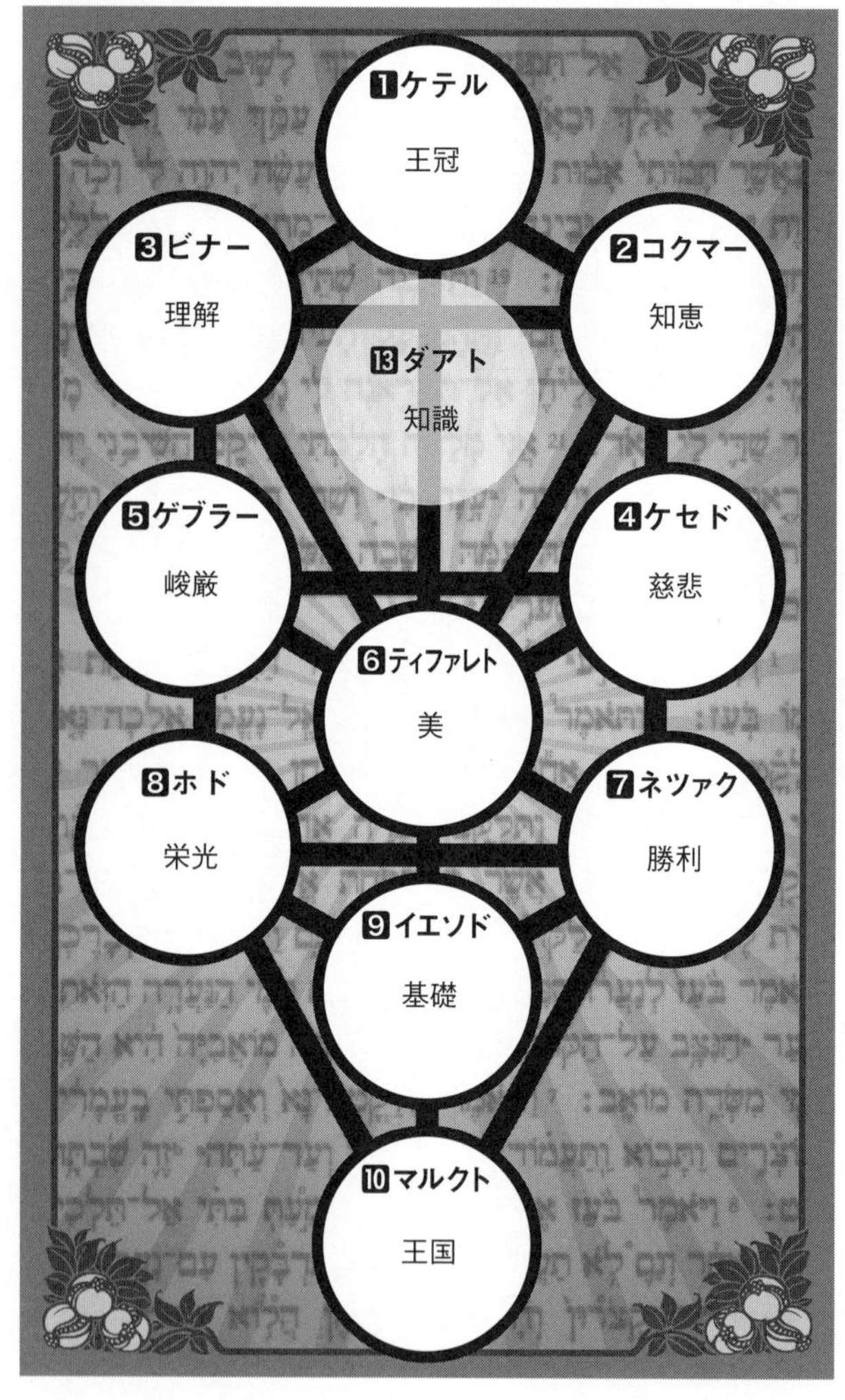

1章では、生命の樹の意味を見ていきます。

図をご覧ください。この①から⑩の丸とそれぞれを結ぶ線による独特な図形が、生命の樹と言われるものです。生命の樹は、数秘術やオーラソーマによって、認識が広がっていきました。また、アニメの「新世紀エヴァンゲリオン」や、漫画の『鋼の錬金術師』でも生命の樹が出てくるので、若い人も結構知っているようです。しかし、生命の樹という図形が一体何を表し、どんな意味を持つのかについてはまだまだ知られておらず、謎に包まれています。

神秘的な生命の樹ですが、シンプルに言うと、この図形は引き寄せの原点となる未来を受け取る教えを表しています。この「受け取る教え」が、見えない世界とつながる方法のことなのです。現代に合った表現で、生命の樹の意味と仕組みと使い方を説明していきたいと思います。

生命の樹の原点は、旧約聖書だと言われ、旧約聖書の創世記にアダムとイブのお話があり、その中に生命の樹という樹木が出てきます。神はアダムとイブに、エデンの園にあるどんな樹の実を食べてもいいが、ただひとつ、知恵の樹の実だけは食べてはいけないと禁止します。知恵の樹の実を食べると死んでしまうと言い渡すのです。しかし、1匹の蛇がイブを誘惑し、イブは知恵の樹の実を食べてしまいます。そして、アダムにも食べるよう勧め、アダムも食べてしまうのです。善悪の知識を得た2人は、裸の状態を恥じて、葉で腰部を覆ったことで、神に事の次第を知られてしまいました。知恵の樹の実を食べて、善悪の知識を得た人間が、今度は生命の樹の実までも食べて、永遠の命を得ることが無いように、神は2人をエデンの園から追放します。そうして、アダムとイブは地上に生きることになり、死を経験するようになったのです。その他に、男には労働の苦しみが、女には出産の苦しみがもたらされるようになりました。イブを誘惑した蛇には神の呪いがかかり、地を這いずりまわるようになりました。

以上、創世記によりますと、生命の樹とは神と等しい命を表しています。アダムとイブを追放することによって、人間に食べられることなく守られたということになります。反面、アダムとイブは、知恵の樹の実によって善悪の知識を得たのです。

まとめ

旧約聖書の創世記に出てくる生命の樹が、生命の樹の図形の原点と言われています。生命の樹は神と等しい命を表し、その実は永遠の命をもたらすと伝えられています。**生命の樹の図形も、神と等しい命、永遠の命という意味があります。①から⑩の丸とそれぞれを結ぶ線でできている生命の樹の中には、神と等しい命、永遠の命とは何かというメッセージがあるのです。**

生命の樹は物質世界と非物質世界をつなぐもの

生命の樹の図形の原点は、旧約聖書に出てくる生命の樹だと言われています。そもそも樹木というのは、世界や生命の仕組みを表すものとして、世界中で伝えられてきました。世界中に、樹木という表現を通して、見えない世界と見える世界の関係を表す言い伝えが存在します。

その言い伝えの中から2つご紹介します。

日本では、古来より、森や深い山に神々が宿るとして信仰されてきました。その信仰は樹木と密接につながり、樹木は神々が宿るものとされ、ご神体として信仰されてきたのです。**神が宿る樹木は、人間の世界と神々の世界をつなぐ橋、通信手段として神聖視されてきました。神聖な樹木を通して、神々の世界と人間の世界が結ばれて、神と交流できると**

信じられてきたのです。

古事記に出てくる創世の神のひとりに高御産巣日神（たかみむすびのかみ）という神さまがいますが、この神さまは、高木神（たかぎのかみ）という別名があり、木という言葉が入っています。北欧の神話では、イグドラシルという巨大なトネリコの木が世界の中心の樹と言います。この巨木は、神々の世界を乗せ、全世界を貫いていて、全世界の運命がこの樹にかかっています。3本の太い根は、それぞれ、神々の国、巨人の国、死者の国へと伸びています。1本の巨木が3つの世界をつなぎ、守護していると信じられているのです。ジャック・ブロス著の『世界樹木神話』（八坂書房）という本には、「この世界は1本の樹によって支えられていた」という前書きがあります。この本には世界中の樹木にまつわる神話や伝承があり、樹木の持つ働きや樹木への信仰についての理解を深めることができます。

まとめ

世界の仕組みである樹木を表している図形が生命の樹です。神話や伝承では、神々の世界と人間の世界をつなぐ樹木という表現や、あの世とこの世を結ぶ樹木という表現になっています。生命の樹は、「目に見える世界と目に見えない世界をつなぐものとしての働き」があり、生命の樹を通して、現実の世界（目に見える世界）と意識の世界（目に見えない世界）が交流し結びついているのです。生命の樹を使うことで、現実の世界と意識の世界の結びつきが深まり、もっとスムーズに現実をつくり出せるようになるのです。

『世界樹木神話』ジャック・ブロス著（八坂書房）

旧約聖書は人類始まりの物語

旧約聖書は、いくつもの文書によってつくられたユダヤ教の聖書です。ヘブライ語で書かれた古い時代の書物で、世界最古の書物と言われています。聖書（旧約聖書、新約聖書）は、世界の30億人以上の人々が神聖な書物とみなしていて、これまでの発行部数については諸説ありますが、60億から150億冊までの冊数があげられています。この数字からも想像できますが、聖書は「古今を通じて最も多く読まれてきた永遠のベストセラー」と位置づけられます。旧約聖書が書かれた年代についても諸説あり、年代の確定は難しいとされていますが、最も古い文書は5000年前に書かれたものとも言われています。旧約聖書にはとても古い時代の物語があるのです。

旧約聖書には創世記という文書があり、そこでは天地創造と原初の人類、イスラエルの祖先、ヨセフの物語の3つが書かれています。このうち、創世記に書かれている天地創造は、日本神話（古事記）の天地創造と似ていることや、ヨセフの物語は、同じく日本神話（古事記）の因幡の白うさぎの大国主（おおくにぬし）の話と似ていることが指摘されています。創世記の初めには、次のような神が7日間かけて世界を創造したお話があります。

天地創造

1日目　暗闇の中で、神は「光あれ」と言われた。光が現れると、神は光と闇を分け、昼と夜をつくった

2日目　神は「水の中に大空あれ。水と水を分けよ」と言われた。神は大空をつくり、その上と下に水を分け、天をつくった

3日目　神は「天の下の水はひとつ所に集まれ。乾いた所が現れよ」と言われた。神は乾いた所を地とし、水の集まった所を海とした。地には植物を芽生えさせた

4日目　神は「天の大空に光る物があって、昼と夜を分け、季節のしるし、日や年のしるしとなれ」と言われた。神は太陽と月と星をつくった

5日目　神は「生き物は水の中に群がれ。鳥は天の大空を飛べ」と言われた。神は魚と鳥をつくった。神はそれらのものを祝福して言われた。「産めよ、増えよ、海の水に満ちよ。鳥は地の上に増えよ」

6日目　神は「地は、それぞれの生き物を産み出せ。家畜、這う物、地の獣をそれぞれに産み出せ」と言われた。神は家畜と這う物と獣をつくった。そして、神は「我々をかたどり、我々に似せて、人をつくろう。そして海の魚、空の鳥、家畜、地を這う物、地の獣すべてを支配させよう」と言われた。神は御自分をかたどって、人をつくった。神は彼らを祝福して言われた。「産めよ、増えよ、地に満ちて地を従わせよ。海の魚、空の鳥、地の上を這う生き物すべてを支配せよ」

7日目　神は御自分の仕事を完成され、休息された。神は第7の日を祝福し、聖別された

この天地創造のお話の後、アダムとイブが登場するエデンの園のお話が続き、生命の樹の樹木が出てきます。

まとめ

旧約聖書とは、天地創造と原初の人類について書かれている人類始まりの物語です。

生命の樹は人類始まりの物語の中に出てきます。

ヘブライ語と日本語の関連性

旧約聖書はヘブライ語で書かれています。旧約聖書の時代の人々は、ヘブライ語を聖なる言語、神の言語と認識し、口にしたことは現実になると信じていたことが伝えられています。当時の人々は寡黙であり、慎重に考えて、祈りに満ちた言葉を話していたそうです。私たち日本人の言霊の考え方に通じるものを感じます。

ヘブライ語にはこのような伝えがあり、非常に特殊な力を持っています。その特殊な力とは、ヘブライ語が現在でも使われているということです。ヘブライ語は、2、3000年前の旧約聖書の時代に使われていた言語です。一時期消えた時期もあったのですが、復活し、現在でも使われているのです。2、3000年前の言語が今でも使われているのは、世界中でヘブライ語だけであり、普通、言語とは、時の経過の中で、時代や文化の変化などで、失われたり、変化していくものです。また、戦争によって国の支配者が替わればば、別の言語に置き換えられてしまうのです。私たちの歴史の中でも、古い時代の言葉や、近年ではアイヌ語がどんどん消えていっています。

また、社会の中でも、死語と言われる言葉があったりと、言語は、変化し、消滅し、新しいものが生まれてはまた消えてを繰り返してきました。それは、言葉が波動であり、コードであるからです。物事が変化するということは、波動の変化であり、それによって言葉も変化していきます。すべての物事は変化し、進化しますから、波動としての言語も変化するのです。しかし、ヘブライ語は、2、3000年の時を耐え抜き、現在でも使われています。ヘブライ語は、2、3000年前の波動を保持し、古代遺跡と同じく、当時の波動を現代に伝えているのです。

そして、驚くことに、ヘブライ語と日本語は共通語が3000語以上あることがわかってきています。そのうちの500語ほどが、ユダヤ人のヨセフ・アイデルバーグ氏の研究によって共通言語と発表されています。ヨセフ・アイデルバーグ氏の『日本書紀と日本語のユダヤ起源』（徳間書店）という本には、ヘブライ語起源の日本語500語が掲載されています。他にも日ユ同祖論を書いている本や、ネットの情報でもヘブライ語と日本語の関連について書かれたものがたくさんあります。このことは、私たちが普段話している日本語の中に、ヘブライ語が含まれていることを表しています。日本語とヘブライ語は、発音も意味も同じ言語もあれば、言語の中には、表と裏の関係のように、日本語としての意味とヘブライ語としての意味の両方を持つものもあるのです。

ここでヘブライ語と日本語の関連について代表的なものを紹介します。

ひとつ目は、日本の国歌である君が代です。君が代は、繁栄を歌った日本の国歌であり、希望を歌ったイスラエル国歌のハティクバとは非常に似た旋律を持っています。世界中の国歌の中でも、この2つの国の国歌だけが短調でできています。また、戦いを鼓舞するような国歌が多い中、2つの国の国歌はとても平和的です。

君が代／日本語

①君が代は
②千代に
③八千代に
④さざれ石の
⑤巌となりて
⑥苔のむすまで

君が代／ヘブライ語の音

①クム　ガ　ヨワ
②チヨニ
③ヤ　チヨニ
④ササレー　イシィノ
⑤イワ　オト　ナリテ
⑥コカノ　ムーシュマッテ

君が代／ヘブライ語訳

①立ち上がれ！　神を讃えよ
②シオンの民
③神の選民
④喜べ、残された民　人類の救いは訪れた
⑤神の預言は成就した
⑥すべての場所に語られる

君が代には、日本語の意味（表の意味）と、ヘブライ語の意味（裏の意味）にあるイスラエルの民（ヘブライの民）に託された使命へのメッセージがあるようです。私は、君が代の意味を、次のようなメッセージとして受け取っています。

ヘブライの民よ立ち上がれ、立ち上がれ、立ってすべての場所で、救いの成就を証明する者となりなさい。（あなたがたはもうすでに光の存在です。足りないものは何もなく、もうすでに充分に在るのです。この真実をまずはあなたが味わって、この意味を関わる人に伝えてください）

２つ目は、古い日本語の、一から十の数を数える言葉です。

日本語………ひい、ふう、みい、よお、いつ、むう、なな、やあ、ここの、とお
意味…………一、二、三、四、五、六、七、八、九、十
ヘブライ語……ヒイ、ファ、ミ、ヨオ、ツィア、マ、ナネ、ヤ、カヘナ、タヴォ
意味…………誰がその美しい方（女神）を出すのでしょう。彼女に出て頂くために、いかなる言葉をかけたらいいのでしょう

このように、日本語では一から十の数を数える古い言葉ですが、ヘブライ語で読み解くと、別の意味が立ち上がります。一から十を数える古い日本語の言葉は、古事記の天の岩戸開きのお話に出てきます。天の岩戸開きとは、神々が一致団結して、天の岩戸にお隠れになった天照大神に出てきてもらうお話です。この中に、天照大神に出てきてもらうために祈願の祝詞を唱える場面があります。天児屋（あめのこやね）が唱えた祝詞が、ひい、ふう、みい、よお、いつ、むう、なな、やあ、ここの、とお、だったと伝えられています。日本語では、数を数える言葉として理解されていますが、ヘブライ語でひも解いた場合は、日本神話にも関連するような、別の意味が表れてくるのです。

私は、一から十の数を数える言葉を、次のようなメッセージとして受け取っています。日の神よ、どうぞ隠れている所から、お出ましください。（感情や情熱が心の奥深くから、泉のように湧き出てきますように。意識の女性的側面が開きますように）

私は、この意味を、日の神＝本当の自分が出てくるように呼びかけている、と受け取っています。また、美しい女神という表現は、自分の本音や感情を表し、自分の本当の気持ち＝本音や感情が出てくるように呼びかけていると考えます。私は、一から十のヘブライ語の訳を知った時、一から十の数をたどることで本当の自分になることを伝えているのではないかと思いました。そして、**一から十の丸によってできている生命の樹には、本当の自分になるためのプロセスが秘められている‼**　と強い閃きが降りたのです。

そして、次の図で示されているのは、とても似通ったヘブライ語と日本語の関連性についての一覧です。

アッパレ	APPR	栄誉を誇る
アラ・マー	YL・MH	どうした理由・何？
アナタ	ANT	貴方
アノー	AYNH	私に応答させてください
アリガトウ	ALI・GD	私に（とって）・幸運です
オイ	AWI	泣く
オニ	YNI	私を苦しめるもの
オハリ	AHR	終端
グル	GWR	団結する
グル	GWL	回る
コラ	KRA	自制せよ
サヨウナラ	SYIR・NYRH	サーイル・ニアラー悪魔は追い払われた
サラバ	SLMH	シャロマー 平安あれ
スケベー	SKBH	肉欲的に寝る
ダマレ	DM・ALI	沈黙を守れ・私に（対して）
ハッケ・ヨイ	HKH・IHI	投げうて・よろしく
ヒリ	HIL	痛みを感じる
ワル	YWL	凶悪な者

参考：Wikipedia「日ユ同祖論」川守田の解釈を元に再作成

また、日本の代表的なフォークダンスにマイムマイムというものがあります。日本全国、北は北海道から南は沖縄まで、日本中の人が、小学生、中学生の頃に踊った記憶があると思います。私も小学生の頃踊りました。誰もが意味もわからずに、疑問にも思わずに踊り続けてきたマイムマイムですが、マイムという言葉は、ヘブライ語で水を意味します。マイムマイムは、イスラエル発祥の水が出たという喜びの踊りで、終戦後の1950年代に日本に普及しました。多くの日本人の記憶に刻まれている踊りがイスラエルに縁のあるものだということに、両国のつながりを感じてなりません。

まとめ

旧約聖書はヘブライ語で書かれた2、3000年前の文書です。イスラエルでは現在でもヘブライ語が使われています。ヘブライ語と日本語には共通語が3000語以上あることが研究でわかっており、その内の500語について紹介している本『日本書紀と日本語のユダヤ起源』ヨセフ・アイデルバーグ著（徳間書店）によると、2つの言語の間に、音も意味も同じ、あるいは非常に近似した充分な数の証拠があり、日本人とイスラエル人が密接につながっていたことが示唆されています。このことは、私たちの日本語の中にヘブライ語が存在している可能性を表しています。

カバラとは

生命の樹を探求していくと、必ず、カバラと言われるユダヤ神秘学が出てきます。多くの人が、カバラという言葉を知っていると思います。しかし、その意味や内容、教えについては、よくわからないという人が大多数です。カバラは神秘学として伝承されてきたこともあり、本やネットで調べても、本質の教えはなかなか出てきません。非常にわかりにくく、難解で複雑な表現による情報が多いのです。また、探求を進めていくと、暗い感じの魔術やオカルトの世界に入ってしまうこともあります。しかし最近では、マドンナがカバラを熱心に学んでいることや、数秘術やオーラソーマの広がりから、多くの人が関心を寄せるテーマとして認識されてきています。

カバラはユダヤの神秘主義思想と言われていますが、もともとは、ユダヤ教の律法を守ること、神から律法の真意を学ぶことを目的とし、ユダヤ教の伝統に忠実であろうとして生まれた学問体系だったとも言われています。それによると、カバラの始まりは、秘教的な神秘思想から生まれたものではなく、伝統的なユダヤ教の学問だったようです。神から伝授された叡智や、師が弟子に伝承した知恵を探求する学問としての意味合いが強かったのかもしれません。要するに、神とは何か、人間とはどう生きるべきかといったことを考えて、預言者が神から授かった言葉の真意を真面目に研究していたということです。それが時代の経過と共に変化していき、西洋神秘思想との融合が進んでいく中で、秘教的な要素が色濃くなっていったと言われています。暗号や象徴が加えられたり、核心の部分が神秘として隠されたり、学問としての伝統的なユダヤ教からかけ離れた西洋魔術としての側面が広がっていったと伝えられています。

しかし、こうしたことの背景には、キリスト教の殉教者としてではなく、大切な教えを密かに伝えるという目的があり、それが暗号や象徴、比喩、絵やタロットカードなどの神秘的なものになったと考えられます。表立って伝えられない大切な教えを伝えようとした秘密の方法が、いつしか本質から外れた黒魔術やオカルト的なものも生み出すことになったのでしょう。しかし、秘密の方法の中には、古代から伝わる神とつながる純粋な教えもあるに違いなく、私はその純粋な教えがカバラや生命の樹だと思っています。また、タロットや聖杯伝説などの伝承、ダヴィンチの絵などにも秘められていると思います。

現代におけるカバラとは、世界最古の秘教的哲学であり、神秘主義思想や教義の体系を説くものと認識されています。その他に、西洋魔術やオカルト、錬金術の類いと思っている人や、残念ですが、危険なカルト、選ばれしエリートのための秘密結社、フリーメーソン、イルミナティなどとつながる陰なるものと思っている人もたくさんいます。私はカバラを宗教とは違い、人間の存在意義を問う思想のひとつであり、ヨガや瞑想のように、宇宙とつながる方法を説くもの、生きる意味について探求する真面目な学問だと思っています。また、世界をつくっている宇宙の法則の根源の教えだとも思っています。カバラは宇宙の神秘を解く鍵であり、生命の樹はその秘密を表している図形だと言われています。生命の樹については、いつどこで、誰が、何のためにつくったかはまったくわかっていませんが、旧約聖書から新約聖書への移行期に、あるいは、伝統的なユダヤ教と、西洋神秘主義が融合した時期にこの不思議な図形が生まれたのではないかと研究されています。

まとめ

カバラはユダヤ神秘主義思想として伝わっていますが、もともとは、伝統的なユダヤ教を探求するための学問でありました。現代においてのカバラは、世界最古の秘教的哲学から魔術、カルト、秘密結社まで様々な認識があり、神秘のベールに閉ざされた秘密の教えとなっています。しかしカバラとは、宇宙の法則を表し、自分という存在を探求する学問でもあります。

カバラの語源

生命の樹を探求する私に閃きがやってきたのは、2010年のことでした。頭の中に**言葉に注目せよ**という声が響き渡りました。そして次々と**「旧約聖書！」「カバラ！」「ヘブライ語！」**と閃きが降りてきたのです……と同時に心の底から湧き上がった問いがありました。「カバラとはヘブライ語でどんな意味を持つのだろうか？」その答えが、生命の樹をひも解く鍵になりました。この閃きを受け取ったことで、カバラとは何かを理解できたのです。その時、「探していたものはこれだ‼」という強い思いが湧き上がってきたことを今でも覚えています。

カバラとはどんな意味があるのか見ていきましょう。

カバラの語源は、ヘブライ語で「キャッバーラ（カッバーラ）」。意味は、「受け取る、伝承する」です。カバラとは、受け取られたもの、伝承されたものという意味です。また、イスラエルでは、カッバーラは領収書のことです。「確かに受け取ったことを証明する」ものなのです。

そして、**もうひとつカバラに関連する語源として、「キバリオン」という言葉がありま**

す。キバリオンとは、数千年前のエジプトで、ヘルメス・トリスメギストスという神人が世界中の賢者に伝授した宇宙と人間をつなぐ秘密の教えと言われています。ヘルメス・トリスメギストスは、実在した人物ではなく、ギリシャ神話の神ヘルメスとエジプト神話の神トートという2大知識の神が融合した神話的人物とされています。ヘルメスの後に続くトリスメギストスとは、名前ではなく、「三重に偉大な」という意味があり、この神人がとても偉大なる存在であり、3度生まれ変わって活躍したことを表しています。この神人が世界中の賢者に伝授した教えがキバリオンであり、その内容は、錬金術、占星術、読心術であったとされています。錬金術は化学を、占星術は天文学を、読心術は心理学を生んだので、現代科学と精神世界の両方の源流がヘルメスの説いたキバリオンという秘教となります。

特に強く後世に伝わったのは、錬金術の始祖としての側面で、後の錬金術に多大なる影響を与え、ヘルメス哲学というものが生まれていきました。そして、初めは神人だったヘルメスも時の経過の中で人間化され、亡くなる時に、秘密の教えをエメラルドの板に書き遺したと伝えられています。その実物は確認されていませんが、現在において、エメラルド・タブレットと名のつく数冊の本があり、ヘルメスの説いた秘教、キバリオンの断片を知ることができます。そして、このキバリオンがカバラや「引き寄せの法則」の原点だとも言われています。カバラはこうした古代の叡智を錬金術と表現しています。

カバラは、「受け取る、伝承する、錬金術」の3つの意味があります。

カバラの2つの語源からひも解くと、カバラは次の3つのことを表しています。

①「受け取る、伝承する」こと
②「宇宙と人間をつなぐ法則」を表したもの
③「現代科学と精神世界の原点」であること

これらの古代の叡智をまとめて「錬金術」と表現しています。

まとめ

カバラの語源の中に、カバラとは何かを表す3つの意味があります。

①キャッバーラは、受け取ることを意味し、時代から時代へ、師から弟子へと伝承されるものを意味しています
②キバリオンは、古代では秘密の教えとして伝えられた、宇宙と人間をつなぐ法則を

表しています

③キバリオンは、現代科学と精神世界の原点である古代の叡智を表しています。古代の叡智をまとめて錬金術と表現します。古代の秘教キバリオンについて書いている本がありますので2冊ご紹介いたします。難しい本ですが、キバリオンで説いている7つの法則は、カバラや「引き寄せの法則」の原点だとも言われています

『引き寄せの奥義キバリオン―人生を支配する七つのマスターキー』
ウィリアム・W・アトキンソン著
(徳間書店)

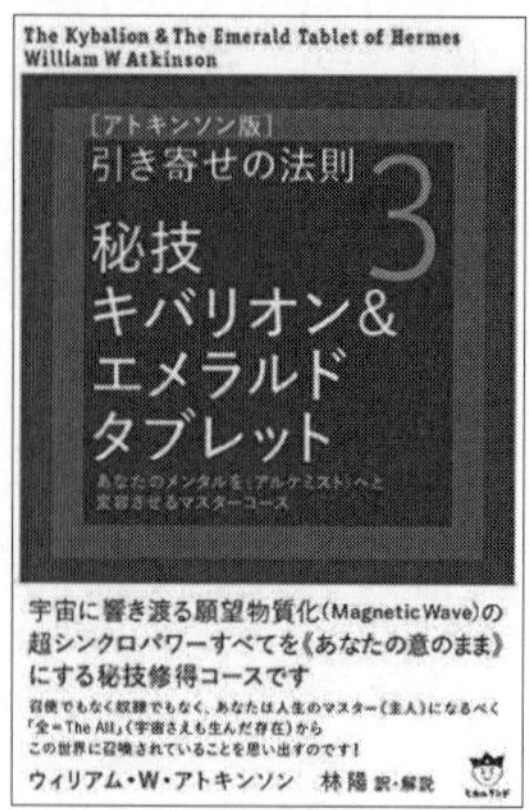

『秘技キバリオン&エメラルドタブレット あなたのメンタルを《アルケミスト》へと変容させるマスターコース』
ウィリアム・W・アトキンソン著
(ヒカルランド)

生命の樹はカバラの奥義を示した図形

復習になりますが、カバラとは何かをまとめます。

①受け取る、伝承する、錬金術を意味する
②宇宙と人間をつなぐ法則を表している
③現代科学と精神世界の原点である（古代の叡智をまとめて錬金術と表現します）

カバラと生命の樹はいつもセットで出てきます。カバラの教えの象徴が、生命の樹という図形なのです。ここで、象徴という言葉の意味を見てみたいと思います。ウィキペディアによりますと、象徴について次のように説明されています。

◎象徴とは、抽象的な概念を、より具体的な物事や形によって、表現すること、また、その表現に用いられたもの

例として、平和の象徴が鳩であること、日本国の象徴が天皇であることが書かれています。

生命の樹はカバラの奥義を象徴する図形で、カバラの3つの意味を表しています。

①受け取る、伝承する、錬金術
②宇宙と人間をつなぐ法則
③現代科学と精神世界の原点

古代の叡智をまとめて錬金術と表現します。何度も繰り返しになりますが、この意味が生命の樹を理解するための重要なポイントですので覚えておいてください。

次の項では、カバラの教えについて、その奥義をもっと詳しく見ていきます。

シンプルな2つの奥義

生命の樹はカバラの3つの意味を象徴しています。カバラは宇宙の創造原理を表し、その奥義はとても深遠ですが、最もシンプルにひも解けば、カバラとは「受け取る」ことについての教えです。その教えでは、高い次元の上の世界からのインスピレーションや閃きが、低い次元の下の世界へと降りてくる仕組みと、それを受け取るにはどうしたらいいかを説いています。そして、「受け取る」とは、無意識に在るものを意識化する気づきを得ることを意味します。この気づきがスイッチとなり、宇宙や自分とつながることができ、自分のパワーを発揮できるのです。

カバラの奥義は、気づきのスイッチを入れるためにとても役に立ちます。この奥義を使っていくと、受け取る力がついて、気づく力、感じる力が引き出され、どんどん閃きを受け取れます。その閃きを行動に移すと、さらに宇宙や自分とつながって、ますます流れに乗っていくのです。

さて、あなたも閃きを受け取った経験があると思います。閃きを受け取った時、自分の理解を超えた不思議な感じがしませんでしたか？　まるで自分ではないような、どこか別の所から閃きがやってきた感覚があったのではないでしょうか？　その感覚がカバラの奥義の「受け取る」です。今までは無意識だったり、不思議だな〜というくらいの感覚だったかもしれませんが、これからは閃きを受け取った時、その感覚をもっと意識してみてください。そこに流れるエネルギーを感じてみるのです。すると、もっともっと受け取る力がついていき、高い次元の上の世界や未来の時空とつながることができるのです。

では、シンプルにひも解いたカバラの2つの奥義を見ていきましょう。

①ひとつ目の奥義／受け取るを意味する
上に在るものは下に在る
内に在るものは外に在る

この奥義は、1行目で受け取ること、2行目は引き寄せを表しています。まず、2行目の**「内に在るものは外に在る」ですが、これは、内側に在るものが外側の世界に現れていることを表しています。私たちの外側の目に見える世界で起こっていることはすべて、自**

分の内側に原因が在るという意味であり、ここ数年で世の中に浸透した「引き寄せの法則」のことです。

次に、これから世の中に伝えていきたいことが、1行目の「上に在るものは下に在る」という意味です。これが、受け取ることを意味し、私は**「受け取りの法則」**と名づけました。今後は、1行目の意味の受け取るということについて、「受け取りの法則」と表現しますのでご理解ください。「上に在るものは下に在る」という意味は、2行目とは少しニュアンスが違います。非常に似ていますが、微妙な違いがあり、これがこの本を通して世に出される生命の樹の最奥義でもあります。1行目の意味は、**私たちの現実に現れていることは、もうすでに上の世界＝非物質世界、想念の世界で起こっていたことを意味します。もうすでに上の世界に在ることが、下の世界＝私たちの現実の世界、密度の高い物質世界に降りてきたという意味なのです。あるいは、映ってきたという意味です。**私たちが生きている現実世界のことを「現世＝うつしよ」と言いますよね。鏡のように映っている世界だと表現する言葉があるわけです。また、アイデアが閃く様子や、ふとやってくる直感のことを「降りてきた」と表現したりもします。**「上に在るものは下に在る」という奥義は、上の世界、つまり目には見えない世界＝非物質世界、意識の世界で、もうすでに在**

るものが、下の世界＝現実世界、物質世界に映し出されたことを意味しているのです。

これは、今までニューエイジやスピリチュアルで言われてきたことであり、あなたも感じていると思います。最近は思っていることがすぐに現実になり、物事が具現化するスピードが速くなっていますが、それは今まで出てこなかった「上に在るものは下に在る」という奥義が世の中に溢れてきたからなのです。うまくいっている人は、「引き寄せの法則」をうまく使っているだけでなく、「受け取りの法則」もうまく使っているのです。**上に在るものを下の世界でそのままクリアに映し出すことができる器を持っていると言えるのです。**

『神さまとのおしゃべり—あなたの常識は、誰かの非常識—』さとうみつろう著（ワニブックス）、という人気の1冊があります。主人公のみつろうの前に神さまが現れて、面白おかしく宇宙の法則やこの世の仕組みを説いていくという内容で、子どもから大人まで幅広い層の読者に支持されています。この本の5時限目、この世の仕組みと真の幸せについての中に、「未来は全て決まっている!?」という項があります。この項には、ビッグ・バンが起こった瞬間に、宇宙のその後のすべての動きが決まっているとありました。神さまによると、すべてが147億年前に決まっていて、この先何が起こるかのすべても、もうすでに決まっているというのです。そして、ひとつひとつの縁の流れが積み重なった縁起というものが、目の前でただ展開していると説いています。詳しくは、さとうさんの本を読んで頂くとして、この項の、**すべてがビッグ・バンの瞬間に決まっていて、それが目の前で展開しているということと、カバラの奥義の「上に在るものは下に在る」の、上の世界にもうすでに在ることが下の世界に映っている、ということは同じことを意味しています。**

②２つ目の奥義／在るを意味する
I AM THAT I AM
私は私で在る
私は過去にも在った
私は今も在る
私は未来にも在る
私は在りて在るもの

この奥義は、何度も「在る」ということを繰り返しています。

1行目、私は私で在る
2行目、私は過去にも在った
3行目、私は今も在る
4行目、私は未来にも在る
5行目でも、私は在りて在るものと説いています

1行目で、力強く「私は私で在る」と言い、その後の行でも「私は」という表現を繰り返しています。これは、**私という存在が「在る」ということを説いています。**常に在ること、充分に在ること、もうすでに在るという満ち満ちている状態が本来の私だと言っています。私は私で在るという表現で、満ち満ちている状態が私で在ると言っているのです。多くの人は、「無い」「足りない」という意識で生き、その意識で物事を始めます。

2つ目の奥義では、私たちの存在とは、「常に在る、充分に在る、もうすでに在る、満ち満ちている状態」であることを説いています。このように、**カバラの前提は、「在る」という意識なのです。「無い」「足りない」ではなく、「在る」「満ち満ちている」存在だと説いています。物事を「無い」「足りない」という意識から始めるのではなく、「在る」**

「満ち満ちている」意識から始めることが重要なのです。これが、「引き寄せの法則」で言う「良い気分で始める」ことです。フッと閃いたことは、もうすでに上の世界に在ります。在るから閃きが降りてくるのです。そして、閃いたことを始める時には、「在る」「満ち満ちている」という意識から始めるのです。この意識から事を起こせば、もうすでに在るものを、現実世界で「受け取り」ながら進んでいけます。引き寄せ上手な人とは、「在る」「満ち満ちている」意識の「良い気分」から事を始めていて、さくっと下の世界で受け取れる、受け取り上手な人のことです。

まとめ

カバラの壮大な宇宙観は、シンプルな2つの奥義で説明できます。2つの奥義は、これから世に出て、「引き寄せの法則」のように広がっていく準備が整いつつあるのです。

ひとつ目の奥義は、上に在るものは下に在るという言葉で表現された「受け取りの法則」です。2つ目の奥義は、「在る」ということです。「常に在る、充分に在る、もうすでに在る」といった、満ち満ちている状態が私たちの本当の姿であり、「在る」意識から物事を始めることが、引き寄せで説いている「良い気分」で始めることです。

引き寄せの法則とセットで働く「受け取りの法則」

私が「引き寄せの法則」を知るきっかけとなったのは、２００７年に発売された『ザ・シークレット』ロンダ・バーン著（角川書店）、という本です。この本によって「引き寄せの法則」を知ったという人はたくさんいるのではないでしょうか？

そして、それが爆発的に世の中に広がったきっかけは、２０１４年に発売された奥平亜美衣さんの『「引き寄せ」の教科書』（アルマット）だと思います。それを機にたくさんの著作が出て、今や「引き寄せの法則」は世の中に浸透しはじめています。しかし、実際に引き寄せができているか？　となると、できないという人も多いのではないでしょうか？

実は私も、数年前までは、「引き寄せの法則」を、知識としてはわかるものの、実際には、望むことを引き寄せることができませんでした。「知って」はいても、「できて」はいなかったのです。どうやったら引き寄せがうまくできるか悩んでいた時に、カバラ・生命の樹を知り、そしてその奥義を知れば知るほど、ある仮説が私の中に芽生えていきました。その仮説とは、引き寄せとカバラ・生命の樹は、それぞれ独立したものではなく、関連性があるというものです。初めは、引き寄せがうまくできるようになりたい一心でカバラ・生命の樹を実践していったのですが、カバラ・生命の樹の奥義の「受け取りの法則」に気づいた時に、仮説が確信に変わりました。それは、**「引き寄せの法則」と「受け取りの法則」はセットで働く**ということです。

なぜうまく引き寄せることができないか？　その理由は「受け取りの法則」が欠けていたからなのです。「受け取りの法則」は、「上に在るものは下に在る」ことを表します。「受け取りの法則」は、もうすでに上の世界（見えない世界、意識の世界）に在るものを、下の世界（目に見える世界、物質世界）で受け取っていくという受け身の姿勢です。ですから、物事のスタートは「在る」という意識（良い気分）から始めます。「無い」という足りない意識からではなく、「在る」という満ちている意識から始めることで、「受け取りの法則」が働きます。そもそも無いと思っていることは受け取ることができません。無いという思いをまた受け取ることになります。

上の世界と下の世界とは、自分の内側と自分の外側の回路のことでもあります。上と下、内と外がひとつにつながれば、「引き寄せの法則」がうまくできます。カバラ・生命の樹はその回路を開く法則なのです。

「受け取りの法則」と「引き寄せの法則」。この2つの法則は互いに寄り添い、支え合い、助け合って、相乗効果を発揮します。上の世界と下の世界とは、天と地であり、宇宙と人間の関係を表しています。２つの宇宙の法則は縦糸と横糸のように、互いを結び合わせることで形になっていくのです。「引き寄せの法則」は、「内に在るものは外に在る」ことを表し、自分が意識の送り手で主体という陽の働きのイメージがあります。反対に、「受け取りの法則」は「上に在るものは下に在る」を表し、自分は天の意識の受け取り手という陰の働きのイメージです。ここ数年で、自分に許可を与えましょうとか、もっと受け取りましょうということが言われるようになりました。こうしたメッセージは「受け取りの法則」が世の中に広がっている証しだと思います。

まとめ

「引き寄せの法則」は、「内に在るものは外に在る」を表し、自分の内側に在るものは外の世界に現れることを意味しています。「受け取りの法則」は、「上に在るものは下に在る」を表し、もうすでに上の世界に在るものを下の世界で受け取っていくことを意味しています。自分が意識の送り手で主体的なのが引き寄せのイメージで、自分は天の意識の受け取り手なのが受け取りのイメージです。2つの法則はセットで働き、両方使うことで、もっとスムーズに願いが叶っていきます。

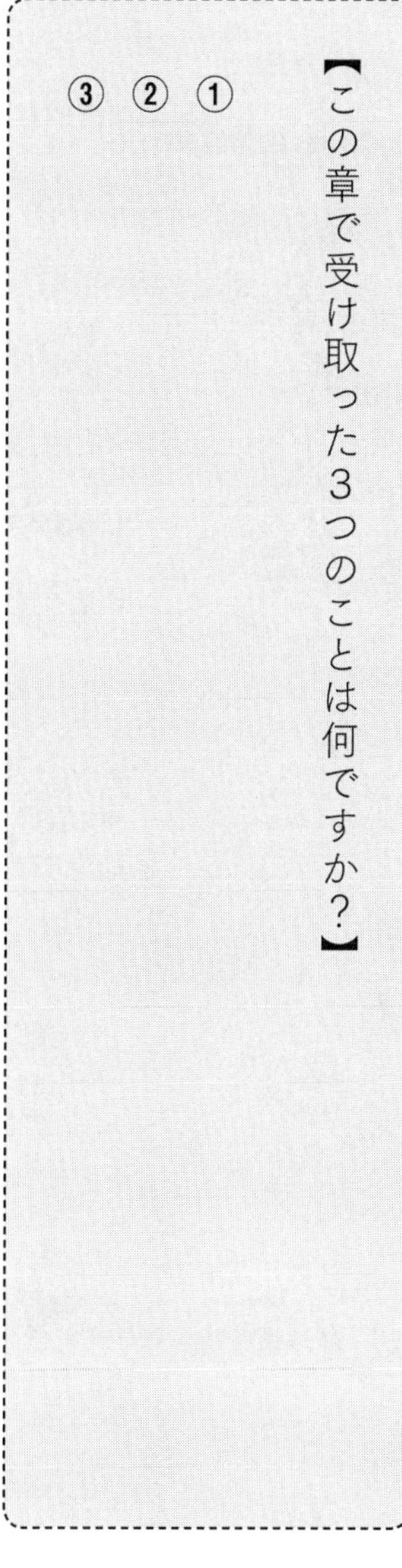

【この章で受け取った3つのことは何ですか？】

①

②

③

彩り豊かなそれぞれの生命の樹（237 頁参照）

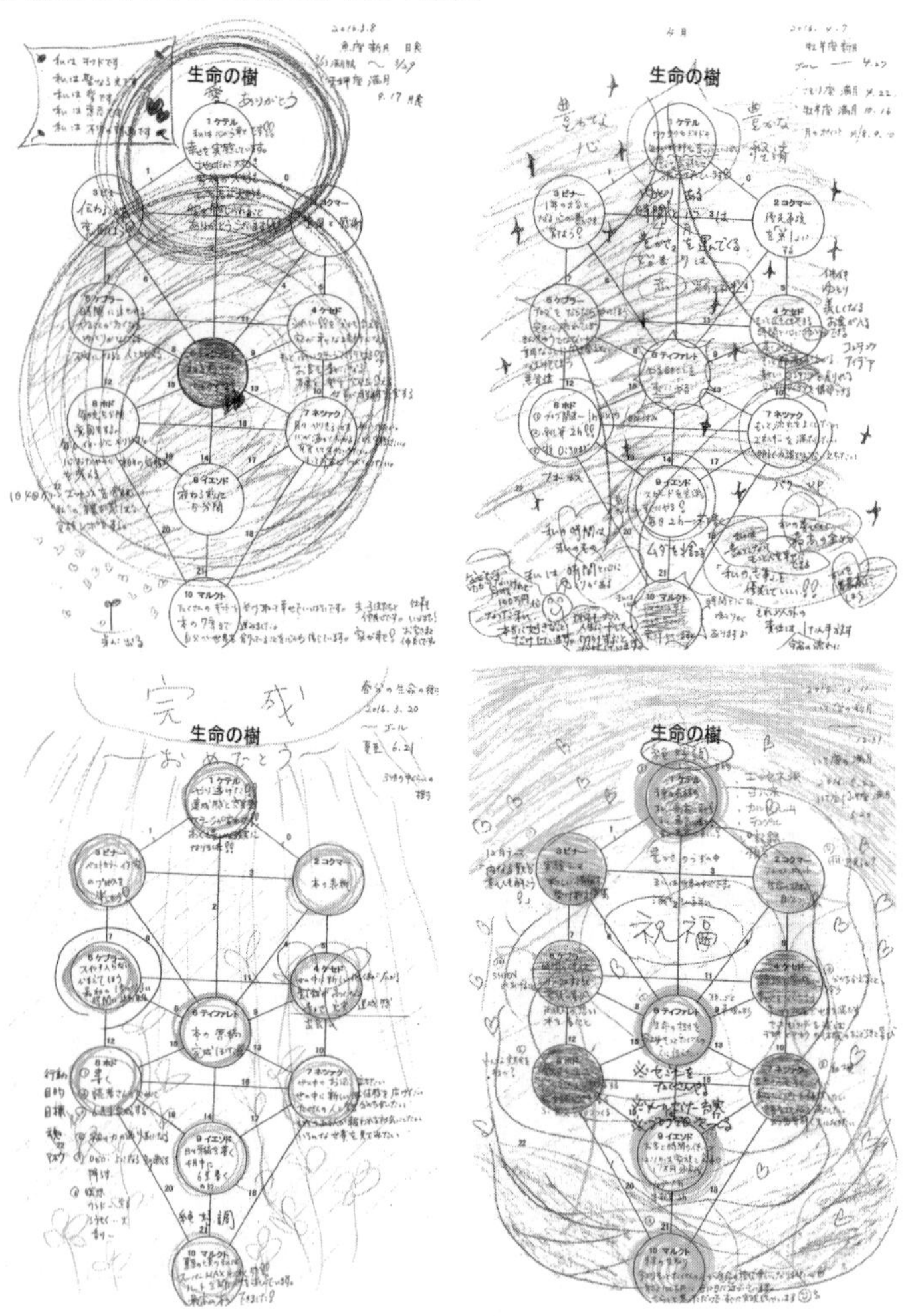

第2章　生命の樹の仕組み

上に在るものは下に在り
内に在るものは外に在る

生命の樹の仕組み

生命の樹は不思議な形をした図形です。私は、この図形は一体何なのか？　どんな意味があるのか、ずっと知りたくてたまりませんでした。

２０１０年に降りてきた閃きが私に教えてくれたのは、生命の樹に秘められた「受け取る」という意味と「宇宙の法則」でした。その閃きは、私ではない別の存在からの語りかけでした。その時の私は一方的に突然やってきたことを「受け取った」のです。

そのメッセージは、ずっと知りたかった答えそのものでした。私は、この体験をしたことで、「自分を超えた所から何かが来ること」を信じるようになり、「受け取る」ことに集中するようになりました。その後、どんどん閃きを受け取るようになり、その閃きに従うことで、生命の樹の仕組みを知ることができました。降りてくる時というのは、とてもくつろいでいて頭がからっぽの時でした。夢を見ているような、自分が宇宙に漂っているような、自分が在って無いような、なんとも不思議な感覚の時に、すーっと情報が降りてくるのです。それは頭で考え出したことでもなく、本で読んだことでもありません。こうして受け取った情報は、たまたま私を経由して地上に出ましたが、私のものではなく、人類全体で共有しているものだと思っています。

私は、2007年に「生命の樹とは何か?」という疑問を持ちました。3年後に来た閃きはまず、「生命の樹の意味」を教えてくれました。その後3年間、閃きに従って情報をつないでいくことで、「生命の樹の仕組み」を理解しました。そして、その3年間に生命の樹のワークをして、「生命の樹の使い方」をまとめることができたのです。

では、生命の樹の仕組みを見ていきましょう。生命の樹には、次の3つの仕組みがあります。それぞれシンプルですが、奥深い仕組みです。

①私たちの身体、宇宙、意識を表す3つの仕組み
②現代へと続いてきた精神世界の流れを表す仕組み
③旧約聖書にあるモーゼが神から授かったとされる十戒と、私たちの本質の美徳を表す仕組み

その他に、世の中に出ていない12の丸を持つ生命の樹をご紹介します。

身体を表す生命の樹

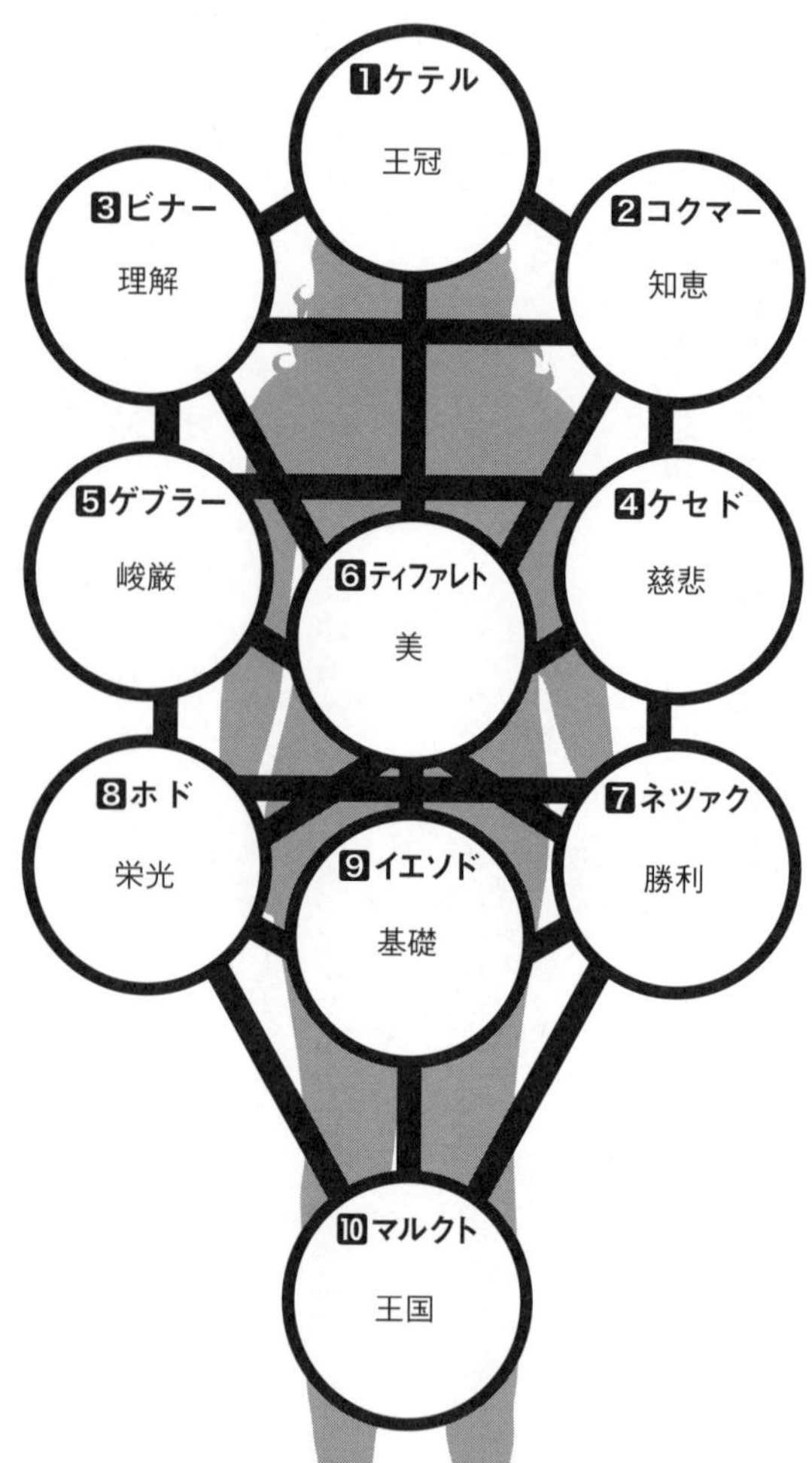

『魂の保護バリア オーラ・ヒーリング―自分のエネルギー・フィールドを清め、強化しよう』スーザン・シュムスキー著（徳間書店）を参考に作図

こちらの生命の樹は、身体を表しています。

❶ケテル……………………頭
❻ティファレト……………太陽神経叢
❾イエソド…………………生殖器
❿マルクト…………………足下

まとめ

身体を表す生命の樹は、人間の身体を意識できる。

宇宙を表す生命の樹

惑星が入った生命の樹

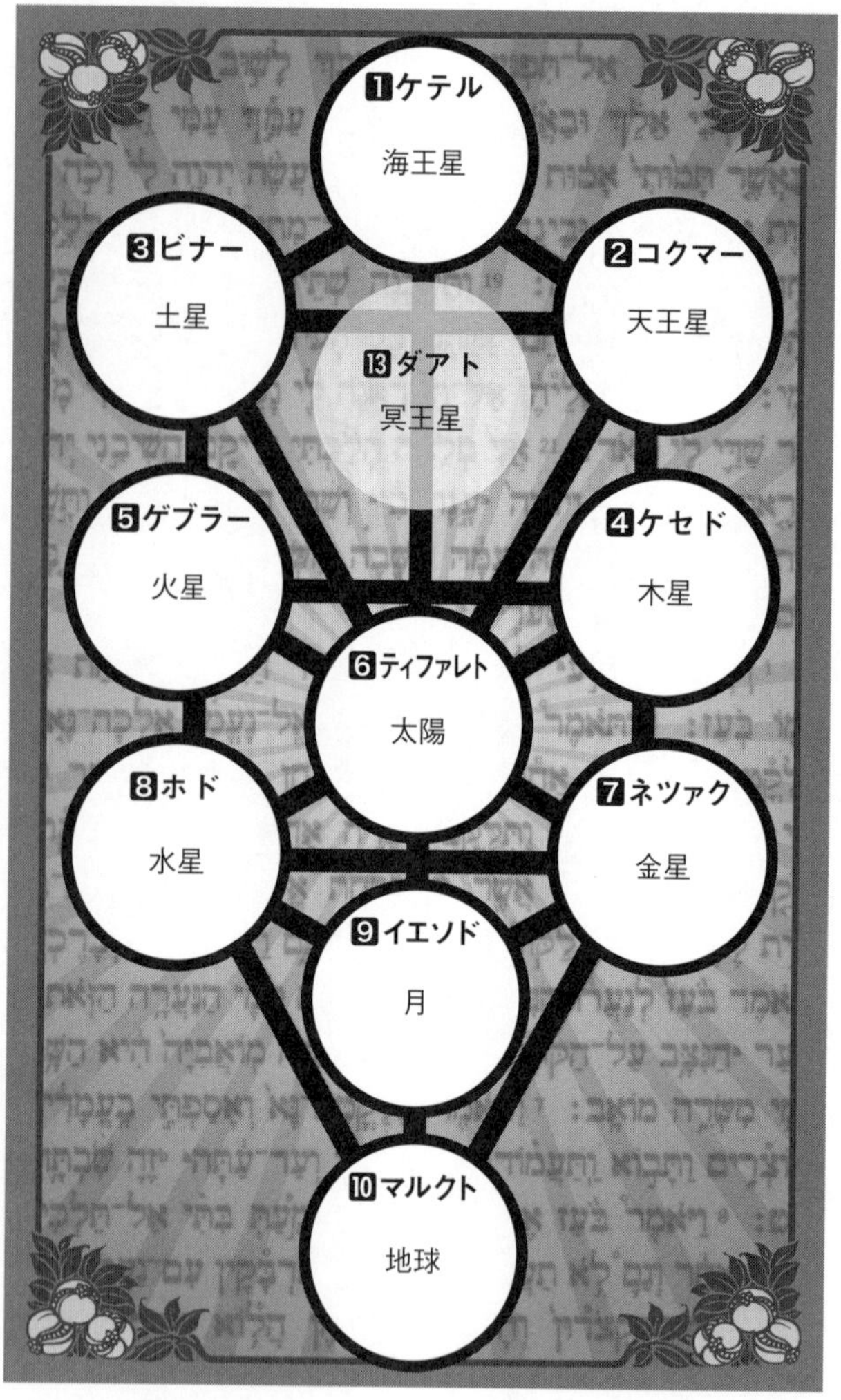

こちらの生命の樹は、宇宙を表しています。

❶ケテル……………海王星
❷コクマー…………天王星
❸ビナー……………土星
❹ケセド……………木星
❺ゲブラー…………火星
❻ティファレト……太陽
❼ネツァク…………金星
❽ホド………………水星
❾イエソド…………月
❿マルクト…………地球

まとめ

宇宙を表す生命の樹は、私たちが存在する太陽系を意識できる。

意識を表す生命の樹

こちらは、意識の仕組みを表した生命の樹で、宇宙の仕組みを表した生命の樹とつながりがあります。意識を表す生命の樹には、それぞれの丸の意識を表すキーワードが入っています。

それぞれの丸にある惑星は、対応する意識を成長させ、人生の年齢期は、対応する意識が成長する期間です。

例えば、❾イエソドの意識は、基礎、土台、無意識です。この意識の成長を月がサポートしています。そして、この年齢期は、0～7歳です。この期間に、身体やお金や人間関係の基礎、土台となる在り方や無意識が成長していきます。

惑星と意識が入った生命の樹

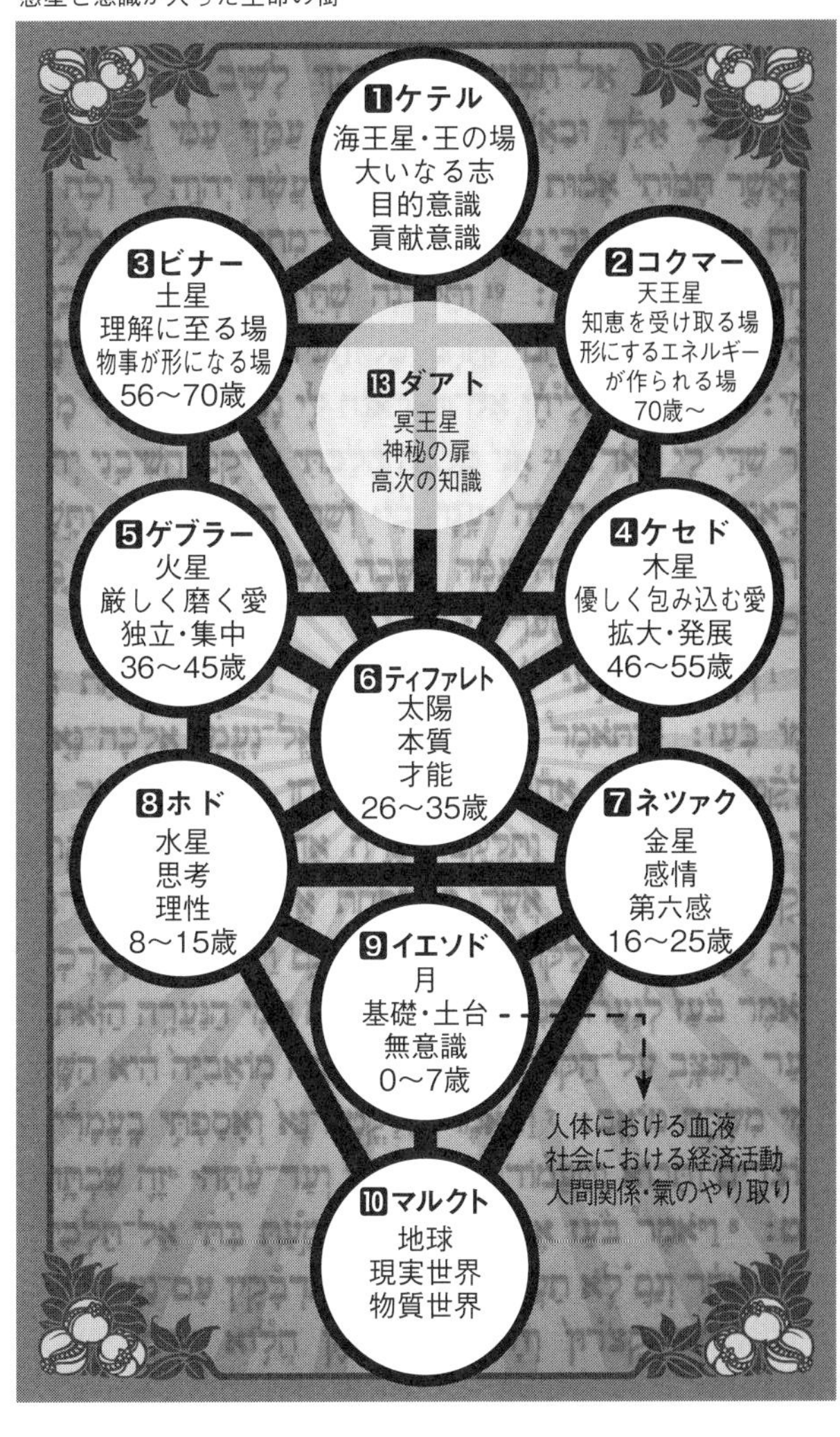

意識の仕組みについて、一番下の❿マルクトから順に説明します。

❿マルクト

惑星は地球。私たちの生きる物質世界、現実世界を表しています

❾イエソド

惑星は月。年齢期は0～7歳、基礎、土台の場であり、無意識を表しています。他に、社会における経済活動、人体における血液、人間関係における氣のやり取りを表しています

❽ホド

惑星は水星。年齢期は8～15歳、思考、理性を表しています

❼ネツァク

惑星は金星。年齢期は16～25歳、感情、第六感を表しています

❻ティファレト

惑星は太陽。年齢期は26～35歳、本質、才能を表しています

❺ゲブラー

惑星は火星。年齢期は36～45歳、厳しく磨く愛、独立と集中のエネルギーを表し

ています

❹ケセド

惑星は木星。年齢期は46〜55歳、優しく包み込む愛、拡大と発展のエネルギーを表しています

❸ビナー

惑星は土星。年齢期は56〜70歳、理解に至る場、物事が形になる場を表しています

❷コクマー

惑星は天王星。年齢期は70歳以降、知恵を受け取る場、形にするエネルギーがつくられる場を表しています

❶ケテル

惑星は海王星。王の場であり、大いなる志、目的意識、貢献意識を表しています

その他、**⓭ダアト**があります。惑星は冥王星。神秘の扉、高次の知識を表し、宇宙とつながる回路を表しています。

地球暦と生命の樹

生命の樹は、見える世界と見えない世界をつなぐ働きをする図形です。生命の樹は、身体、宇宙、意識の３つをつないでいます。

見える世界と見えない世界のつながりや、身体、宇宙、意識のつながりを、私は生命の樹に見出したのですが、その理解を助けてくれたのが、静岡県の杉山開知さんが考案した地球暦というカレンダーです。地球暦の正式な名前は、太陽系時空間地図 地球暦と言います。生命の樹を伝える時は、いつも杉山さんの地球暦も紹介させて頂いています。

この項では、私が地球暦から受け取ったことをお伝えします。

なお、地球暦の背景にはとても壮大な宇宙観が広がっていて、これから紹介させて頂くことは、その一部でしかありません。私は地球暦を鏡のように感じていますが、見る人によって受け取るものは無限にあると思います。しかし、それらはすべて同じ源に通じていく……、そんな奥深さを地球暦に感じています。これを機に、もっと地球暦を知りたい、使いたいと思われる方が増えたらとても嬉しく思います。

杉山さんが考案した地球暦は、太陽系の縮図と暦を組み合わせたカレンダーです。地球暦は、宇宙を表すシンプルな円がとても美しく、見ているだけで意識が広がります。敏感な人は、円が回転しているように感じたり、中心に吸い込まれるような感じがするそうです。私は、地球暦を使って、宇宙と時間と自分のつながりを感じられるようになりました。そして、地球暦によって受け取る力が引き出されていったのです。カレンダーとして日々使うことで、意識が開いていったのだと思います。

私が地球暦と出会ったのは、２００７年の初回版が出た時です。初めに教えてくれた人に、どうやっ

地球暦

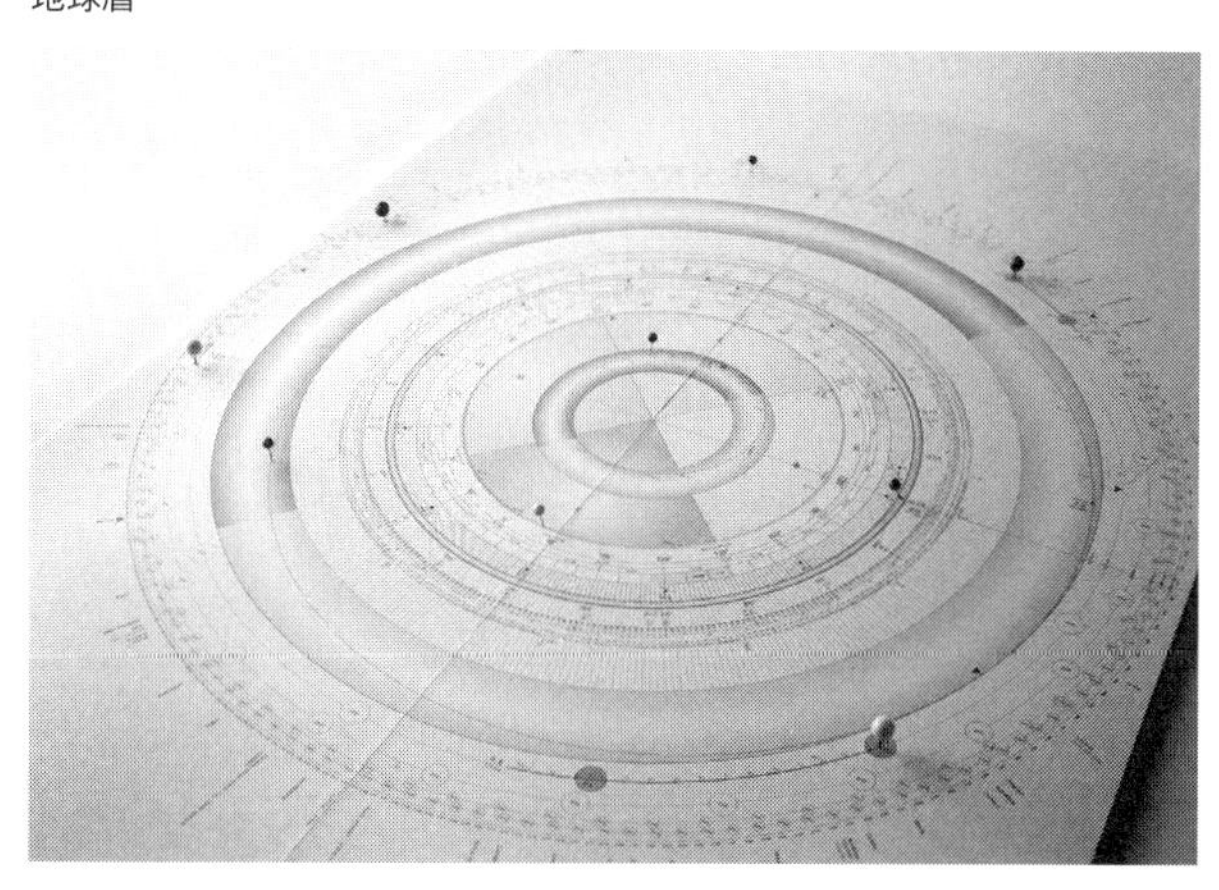

て使ったらいいのか聞いたところ、意外な返事が返ってきました。それは、「いいんだ、いいんだ、見ていれば。そのうちわかる時が来るから」というものだったのです。「？・？・？・」と思ったものの、地球暦の美しさに感動し、見ているだけでもいいから手に入れたいと思い使うことにしました。そして、ただただ見て感じて使っていたら「そのうちわかる時が来るから」の答えを受け取ることになりました。

結論から言うと、私は地球暦を使って意識が大きく開きました。宇宙のリズムにつながる時間を感じられるようになったのです。そして意識が広がったことで、生命の樹のヒントを受け取ることができたのです。

私は地球暦から次の3つの働きを受け取りました。

ひとつ目に、「地球暦を見ることで、ほっと緩むエネルギーにつながり」ました。
地球暦は、円を十字に分割した時の一番右の春分点からスタートして、左回りで時が進んでいきます。私たちは普段、時間の中に生きています。時計の針は、右回りに回っていきますが、対して地球暦は、反対の左回りで進む時間の流れを表しています。地球暦を使うようになってから、時計を目にすると右回りのエネルギーを感じて、地球暦を目にすると左回りのエネルギーを感じるようになりました。右に回すと栓が締まり、左に回すと栓が緩むように、時計の針が進んでいく右回りのリズムには閉めるエネルギーを、地球暦で進んでいく左回りのリズムには開くエネルギーを感じるようになったのです。どちらも素晴らしい時間の流れなのですが、私は地球暦を見ると意識が開いていく感じがします。ほっと緩んで、バランスが取れてくるのです。

2つ目に、地球暦は太陽系の縮図と暦が組み合わされたカレンダーだということ。「地球暦を見る時の視点は、宇宙の遥か上空から太陽系を俯瞰している視点となり、小さな自分を超えたハイヤーセルフの視点につながることができた」のです。

私たちは普段、足下に地球があり、上を見上げて空を見ています。普段、上を見上げることはできますが、上から下を見下ろす経験はそう簡単にできません。その分、ゆっくりと過ごしたり、瞑想したり、俯瞰的に見ることを意識したりする必要があるのだと思います。上を見上げる意識しか開いていないと、問題が起こった時に「なんでこうなるのだろう」という閉ざされた思考から出られなくなるからです。

地球暦は、普段の生活の中で、身近に太陽系を感じられる暦です。目にするたびに、宇宙から太陽系を見下ろす視点につながって、上から見下ろす意識が開いていくと、物事をより大きな視点で見られるようになりました。問題が起こった時に「どうしたらいいだろう」と考えられるようになったのです。地球暦を見ているうちに、自然に宇宙のリズムやハイヤーセルフの視点につながったのだと思います。

3つ目に、地球暦は太陽系の縮図を1年に表している暦でもあります。円の中の1年間に、立春、春分、立夏、夏至、立秋、秋分、立冬、冬至をはじめ、二十四節気や、新月、満月のリズムを見ることができます。私たちは普段、カレンダーを使用していますが、毎月、その月が終わったら、ページを破り捨てるか後ろにめくるかしています。翌日は新しい月のページとなり心機一転という気分にはなりますが、以前までの時間とのつながりがぶつっと切れている感覚を覚えることは無いでしょうか？

過去も現在も未来もすべてが今にあると言われたり、「今ここ」という言葉もあります。私たちは、1ヶ月が経ち、1年が経ち、日々年老いていきますが、実際のところはどうでしょう。いつも同じように過ごし、何年経ってもあまり変わらない自分なのではありませんか？　確かに時は経つけれど、自分の内面や現実は何も変わっていない……、そんな風に感じたことはありませんか？　何か見えない枠があって、そこから出られない……、私はずっとそう感じていました。

以前、杉山さんの講演会に参加させて頂いた時、ハッとするお話がありました。そのお話は、私が感じていた「出られない」という感覚にぴったりくるものでした。杉山さんは、この感覚を「まるでエッシャーの絵のように、前へと進んでいるようでいて、実際はまたぐるぐると同じ所を回っているのではないか？」と例えていました。本当に！　普段の時間にどっぷりと留まる意識は、まるでエッシャーの絵のよう！　一日一日、確実に時間は過ぎていくのに、毎日同じことの繰り返し。進展もなく、変化もなし。過去と変わらぬ日々が坦々と繰り返されるのみ。この世界から出られない……、心と現実が何かずれている……、そんな感じ、感覚。私はどっぷりこの世界にハマってしまい、日々閉塞感を感じていたのです。

そこで地球暦なのです。

その普段の時間から意識を解放してくれたのが地球暦なのでした。

解放してくれたのは、先ほどの2つの働きだったと思います。どうしても出られない世界から脱出できたのは、ほっと緩むエネルギーにつながったことと、上から見下ろす俯瞰的な視点、ハイヤーセルフの視点が開いたからだと思っています。

そして、最後に受け取ったのは、過去、現在、未来がひとつにつながっている大きな時間を感じられるようになったことです。地球暦は、1年365日をひとつの円で表している暦です。普段使っている暦のように、1ヶ月ごとに破り捨てることはありません。地球暦の円の中には、1年間のすべてがあり、日々、太陽系の中の今日という日を確認できます。そして、今日という日だけでなく過去も未来も確認できるのです。**すべての時間が「今ここにある」**という毎日の確認作業は、宇宙の広がりを実感できるようにしてくれたのです。

こうして私は、地球暦を使ううちに、知らず知らず宇宙と自分がつながっていったのですが、ここまで来るのになんの努力も修行もしていません。ただただ数年間、部屋に置いた生命の樹と地球暦を見つめてきただけなのです。この2つの図形の前で頭をからっぽにしてぼ〜っとしたり、ただじ〜っと見つめて過ごしていたら、いつしか閃きが来るようになり、質問をすると答えが来るようになっていきました。生命の樹の「受け取りの法則」を発見することができたのは、このプロセスで受け取った閃きや宇宙とのやりとりによるものです。2つの図形が右脳や潜在意識の中から、私に必要な答えを引き出してくれました。

地球暦は本当に素晴らしい働きがあると思います。

ぜひ、地球暦を使って意識の変化を感じて頂きたいと願っています。

まとめ

地球暦は、杉山開知さんが考案した太陽系の縮図と暦を組み合わせたカレンダー。
私は地球暦から3つの働きを受け取りました。

①ほっと緩む左回りのエネルギー

②宇宙の遥か上空から太陽系を見ているハイヤーセルフの視点
俯瞰的に見る視点が開いて、問題が起こった時に、「なぜこうなるのか？」という問題探しの考えから、「どうしたらいいのか？」という問題解決の考えに切り替えることができた。

③地球暦は、1年をひとつの円で表しているので、いつでも、今日という日と過去と未来のつながりを確認することができる。日々の確認作業で宇宙のリズムにつながっていきました。

私は地球暦と生命の樹を見ているうちに、自然な状態で宇宙と自分がつながっていったのです。直感や閃きを受け取れるようになり、生命の樹の「受け取りの法則」を見つけることができました。

生命の樹の丸（スフィア）について

生命の樹は、①～⑩の丸でできています。この丸のことをスフィアと言い、球体という意味があります。生命の樹の丸（スフィア）に身体、宇宙、意識の仕組みが入っています。宇宙（各惑星）と私たちの意識はつながりがあります。

生命の樹の上の1、2、3の丸でできる三角形は神の宿る場であり、ここには目覚めた意識が入ります。1、2、3の三角形は高い意識を表します。下の7、8、10でできる三角形は現実世界や地上の物質世界を表します。

この図にあるように、私たちの意識は宇宙でもあるのです。太陽系の惑星は、私たちの意識を表しています。

『Sacred Mirrors The Visionary Art of Alex Grey』
Alex Grey ほか著（Inner Traditions）©Alex Grey

太陽を中心として、水星は思考や言語を司り、金星は感情や女性性、地球は肉体や物質世界、火星は行動力や男性性を表します。火星まではパーソナルな惑星とされ、ある程度自分でコントロールできる力です。

しかし、その先の木星、土星になりますと、社会、組織、集合意識を表す重い星になり、自分が成長していないと、星のエネルギーに影響を受けていきます。火星期の45歳までに自立を果たすように、火星のエネルギーによって厳しく磨かれます。そうして成長できた魂は、木星や土星のエネルギーを使える側に立ち、社会や集合意識に影響を与えることができるのです。

その先には天王星、海王星、冥王星と、王がつく3つの星があります。天王星は個人の無意識を表し、海王星はあらゆる生命の集合無意識を表します。冥王星になると超意識、宇宙、根源、原初の創造、神と言われるエネルギーを表します。天王星、海王星、冥王星の3つの星は、密度の高い、非常に重たい星で、何世代もの意識やひとつの文明まで、その影響は計り知れないものがあります。

多くの人は、この密度の高い、重たい星のエネルギーに強く影響されますが、ここでも意識の成長を果たした魂は、その星々のエネルギーを使い、影響を与える存在として活躍できるのです。それが、マザー・テレサであり、マイケル・ジャクソンであり、吉田松陰であり、他にもたくさんの存在がいますが、自分が存在した世界に影響を与えた魂なのです。彼らの肉体はもうありませんが、今でも多くの人に影響を与え続けています。この世に生を受けたということは、宇宙と意識を存分に活かしきる時間をもらったということです。星のエネルギーを使い、意識を使い、それらの容れ物である肉体を使って、何かを成し遂げる時間が人生と言えるのではないでしょうか。

よく龍がついていると言われる人がいますが、龍のエネルギーとは、これら3つの王の星のエネルギーなのかもしれません。魂が成長して、これらの星のエネルギーを使えるようになった人は、大きな星々にも応援されて、地球規模の大きな使命を成し遂げるのだと思います。

この世に生を受ける時に、生命の樹が発動します。私たちは地球に生まれる前は、あの世と言われる見えない世界にいます。そこで、太陽系を見ていたり、他の宇宙を見ているのでしょう。地球暦を眺める視点と同じように、宇宙の遥か上空から俯瞰して太陽系を見ていたのかもしれません。その視点は、魂やハイヤーセルフの視点、宇宙人の視点だと思

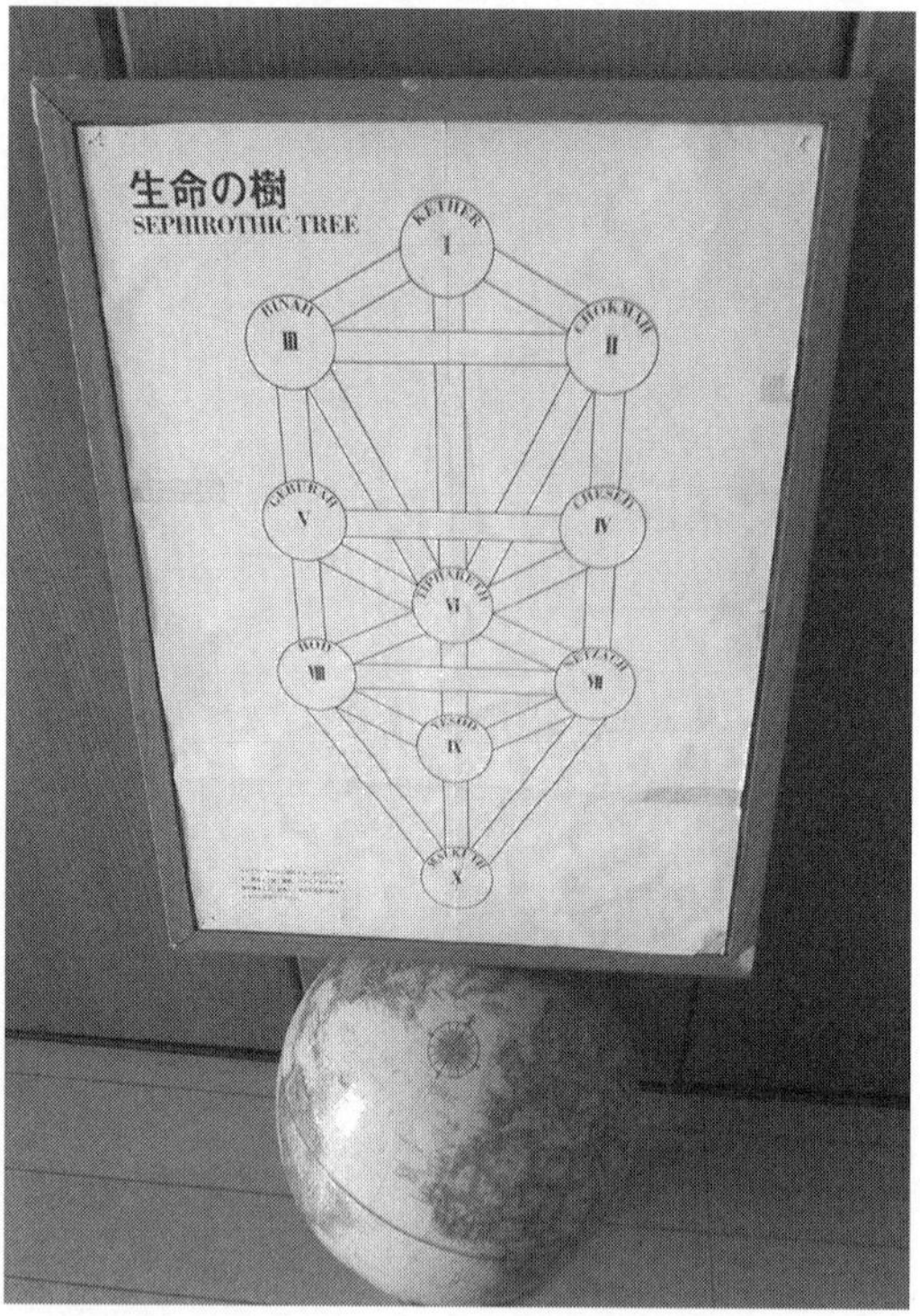

宇宙と地球をつなぐ生命の樹

います。

そこから地球に生まれる時に、神さまにマニフェストを掲げたと思います。「神さま、私は何々をしたいので、地球に生まれたいのです」と。そして、許可が降りて、地球に生まれてくるのですが、その時に、写真のように生命の樹が立ち上がるのです。生命の樹が無い場合は、地球と宇宙には大きな断絶があり、2つの世界は別々に存在しています。しかし、ひとたび生まれるとなったら生命の樹が立ち上がり、10個の丸の場に、それぞれ対応する惑星がスタンバイします。そして、2つの世界の架け橋となって、星のエネルギーがセットされ、肉体が用意され、スタンバイOKとなった生命の樹に魂が降りてきます。このように、生命の樹は、身体、宇宙、意識を結ぶ働きをしているのです。1999年に流行した映画「マトリックス」のように、生命の樹は、目には見えない意識の世界と、意識が映し出されている物質の世界をつなぐ働きを担うのです。

まとめ

生命の樹の1から10の丸（スフィア）には、身体、宇宙、意識の仕組みがあります。
生命の樹は、身体、宇宙、意識をつないでいます。

私たちの意識とは、惑星のエネルギーでもあります。水星、金星、地球、火星は、ある程度自分で使うことができる力です。木星、土星は、社会や組織、集合意識の働きであり、自分が成長できていなければ、それらの星に影響を受けます。成長でき、自立していれば使える力です。天王星、海王星、冥王星は、もっと大きな意識の働きで、個人に与える影響は計り知れないものがあります。しかし、意識の成長を果たした魂は、これらの星の力も使うことができるのです。

生命の樹は、宇宙と地球をつなぐものです。身体と宇宙と意識をつなぎ、見えない世界と見える世界をつなげる架け橋なのです。

意識の成長を表す生命の樹／世の中には出ていない12の丸の生命の樹

こちらは、意識の仕組みを表すもうひとつの生命の樹です。12の丸の生命の樹は、個人が自立した姿を表しています。この12の丸の生命の樹は本やネットでは出てきません。

12の丸の生命の樹は、個人セッションで使います。クライアントの出生情報から導き出した魂の色を入れることで、人生の青写真をひも解くことができます。12の丸の生命の樹には、生命の樹の秘密の奥義が隠されています。

12の丸の生命の樹と、10の丸の生命の樹との違いは、⑩マルクトの部分です。12の丸の生命の樹では、⑩マルクトが10、11、12の3つのマルクトに広がっています。

12の丸の生命の樹

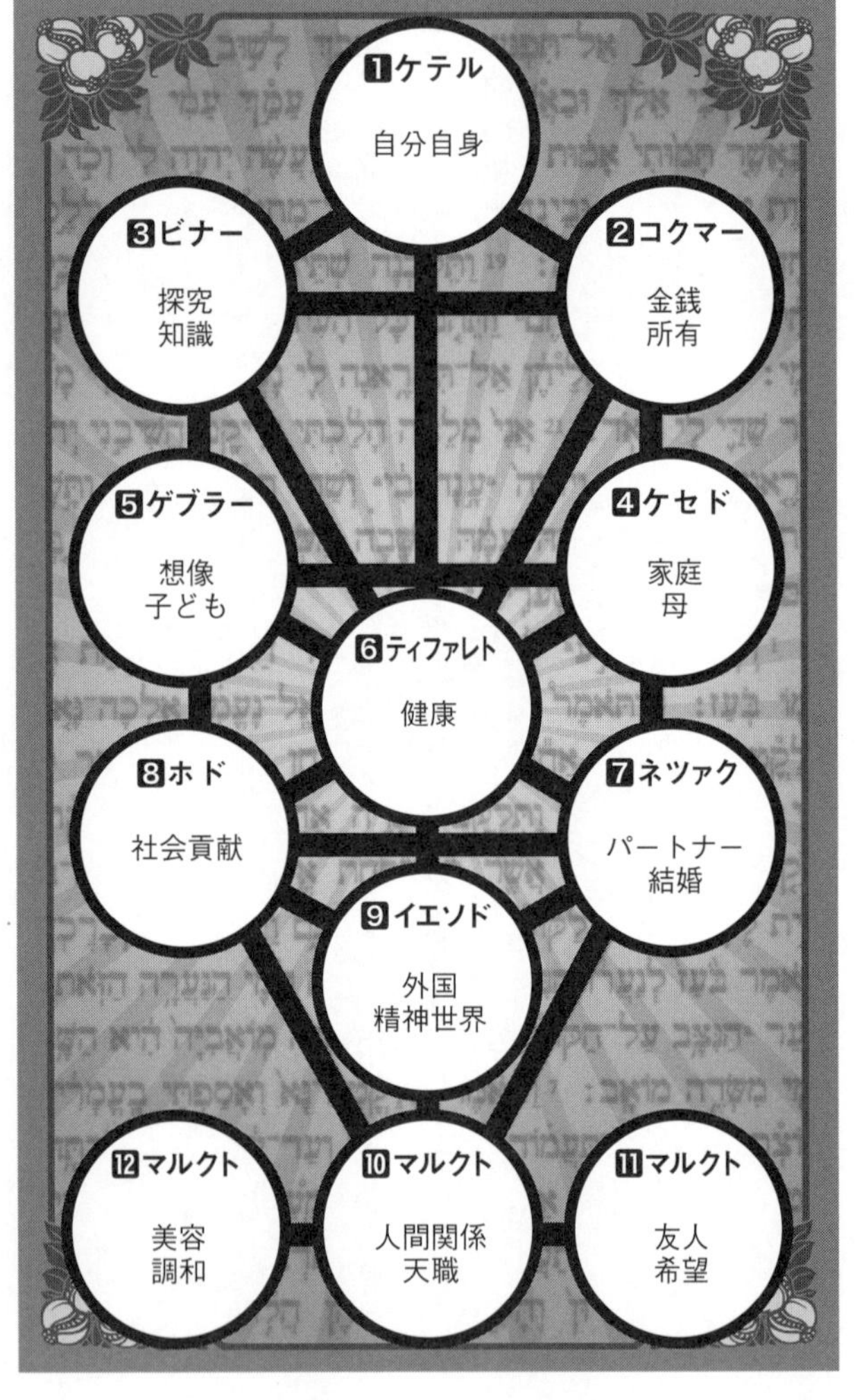

12の丸の生命の樹は、個人が自立した姿を表します。個人が自立しようと立ち上がった時、10マルクトが11、12と広がります。これは植物で言えば、根が生えた状態、人間で言えば、地に足をつけ、本当の自分を生きようと目覚めた状態です。

10マルクトに対応する惑星は地球で、現実世界、物質世界を表しています。

12の丸の生命の樹では、10、11、12の3つのマルクトのそれぞれに意味があります。

それぞれの意味はこうなります。

① 10マルクトは、天職、使命、個人が立ち上がった姿で、主観を表します
② 11マルクトは、身近な友人、知人が自分を見ている視点で、客観を表します
③ 12マルクトは、社会の人たちが自分を見ている視点で、客観を表します

10マルクトは、「よし！　これが私の使命だ、私はこれをやっていこう！」と自立の意識が立ち上がった姿を表しています。これは自分の視点という主観を表します。自分が自

分に与えたものを受け取ることになります。

⓫マルクトは、❿マルクトで立ち上がった自分を見ている身近な友人知人の視点を表します。これは他者の目線で、客観です。身近な友人知人に与えたものを受け取ります。

そして、⓬マルクトは、❿マルクトで立ち上がった自分を見ている社会の人たちの視点を表します。これも他者の目線で、客観です。社会の人たちに与えたものを受け取ります。

10、11、12は横並びでひとつの線で結ばれています。これは、❿マルクトの自立した自分という主観、⓫マルクトの友人知人の視点という客観、⓬マルクトの社会の人たちの視点という客観の3つのマルクトの世界にあなたが存在していることを表しています。❿マルクトは主観ですが、❿マルクトに存在するあなたは、⓫マルクトの身近な友人知人の客観的な視点と、⓬マルクトの社会の人たちの客観的な視点を受け取っているのです。❿マルクトで使命に生きるあなたは、11と12のマルクトの人たちに与えたものを受け取っていきます。

多くの人は、人生において使命を始めることができなかったり、できたとしても仕事のレベルまで発展できなかったりします。

使命の始まりは、まずは⓫マルクトの友人知人との関わりから進んでいきます。自分で手を広げられるところから始まります。友人知人も応援してくれることでしょう。

しかし、これ以上の活動に発展できない人も多いのです。使命を始めた多くの人は、⓾マルクト→⓫マルクトの成長の流れで苦戦しています。また、使命の道を進んでいても、⓫マルクトの友人知人と関わるレベルまでは意識の成長を果たせるけれども、⓬マルクトの社会の人たちと関わるレベルの意識にまで成長できなかったりするのです。

多くの人が、⓫マルクトの友人知人と関わるレベルまでの意識の成長でとどまります。しかし、本来は⓬マルクトの社会の人たちと関わるレベルまで、意識は成長することができます。

では、⓬マルクトの社会の人たちと関わるレベルまで、どうやって成長したらいいかと言うと、その答えは、受け取る力をつけてあなたにしかできない使命に生きることなのです。この本当の使命に生きることで、⓬マルクトの社会の人たちに見つけて頂くことができます。使命とは命が使われることであり、他者への貢献を表します。あなたという存在を他者に使って頂くことが使命であり、仕事のレベルであるということです。あなたが使命を果たすことを助けてくれるのは、11、12のマルクトの人たちです。その助けを受け取るのです。使命は⓫マルクトの友人知人から始まりますが、あなたが使命に生き、成長していくと、⓬マルクトの社会の人たちに見つけて頂けるようになります。⓬マルクトの社会の人たちは、あなたが追い求めることはできません。あなたが成長して光に満ちていくことで、その光に気づいて向こうからやってくる人たちなのです。

あなたにとって、⓬マルクトの社会の人たちはコントロールができない未知の領域にいます。⓬マルクトは宇宙を表しているとも言えます。

天と地の関係を表す12の丸の生命の樹

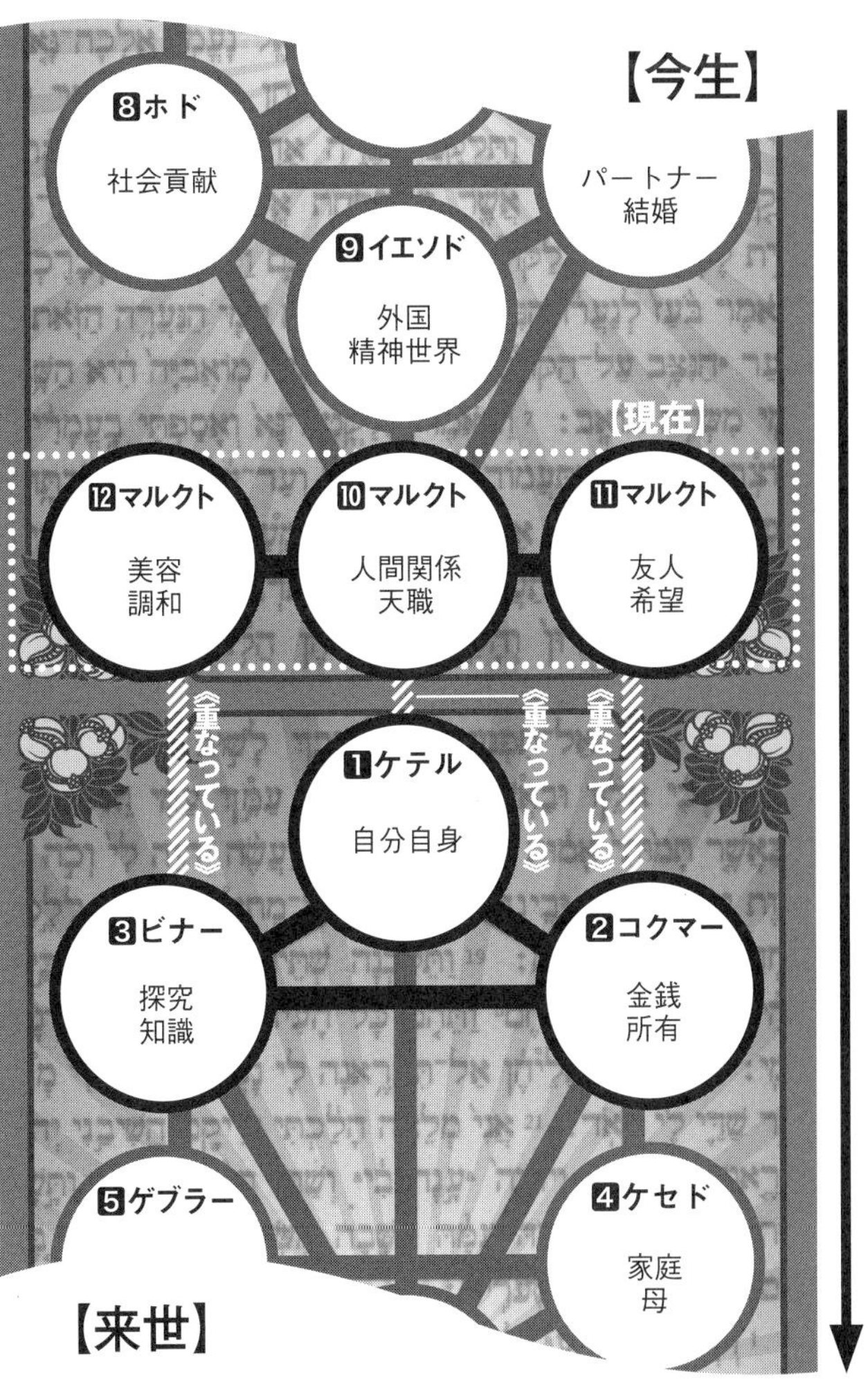

12の丸の生命の樹には、天と地がひとつであることが示されています。生命の樹の下の10、11、12のマルクトが次の人生の❶ケテル、❷コクマー、❸ビナーの上の三角形と重

なっていきます。それぞれ、❿マルクトが❶ケテルに、⓫マルクトが❷コクマーに、⓬マルクトが❸ビナーに重なります。

マルクトは地球、現実世界、物質世界を表し、10、11、12のマルクトは、今の人生を表していると同時に、次の人生の上の三角形をつくっています。

❿マルクトは個人が立ち上がった姿を表し、❶ケテルの使命とつながっています。⓫マルクトは友人知人の視点で、❷コクマーの金銭、所有というキーワードとつながっています。身近な友人知人が金銭や機会や情報や人脈を運んでくることを表しているのです。⓬マルクトは社会の人たちであり、あなたにとっては未知の領域の存在です。使命に生きることで、向こうから見つけて頂いて、出会っていく人たちのことを指します。⓬マルクトは、❸ビナーの探求、知識というキーワードとつながっていて、⓬マルクトの社会の人たちは、あなたにとっての学び、人生において必要な知識を運んできてくれることを表しています。

こうして、12のレベルまで意識を成長させていくと、秘密の扉が開いていきます。実は、12の丸の生命の樹には、もうひとつの丸が隠されています。それは、⓭ダアトという丸です。ダアトは、❶ケテルと❻ティファレトの間に隠れて存在しています。一般的な生命の樹では、ダアトは数字の11がついていますが、個人が自立した姿（本当の自分）の生命の樹では、数字の13になります。

ダアトの意味は、神秘の扉、高次の知識、惑星は冥王星を表します。身体ではハートを表します。人生において、使命に生き、身近な友人知人から社会の人たちにまで使って頂ける命へと成長していくと、ダアトが開き、宇宙とつながります。使命に生きると、ご縁のある人との交流で意識が成長し、愛や喜びや知恵や経済が循環する豊かさに満ちたレベルに移行します。このプロセスでハートが開き、宇宙との回路が開きます。

ダアトは宇宙との回路を表します。ダアトの扉が開くことで、高次の知識を受け取ることができ、上の世界に在るものが下の世界にどんどん降りてくるのです。ダアトのキーリードの神秘の扉とはハートのことであり、宇宙との回路です。それが開くと、高い次元の情報をどんどん受け取っていくのです。

12の丸の生命の樹には、このような意味と仕組みが秘められています。

まとめ

12の丸の生命の樹は、個人が自立した姿を表します。

一般的な10の丸の生命の樹との違いは、10のマルクトが10、11、12と3つあること。
❿マルクトは、物質世界、現実世界を表し、惑星は地球を表しています。
12の丸の生命の樹が表す10、11、12のマルクトにはそれぞれ3つの意味があります。
❿マルクトは、個人が使命に立ち上がった姿で主観を表します。
⓫マルクトは、身近な友人知人が自分を見ている客観の視点を表します。
⓬マルクトは、社会の人たちが自分を見ている客観の視点を表します。

個人が使命を果たすには、意識を成長させて、11、12の客観の視点を開くことです。使命を通じて、⓫マルクトの友人知人、⓬マルクトの社会の人たちと互いの人生を分かち合っていくのです。⓫マルクトの友人知人はお金やチャンスを運んでくれて、⓬マルクトの社会の人たちは必要なことを教えてくれます。⓬マルクトの社会の人たちは、あなたのことを見つけてくれる存在です。こうしてあなたが成長して、周りの世界とのつながりを深めていくと、⓭ダアトの神秘の扉がどんどん開き、ハートが開いて、上の世界に在るものを受け取ることができるのです。

生命の樹が伝える進化の流れ

生命の樹には、身体と宇宙と意識の仕組みがあります。もう一度、一連の図をご覧ください。

前掲　身体を表す生命の樹

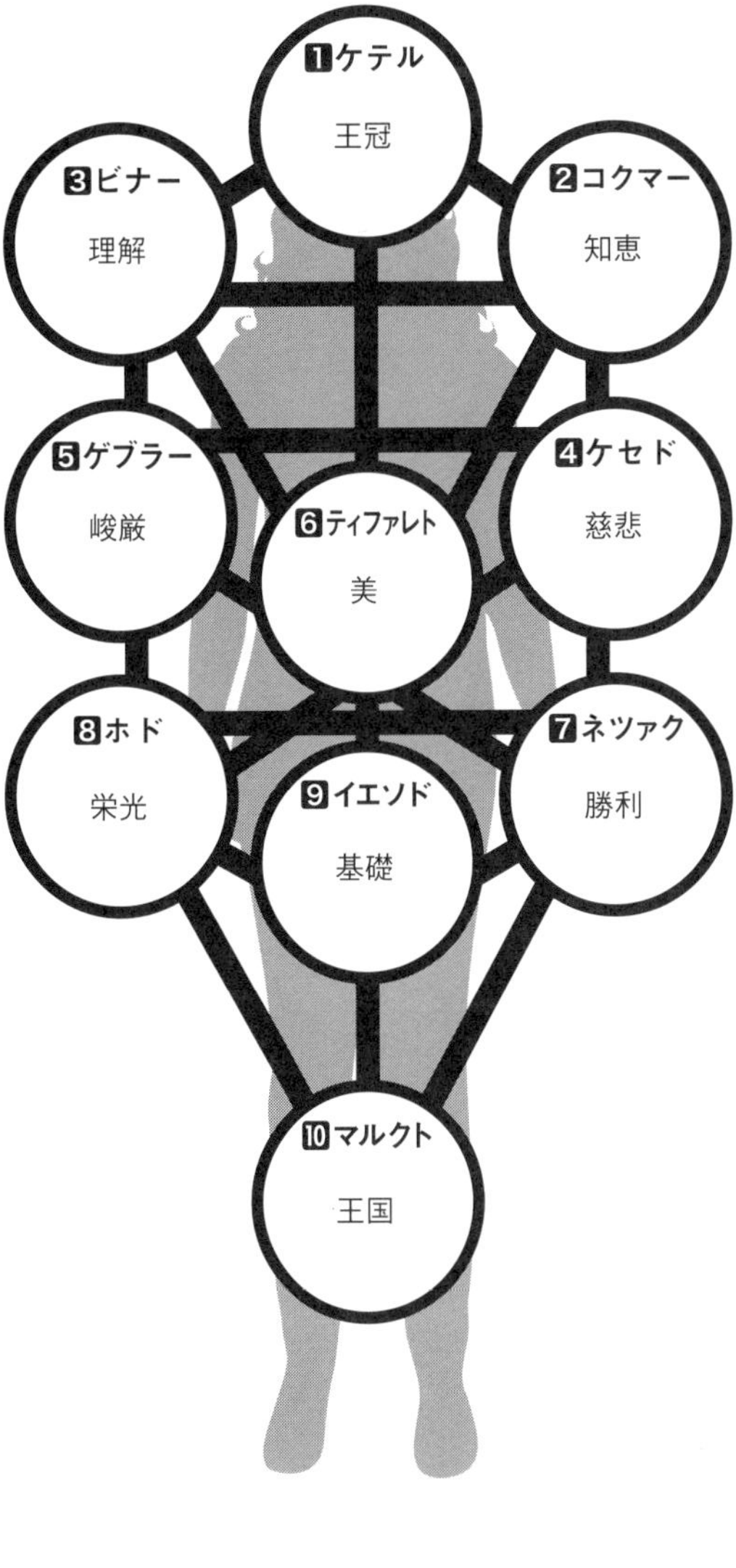

❶ケテル 王冠
❷コクマー 知恵
❸ビナー 理解
❹ケセド 慈悲
❺ゲブラー 峻厳
❻ティファレト 美
❼ネツァク 勝利
❽ホド 栄光
❾イエソド 基礎
❿マルクト 王国

前掲　惑星が入った生命の樹

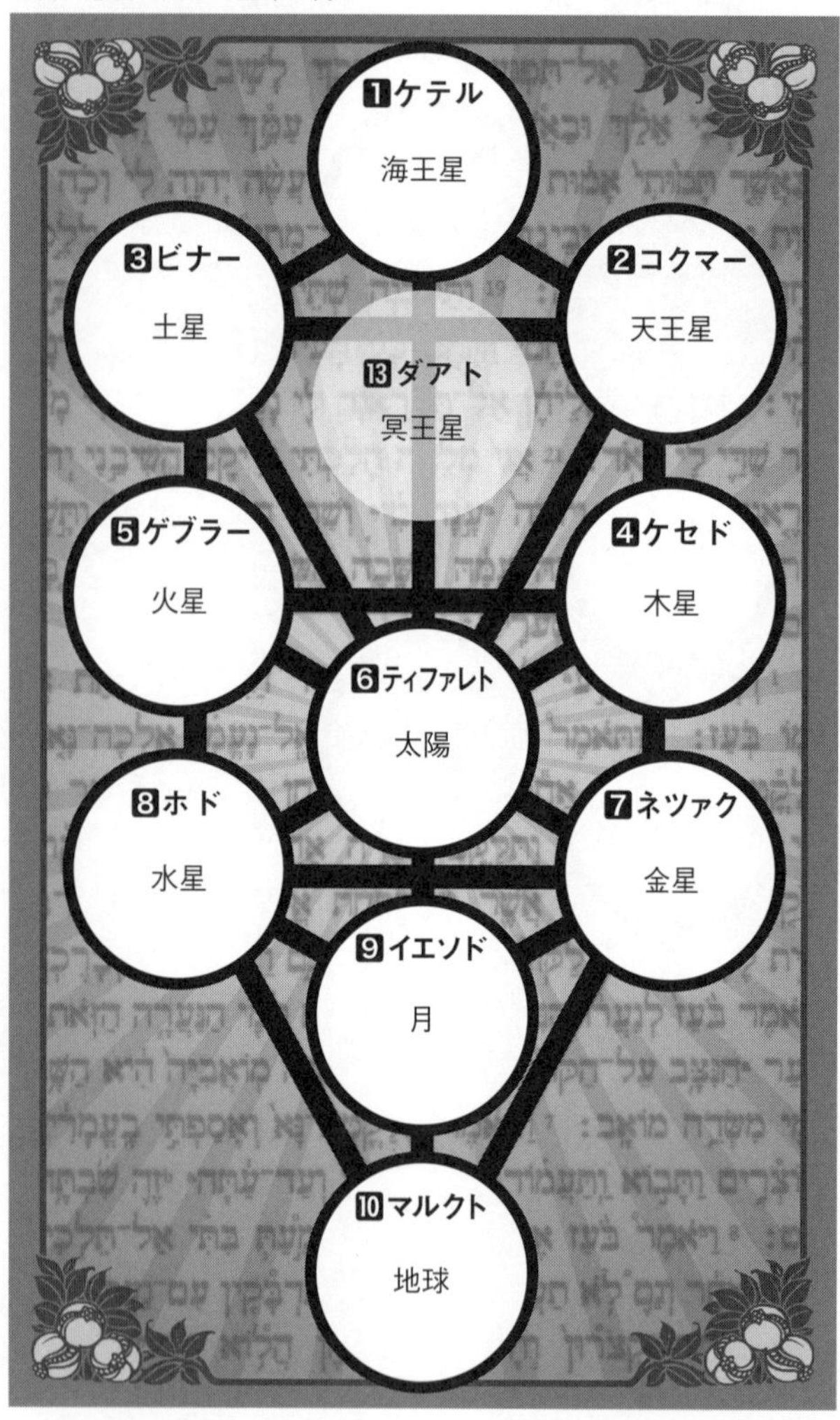

前掲　惑星と意識が入った生命の樹

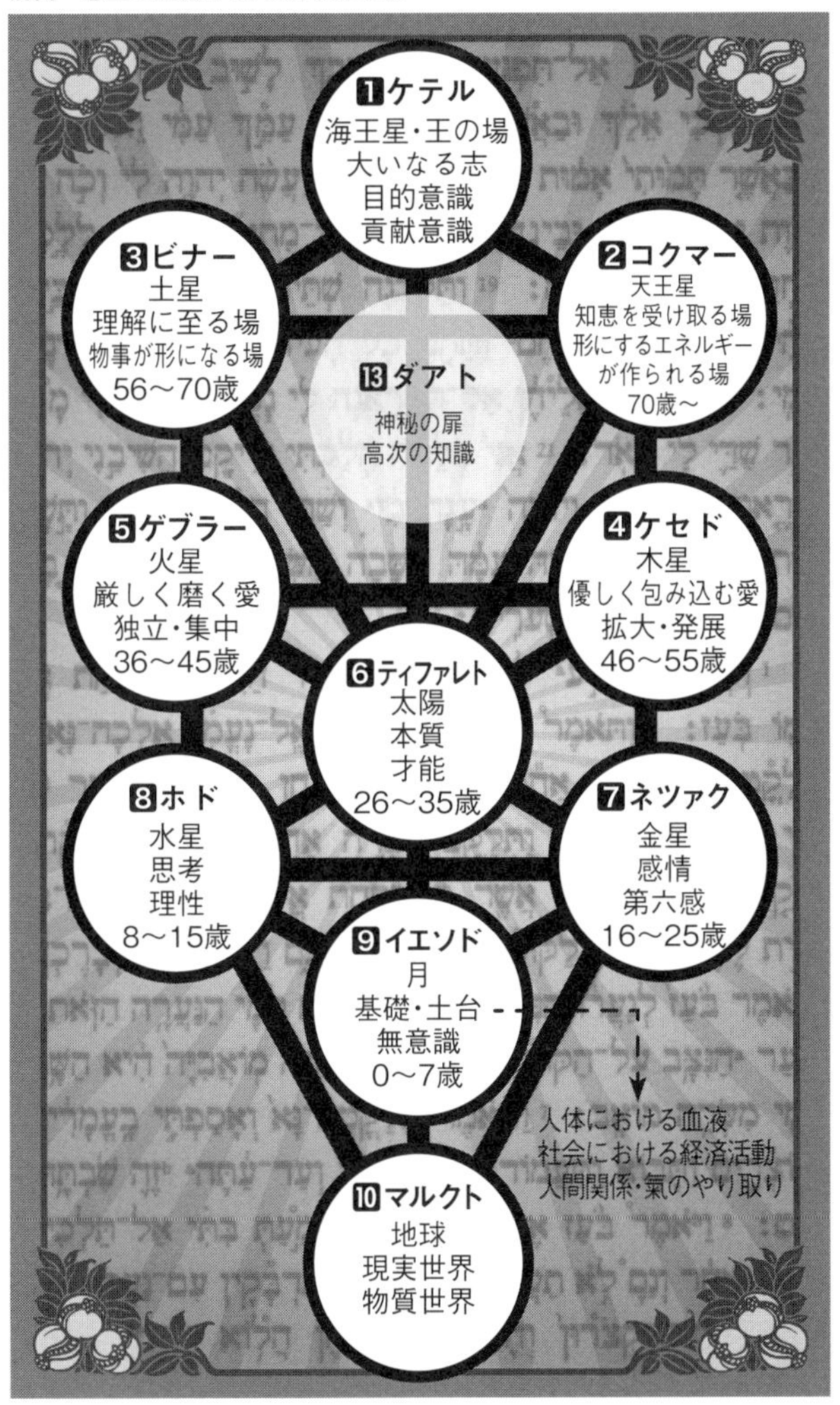

前掲『Sacred Mirrors The Visionary Art of Alex Grey』
Alex Grey ほか著（Inner Traditions）©Alex Grey

生命の樹は、身体を表し、宇宙を表し、意識を表し、この3つをまとめています。

① 身体として見た時は、上の方にある❶ケテルは頭にあたり
② 宇宙として見た時は、❶ケテルは海王星にあたり
③ 意識として見た時は、❶ケテルは王の意識であり、目的意識、貢献意識を表します

私たちの身体の頭頂にある第7チャクラから宇宙のエネルギーが入ってきますが、私たちの太陽系も外宇宙から情報やエネルギーを取り入れる時、太陽系の外惑星である海王星を通って中心に入ってきます。生命の樹は、身体と宇宙の共通する仕組みを表しています。

そして、生命の樹の上にある❶ケテル、❷コクマー、❸ビナーの三角形は、神が宿る場であり、目覚めた意識が入ります。身体で言えば頭の部分を表しますが、頭が曇っている状態では、神が宿らず、意識が目覚めることはできません。頭が曇っていると、宇宙とつながることはできません。中心の太陽が雲で覆われて、無意識で生きてしまいます。

次は、生命の樹の下にある三角形について見てみましょう。

❼ネツァクは感情、❽ホドは思考、❿マルクトは地球、現実世界、日常の意識の状態を表しています。三角形の中心の❾イエソドは、月、無意識を表します。私たちの多くは普段、無意識（❾イエソド）に影響されて、感情（❼ネツァク）、思考（❽ホド）、現実の意識（❿マルクト）をぐるぐると回っています。これは、ブレていたり、地に足がついていない状態のことです。テレビで言えば、砂嵐で、ザーザーと画面に何も映っていない状態であり、水面で言えば、泡立って、穏やかな水面ではない状態です。上に在るものがすっと映っていない状態を表し、意識の世界にあるものが、現実世界に現れていないことなのです。常にぐるぐるぐるぐると、落ち着かずに堂々巡りをしています。これは、❾イエソドの無意識や月に翻弄されていることを表しています。❾イエソドは生命の樹のキモの場で、キーワードは、基礎、土台、無意識、惑星は月です。他に、社会における経済活動、人体における血液、人間関係の氣の交流を表します。

人間の3大お悩みの元である、お金、健康、人間関係が入っています。うまくいっていない人というのは、❾イエソドに問題があるわけです。宇宙のリズムを中継する月と仲良くなっていないのです。うまくいかないのは、「お月さまとつながっていませんよ」というサインです。

そんな時は、お月さまのリズムにつながって、無意識を整えていくことで、うまくいくようになります。お月さまのリズムとチューニングが合ってくると、ぐるぐる回っているのが落ち着いてきます。テレビが映像を映し始めるように、穏やかな水面が上に在るものを映し出し、下に降りてきやすくなるのです。どんどん整っていくことで、下の三角形のぐるぐるが収まって、❾イエソドから❻ティファレトへ、すっと上がれるようになります。❻ティファレトは、太陽、本質、才能を表します。お月さまとの調和がとれて、下の三角形が整うと、自分の中心と宇宙の中心がつながり出すのです。うまくいっていない人は、まず、❾イエソド、月のリズムとつながりましょう。次に、❻ティファレト、太陽につながることが目標です。うまくいくようになるには、下から順に、ひとつひとつたどることが近道なのです。❻ティファレトは、天使と出会う場というキーワードもあり、❻ティファレトまで上がれると、天からのサポートをもっとはっきりと受け取れるようになります。

次に、生命の樹に入っている進化の流れを説明します。ここで言う進化の流れとは、スピリチュアルな流れのことです。世の中にスピリチュアルな認識がどういう経緯で広がり、今はどういう流れで、今後どのようになっていくかを生命の樹でひも解くことができます。

進化の流れは、生命の樹の中央の柱である、❶ケテル、❻ティファレト、❾イエソド、❿マルクトで見ていきます。

❶ケテルは海王星、スピリチュアリティを表しています。

❻ティファレトは太陽、スピリチュアリティの流れで言えば、マヤ暦の教えを表しています。マヤ暦とは、古代マヤ文明で発達した高度な天文学、数学による暦システムを元に広がった暦です。マヤ暦で伝えられているひとつひとつのサインは、私たちの宇宙よりももっと大きな宇宙の中心、太陽からのシグナルと言われています。マヤ暦を使うと宇宙とつながり、シンクロニシティが起こりやすくなると言われています。

❾イエソドは月、カバラの教えを表しています。カバラとはキャッバーラ、受け取ることを意味し、月の力を表しています。月は自ら輝くのではなく、太陽の光を受け取って輝きますね。その働きがカバラの受け取ることを表しています。そして、満ちては欠けを繰り返し、日々変化するプロセスを太古の昔から繰り返しているのです。古代から月は暦や時間を表すものでした。この働きが錬金術を表しています。

そして、⑩マルクトは地球を表し、私たちの生きる現実世界、普段の意識状態を意味しています。

進化の流れを表す生命の樹

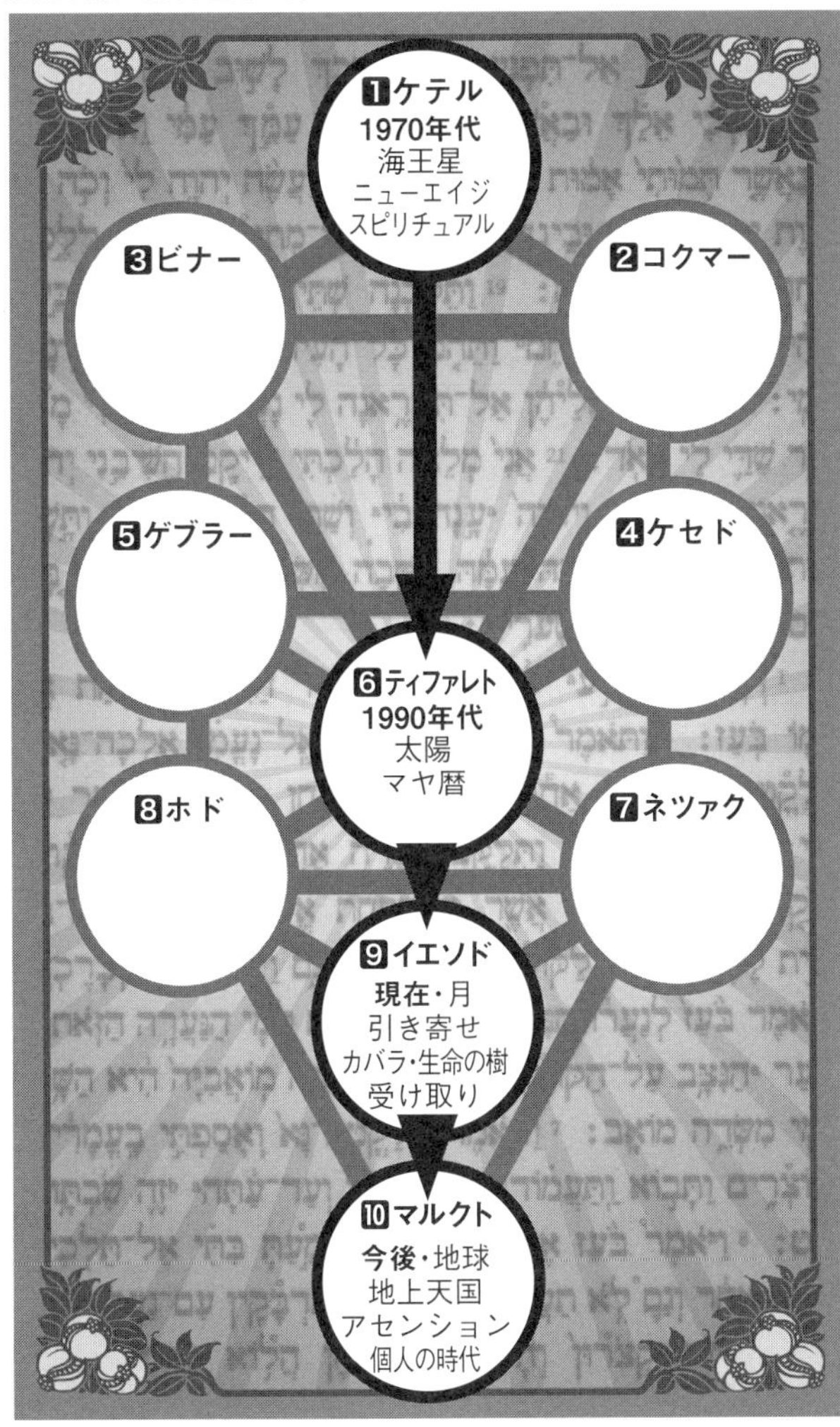

だいたいの流れとして、1970年代からニューエイジ時代が始まり、1990年代にスピリチュアルブームが訪れたと思います。精神世界、ニューエイジ思想が海外から入り、日本では江原啓之さんの登場で一気に広がったのではないでしょうか。この流れは、❶ケテル、海王星の働きにあたります。

次に、2000年代に入って、マヤ暦が広がっていきました。この流れは、❻ティファレト、太陽の働きにあたります。マヤ暦は、宇宙の中心、太陽のシグナルが刻むリズムなのだそうです。マヤ暦は太陽と月のエネルギーと関連しています。

そして、現在。いよいよカバラ・生命の樹が世の中に出ようとしています。この流れは、❾イエソド、月の働きにあたります。カバラの教えは、月の教えです。

月は、満ちたり、欠けたり、常に変化すること（錬金術）を表しています。❾イエソドには、社会における経済活動、人体における血液、人間関係の氣のやりとりという私たちに関わる3つの大きなキーワードがあります。そして、カバラはキャッバーラ＝受け取ることを表します。月が太陽の光を受け取って、その光を映し出して輝くように、カバラは、私たちも上の世界に在るものを受け取り、映し出していくことを伝えています。今という時は、ひとりひとりがカバラの教え、「受け取る」「錬金術」をマスターするタイミングなのです。

太陽は、「よっしゃ！」「自分の力でがんばろう！」という意志の力、男性的な力を表します。それに対し、月は、イメージすることや、流れに任せるという感覚的な力、女性的な力を表します。太陽系の中で、月だけが地球の周りを回っています。月は、地球のお世話をしているように、夜の空を照らします。そして、お月さまは生命の樹を通して、このように働きかけているのです「そんなにがんばらなくていいのよ。あなたの上には、たくさんのエネルギーがあるでしょう。私がそれを中継してあげますからね」と。イメージとして、❿マルクト、地球にいるあなたに対し、❾イエソドのお月さまが、❶ケテルの海王星から❽ホドの水星までのエネルギーをちょうどよくまとめて、送ってくれる感じです。生命の樹を見て頂くと、❶ケテル～❽ホドのエネルギーは、❾イエソドに流れ込み、集まります。集まったエネルギーは、❾イエソドから、すとんと❿マルクト、地球へと降りてくるのです。月が満ちたり欠けたりするように、❾イエソドの流れは、明暗二極の道を表しています。常に変化を伴いながら、ちょうどよい道を進んで行くのです。道を進むコツは上の世界に在るもの、上のエネルギーやメッセージを受け取りながら進むことです。

そして、**受け取るとは待つことも意味します。時を待つ、上からのサインを待つことも必要になります。現代の人は、太陽の力が強くなっていて、「よし!」「がんばるぞ!」と自分の力でがんばり過ぎて空回りしています。「がんばって努力しているのに成果が出ないのは、自分の力でという古いパターンを繰り返しているから」なのです。**

受け取ること、待つことは、意外と難しく、なかなか辛いものです。メッセージやサインは、来ているかどうかよくわからないし、受け取ることができない人も多いと思います。カバラは受け取る教えであり、生命の樹を意識したり、使うことで、受け取る力が引き出されていきます。受け取る力をつけるために、一番簡単でお金もかけずにすぐにできることがあります。まずは月のリズムにつながりましょう。毎日、月を見るのです。すると、小さな変化に気づきやすくなり、月が中継する上のエネルギーが入ってきて、動きが出てきます。毎日意識することで、受け取る力が自然と引き出されていくのです。生命の樹の鍵は、❾イエソドの月の働きです。地球に生きる私たちは、月のリズムにつながることで、宇宙のリズムと個人のリズムが調和していきます。うまくいっていない人は、月のリズムとズレています。お月さまとすっかり仲が悪くなってしまい、内側で感じている世界と、外側に現れている世界がまったく調和していないのです。まずは、毎日、月を見ることからでいいです。月のリズムにつながって、お月さまと仲良くしていきましょう。今という時は、❾イエソド、月のポイントを通過しています。カバラは、❾イエソドの月の教えであり、実践する学びです。知ったことを体験して自分のものにするという「行動する学問」なのです。自分で実験したり、研究したり、錬金術をしてください。今のスピリチュアルの流れは、ひとりひとりが自分の体験から真理を見いだすことであり、今までの教義や宗教や誰かの教えだけでは宇宙につながることができなくなっています。

この進化の流れは、❿マルクトの地球に向かっています。❾イエソドの月の流れであるカバラの道を通過すると、光は❿マルクト、地球に浸透していきます。いよいよ地球が光の星となるのです。進化の流れは、地上天国に向かって進んでいます。光はエネルギーであり、知識や経済でもあります。そして、光とは意識であり、愛なのです。地球はこれから、私たちひとりひとりが目覚めた人間として光の存在となり、経済も豊かに回るということなのです。以上が生命の樹に示されている進化の流れです。

押さえておきたいのは、今という時は、❾イエソドの月の流れであり、カバラの道を通過していることです。カバラで重要とするのは、陰陽を統合したゼロのエネルギーです。満ちたり欠けたり変化する月のように、陰陽の2極のエネルギーの中をあなた自身で進むことが求められているのです。この道は、実際にやらなければ通過できません。最初は、過去にも戻れず、未来も見えず、どこから来たか、どこにいるのか、どこへ向かえばいいのか、さっぱりわからず、不安にかられるかもしれません。ここは、まったく新しい世界へと向かう未知なる道でもあるからです。うまく進むコツは、宇宙とつながって、もうすでに上の世界に在るものを受け取りながら、現実を創造することです。そのために、自分としっかりつながっていきましょう。

少し前から、カバラの教えのひとつである「引き寄せの法則」が降ろされてきました。これからもうひとつのカバラの教え「受け取りの法則」を表す生命の樹が世の中に広がっていくことでしょう。古代から密かに伝えられてきたカバラの教えをマスターする時がやってきたのです。

私は、この2つの法則が融合した意識こそが、キリスト教の教義が封印し、神秘家たちにひっそりと受け継がれた「意識の女性的側面」だと思っています。

まとめ

生命の樹の鍵は、❾イエソドです。月と、お金、健康、人間関係を表しています。

生命の樹の❶ケテル、❷コクマー、❸ビナーでつくられる上の三角形は、神が宿る場であり目覚めた意識が入ります。この上の三角形には重要なことが入ります。

生命の樹の下にある三角形では、❼ネツァクは感情、❽ホドは思考、❿マルクトは地球、現実世界、普段の意識状態を表しています。この三角形の真ん中にある❾イエソドを整えることで、静かで穏やかな状態になります。

整え方は、月を意識し、月のリズムに合わせることです。

現在私たちは、❾イエソドの月を経過しています。この変化の時期、月のリズムとつながること、カバラの「受け取る」「錬金術」をマスターすることが次に進む鍵となります。

十戒の生命の樹

十戒の生命の樹

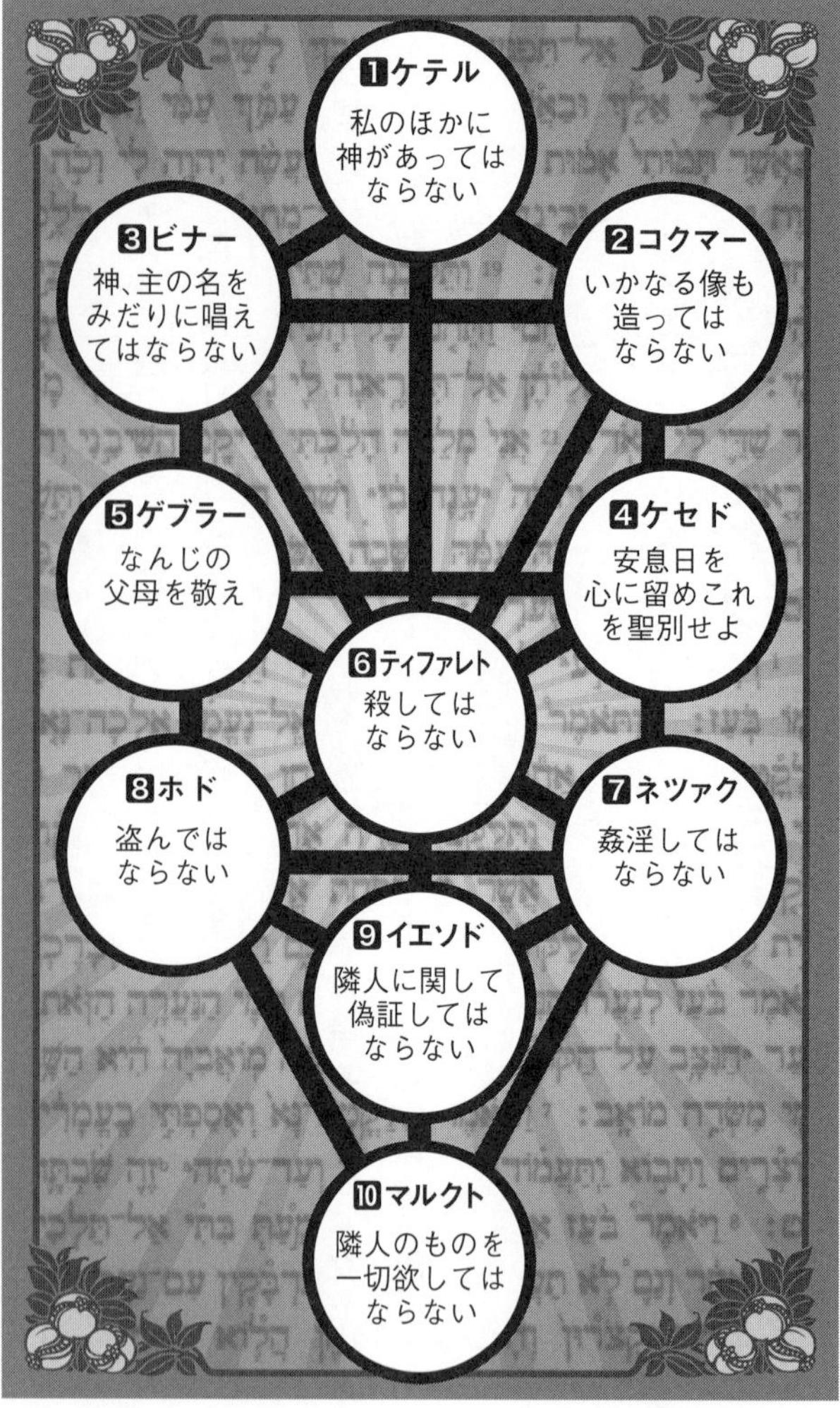

こちらは、モーゼがシナイ山で神から授かったとされる10の掟を表す生命の樹です。

❶ケテル　私のほかに神があってはならない

❷コクマー　いかなる像も造ってはならない

❸ビナー　神、主の名をみだりに唱えてはならない

❹ケセド　安息日を心に留めこれを聖別せよ（日々の中で聖なる時間を取りなさい）

❺ゲブラー　なんじの父母を敬え（生まれた家に流れていたものを大切にしなさい）

❻ティファレト　殺してはならない（自分や他人の可能性を台無しにしてはいけない）

❼ネツァク　姦淫してはならない
（区別するべきものは混ぜ合わせてはいけない。何もかも一緒にしない。違いを尊重する）

❽ホド　盗んではならない（他人の感情を抑え込んだり、アイデアを盗んではいけない）

❾イエソド　隣人に関して偽証してはならない

（他人だけではなく、自分にもウソをついてはいけない）

❿マルクト　隣人のものを一切欲してはならない

（自分のものではないものを欲しがってはいけない。自分以外のものになろうとしてはいけない）

すべてが「ねばならない」という義務や責任を求める強制の言葉でつくられています。現在の法の元になった大事な掟ではありますが、十戒の強制、支配のエネルギーは、今の時代には古くなっているかもしれません。十戒の生命の樹の根底には、罪を犯す人という視点があります。これが強すぎると、欠けている、足りていない、否定的な面が引き出されてしまいます。厳しすぎるエネルギーは感情を抑圧します。今の社会は、十戒の生命の樹が強く働きすぎているように思います。

美徳の生命の樹

こちらは、私たちが美徳の存在であることを表す生命の樹です。否定でも肯定でもなく、ただ美徳を表す言葉でできています。美徳の生命の樹の根底には、光輝く人という視点があります。

先ほどの十戒の生命の樹の強すぎる面が強制、支配なのに対して、美徳の生命の樹は解放や受容のエネルギーです。美徳の言葉は、人の美しさ、優しさ、豊かさ、慈悲の心などを引き出します。生きる喜びを感じさせ、感情を生き生きとさせます。

ヴァーチューズプロジェクトという美徳の学びがあります。発祥のカナダやニュージーランドでは、学校教育や刑務所などの更生施設で、相手を美徳で見る、聞く、話すことを実践しています。更生施設で実践した場合、受刑者の美徳が引き出され、みるみる素晴らしい人になるという実例がたくさんあるそうです。言葉の力はとても偉大だと思います。

美徳の生命の樹

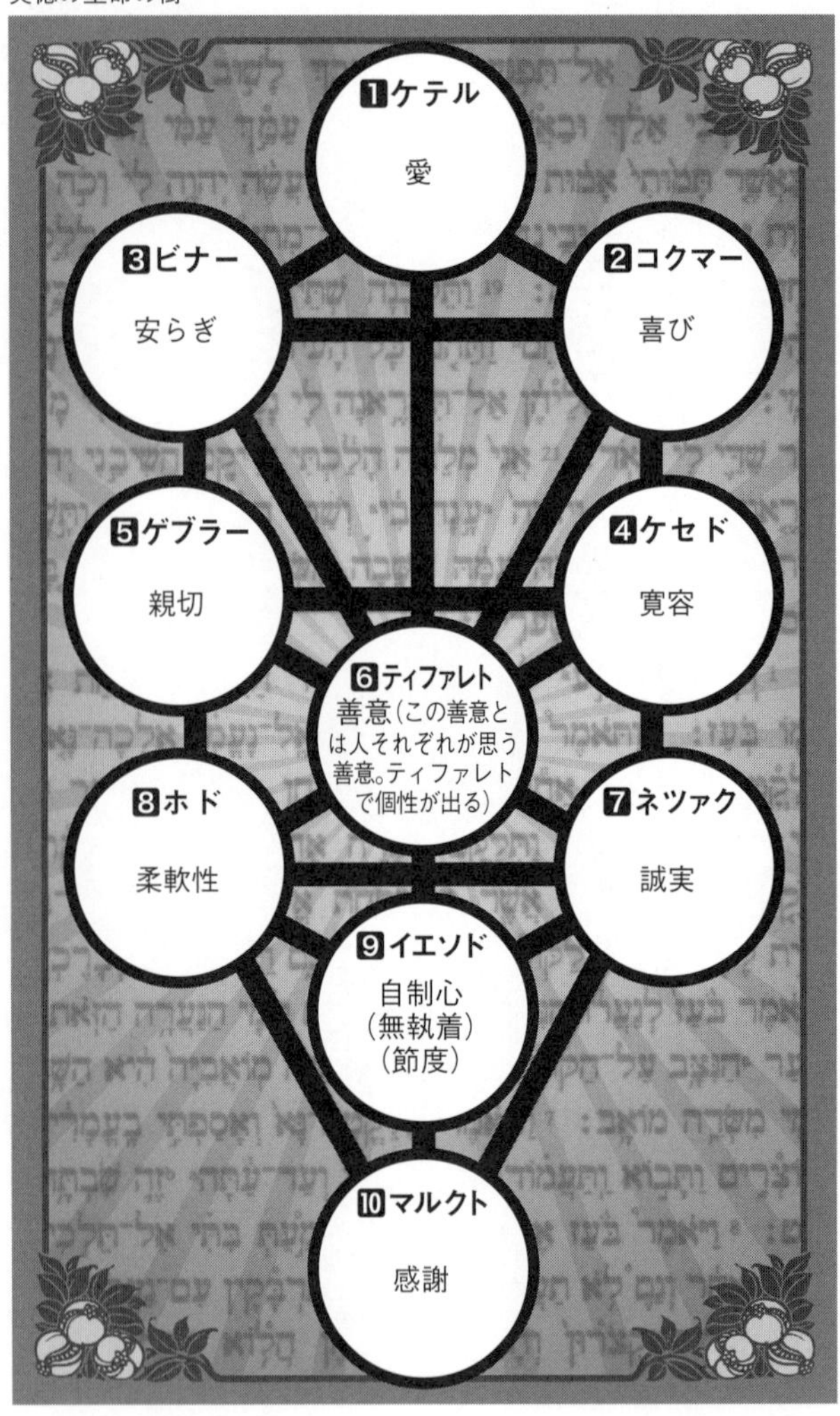

そして、「見る人の視点によって、見られる人は変わっていく」ことに驚き、感動します。

十戒が強すぎる今の社会にとって、美徳はとても必要なエネルギーだと思います。

十戒は、生命の樹の❺ゲブラーの厳しく磨く愛で、美徳は、❹ケセドの優しく包み込む愛です。十戒も美徳もどちらも大事です。個人の中でも社会の中でも、この2つのエネルギーを調和させていきましょう。

❶ケテル　愛

王の場、大いなる志、目的意識、貢献意識を表す❶ケテルの美徳は、愛です

❷コクマー　喜び

叡智を受け取る場、形にするエネルギーがつくられる場である❷コクマーの美徳は、喜びです

❸ビナー　安らぎ

理解に至る場、物事が形になる場である❸ビナーの美徳は、安らぎです

❹ケセド　寛容

優しく包み込む愛を表す❹ケセドの美徳は、寛容です

5ゲブラー　親切

厳しく磨く愛を表す5ゲブラーの美徳は、親切です

6ティファレト　善意

善意という美徳はなく、6ティファレトには人それぞれが善意とする美徳が入ります。ここで、それぞれの個性が生まれています。本質、才能を表す6ティファレトの美徳は、それぞれが善意とするものです

7ネツァク　誠実

感情、第六感を表す7ネツァクの美徳は、誠実です

8ホド　柔軟性

思考、理性を表す8ホドの美徳は、柔軟性です

9イエソド　自制心

基礎、土台、無意識、社会における経済活動、人体における血液、人間関係、氣のやり取りを表す9イエソドの美徳は、自制心です

⑩マルクト　感謝

現実世界、物質世界を表す⑩マルクトの美徳は、感謝です

美徳の生命の樹は、美徳の言葉でつくられている生命の樹です。この生命の樹は、美徳を感じさせたり、美徳を引き出して、他者の中の美徳を見るように助けます。とても美しく優しい受容に満ちたエネルギーを感じます。

2012年にヴァーチューズWSという美徳の勉強をして美徳の言葉を学びました。否定や判断や攻撃をせず、ただ相手の美徳を認めることで、美しさ、豊かさ、愛や喜びが溢れてきます。ハートが開いて本当の相手と交流することができるのです。互いの本質を引き出すことができる美徳は、今の社会に本当に必要なエネルギーだと思います。『家族をつなぐ52のキーワード』リンダ・カヴェリン・ポポフほか著（太陽出版）に美徳の言葉についての詳細があります。

『家族をつなぐ 52 のキーワード』リンダ・カヴェリン ポポフほか著（太陽出版）

まとめ

美徳の生命の樹は生命の樹と美徳の関係を表しています。十戒の生命の樹が戒めを伝え抑える働きをしているのに対し、美徳の生命の樹はあなたが光の存在であることを伝え、拡大させる働きをしています。２つの生命の樹は陰陽の関係で、バランスよく働いています。

生命の樹の仕組みは、次の３つです（71頁）。
①私たちの身体、宇宙、意識を表す３つの仕組み
②現代へ続く精神世界の流れを表す仕組み
③旧約聖書のモーゼが神から授かったとされる十戒と、私たちの本質の美徳の仕組み
これらがあなたの中でちょうどよい状態の時に、宇宙とつながることができるのです。

【この章で受け取った３つのことは何ですか？】
①
②
③

第3章　生命の樹は使うもの

汝自身を知れ
汝自身で在れ

生命の樹は使うもの

今や「引き寄せの法則」を知らない人はいないと思います。これほどまでに広がったのは、多くの人が混沌とした世の中で自分らしく生きたいと思い、どのように生きていったらいいか真剣に考えているからだと思います。不安から逃れたいという気持ちと自分らしく生きて幸せになりたいという気持ちが、引き寄せの大ブームとして表れているのだと思います。

２０１６年は、大きな変容の年と言われています。スピリチュアル的にはアセンションとか、宇宙のアップデートと言われ、神道では建て替え建て直し、キリスト教では最後の審判、新時代の到来などと言われるタイミングが来たことを多くの人が見聞きしているのではないでしょうか。数十年前から始まったニューエイジ思想と言われる精神世界の流れがスピリチュアルな教えをもたらし、マヤ暦を広め、地底人から宇宙人まで（笑）たくさんの新たな価値観、考え方、情報が世に出ては、人々を変え、世の中を変えてきました。

これによって、より高い次元の生き方へシフトした人もたくさんいると思います。また、その過程を進んでいる人もたくさんいることでしょう。私は、そうした精神世界の流れの集大成が「引き寄せの法則」だと思っています。初めは小さな流れでもいろいろな流れと合流して、だんだん大きな川となり、いずれは海とひとつになっていくように、私たちも元々の源に還っていくように感じています。

「引き寄せの法則」は、自分で自分の人生をつくることができるということを説いています。一昔前の、偉い人の教えで救われるといった宗教観を超えて、今は、自分で自分を生かすための教えが誰にでも使える法則として世の中に広がっています。これこそが、源へ還る時が来たと知らせているように感じて仕方がありません。「引き寄せの法則」がここまで広がっているのは、人々が必要としているからだと思います。今という時代は、言うことを聞いていれば、その通りにやれば、誰かが、あるいは社会が何とかしてくれる、というわけにはいかなくなりました。ひとりひとりが自立して、自分で必要とするものをつくり出していく時代なのです。そう感じている多くの人が「引き寄せの法則」を実践しているのだと思います。

そんな引き寄せブームですが、たくさんの書籍が出版され、たくさんの人気のブロガーさんたちがいます。「引き寄せの法則」を使って、人生を豊かにした人もたくさんいるでしょう。その一方で、引き寄せがうまくできないという人もまだまだたくさんいるのではないでしょうか。私自身、ずいぶん長い間、引き寄せができませんでした。教えとしてはわかるのですが、いざやってみるとなかなかうまくいきません。シンプルな法則ですが、実践となると、なんとも難しいのです。試行錯誤しながらもがく中で、生命の樹の「受け取る」という意味を知った時、「これだ‼」と強く感じるものがありました。「引き寄せの法則」がうまくできる人とできない人の違いは、受け取る力にあると思ったのです。

生命の樹は「受け取る」方法についての教えです。よく、がんばらないで願いを叶えると言われますが、**生命の樹で言うがんばらないで願いを叶えるとは、「自分だけで」がんばらないで、という意味です。必死につかみ取ろうとがんばるのではなく、かといって、努力しないでただ他力に依存するのではなく、「自分の努力＋自分を超えた宇宙の力」を使って願いを叶えるのが生命の樹のやり方です。**

それをうまくやるのが受け取る力です。**願いが叶うか叶わないかは、この受け取る力にあります。願ったことを受け取れるかどうかにかかっています。つまり、初めに願った時**

に、どれだけ願いが叶った自分の状態でいるかが重要なのです。成功する人は、「成功することを決めている」のと同じで、受け取る力のある人は、願いが叶うことに抵抗がありません。「願った時点で、その願いが叶った自分の状態につながっているので、スムーズに受け取れる」のです。

「引き寄せの法則」がうまくいかないのは、「受け取る力が弱い」のです。初めに願った時に、「願いが叶った自分を受け入れていない状態」で願っているのです。結果には原因があります。始まりと終わりはひとつです。「始めた時の状態が終わりで受け取るもの」なのです。ですから「引き寄せの法則」では、良い気分で始めましょうと言っているのですね。

願いが叶った状態で始めれば、自然に叶った結果を受け取ることになります。「受け取る力とは、願いが叶った自分を受け入れる力」なのです。

受け取る力を引き出すために、生命の樹を使うワークがあります。詳しくは4章で説明します。このワークでは、10の丸の中にそれぞれ願いを叶えるための10パターンの思考を入れていきます。つくった生命の樹は、願いを叶える設計図になります。建物を建てる時に設計図が必要となるように、心の中にあるものを形にする時にも設計図が必要です。心の中で設計図をつくる作業は、「引き寄せの法則」の「具体的にイメージすること」にあたります。生命の樹のワークは、10通りの思考パターンで考えたことを書きながら、イメージを明確にします。心の中でイメージができない人でも、考えたことを書く具体的なワークをすると、だんだんイメージが明確になっていきます。

ぼんやりしたイメージしか見えない時は、人はなかなか行動できません。明確なイメージが見えた時に行動できます。また、具体的に取った行動が意味あるものだと思えた時や、他者からの反応があった時、人は納得感を得て、さらに行動できます。生命の樹のワークで、まず初めに得られるのは、心の中にあるぼんやりとしたイメージを設計図という形にできた納得感や満足感です。それが小さな行動へつながり、またイメージが明確になり、行動につながるという循環が起こっていきます。

願いを叶える設計図をうまくつくれるようになれば、願いを叶える力がついてきます。建物を建てる一番初めの工程に設計図の作成があるように、願いの設計図をつくる力が身につくと、願いの実現という建物をつくる力もつくのです。

設計図は、見えない世界でイメージで先につくるもの、建物は、見える世界で現実に行動してつくるものです。願いを叶える力とは、見えない世界で先につくる力（設計図づくり）と見える世界で形にする力（現実にする行動）です。

カバラでは、願いを叶えることを、「2度創造する」と表現します。

1度目の創造は、抱いたアイデアをイメージでつくり上げる作業です。建物で言えば設計図にあたり、プラン、計画、青写真です。

そして、2度目の創造が具体的な行動によって形をつくる作業です。実際に建物をつくり、完成させることです。

1度目の創造が完了していれば、すぐに形になります。なかなか形にならないのは、この1度目の創造（見えない世界でつくり上げる）が完了していないからなのです。

いつの時代も物質やサービスは、誰かの頭の中にあったアイデアが形となったものです。誰かの頭の中にあったアイデアが見えない世界でつくられて、外側の物質世界で形になりました。このように、**願いを叶えるとは、初めに内側で第1の創造（イメージ、設計図づくり）を行い、次に外側で第2の創造（行動、完成させる）を行うことなのです。**

受け取る力とは

「受け取る力」とは、願いを叶える力の「受動的な側面」で、意識の女性的側面の力です。見えない世界は意識の世界であり、これは物質世界よりも上の世界を意味します。見える世界は物質世界、現実であり、下の世界です。

願いが叶うとは、上の世界にあるものが下の世界に降りてくることです。願いを叶える力とは、上の世界にあるものを下の世界で受け取る力のことです。これは、願いが形になることを許す力でもあります。この「受け取る力」が、がんばらないで願いを叶える力。今までの能動的な願いを叶える力にはなかったもうひとつの側面なのです。

がんばらなくても願いが叶う人は、受け取る力があり、見えない世界と見える世界との回路が開いています。

今までにもたくさんのスピリチュアルな教えが、上の世界にあるものが下の世界に降りてくる仕組みを説いてきました。「思考は現実化する」や「引き寄せの法則」が世に出てからは、思いを形にする方法がもっとわかりやすく広がっています。そして、これから降りてこようとしているカバラ・生命の樹には、受け取る力を引き出す教えがあります。この力は引き寄せの鍵であり、もっと高い次元の人生につながる力のことなのです。

「受け取る力」とは、上の世界で先につくられたものが、下の世界にすんなり降りてくるのを助ける力です。産み出すことを支え、助ける力でもあります。

受け取る力には次の7つの力があります。

①待つ力
②聞く力
③許す力
④感じる力
⑤気づく力
⑥委ねる力
⑦引き出す力

受け取る力は、意識の女性的側面の受動の力を表します。受動の力は、慈愛に満ちた母親のような宇宙の側面の力です。受け取る力がついてくると、あらゆるものとのつながりや調和を感じられるようになり、安心感に満たされて、宇宙や自分を信じられるようになります。受け取る力は、「信じる力」を育ててくれる宇宙の母なる力です。

生命の樹の原点は、旧約聖書の創世記です。アダムとイブのお話で、蛇にそそのかされたイブが食べてしまったのが知恵の樹の実で、神と等しき知恵を得たとあります。そこで神から楽園を追放されました。一方の生命の樹の実は神と等しき生命を得るものとして、いまだに守られているとあります。神話の上ではイブは罪を犯したことになっていますが、イブという女性性の力や知恵が生かされることで、世界は楽園に戻れるのかもしれません。

また、ヘブライ語でイブリーという言葉がありますが、イブリーとは、ユダヤ人を意味するそうです。ユダヤ人は、イブの知恵を受け継いでいるようにも思えてきますし、ユダヤと関連があるとされる私たち日本人のＤＮＡの中にもその知恵が眠っているのかもしれないと思います。

聖書にはたくさんの「受ける」という表現が出てきます。「受ける」の表現には、次のようなものがあります。

◎天から与えられなければ、人は何も「受ける」ことができない

◎私は命を捨てることもでき、それを再び「受ける」こともできる

◎私を遣わされた方を信じる者は、永遠の命を「受けて」、また裁かれることなく、死から生に移っているのである

◎だから私は、「その方が私のものを受けて、あなた方に告げる」と言ったのである

◎「私はあなたから受けた言葉を彼らに伝え、彼らはそれを受け入れて」、私がみもとから出てきたことを本当に知り、あなたが私を遣わしたことを信じる

聖書では、「受ける」という表現を通して、神と人の関わりを伝えています。

「受ける」とは、聖者や神秘家たちが従う方法です。イエスや仏陀をはじめ世界中の神秘家が神から「受ける」ことによって行動しています。自分の力で行っていたわけではなく、そこには神から「受ける」知恵や力がありました。奇跡や恩寵は「受ける」なくして現れ

なかったのです。

また、聖者に限らず、人から求められる活動をしている人は、みなさん、大いなる存在や宇宙を感じ、そこからのインスピレーションを「受ける」と言います。その活動自体を授かり物だと言い、はたから見ると委ねている姿勢を感じます。カバラ・生命の樹では、そうした「受け取る」回路について説いています。受け取る回路とは、女性が子どもを産むように、授かったものを世の中に誕生させるという自然の摂理のことです。しかし、自然の摂理に委ねるとしても、お腹の中で育った赤ちゃんを産むという行動が必要なように、「受け取ったものを形にする行動」が必要です。

生命の樹には、「受け取ること」「受け取ったものを形にする方法」が示されています。生命の樹を使って、受け取る力を引き出していけば、願いに向かって必死にがんばる古い行動パターンから一歩進んで、願いが叶った未来を「受け取る」新しい行動パターンを身につけることができます。

実現するとは、「実が現れる」と書きます。願いは種にあたります。誰もが種を植えたら発芽し、時の経過と共に大きく育ち、いつしか実を結ぶのは当たり前だと思っているのではないでしょうか。初めから実らないかもしれない、と不安いっぱいで種を植える人はいないと思います。種を植える時に、実りがあることがわかっているうえで植えると思います。願いの種もそれと同じです。**願いが叶うことがわかっている状態で種を植えていれば、それは自然に叶うのです。しかし、ただほったらかしにしていればいいというわけではなく、適切なお世話が必要です。女性は生み出すことや育てる力を持っています。やはり、願いの実現には女性性の優しさや柔らかさや育てる力が必要なのです。**

まとめ

受け取る力とは、願いを叶える力の「女性的側面の受動の力」です。

受け取る力には、女性性の7つの力があります。

受け取る力がついてくると、見えない世界と見える世界の回路が開いていきます。

願いが叶うとは、上の世界にあるものが下の世界に降りてくることです。

上の世界にあるものを下の世界で受け取る力のある人が、がんばらないで願いを叶えることができる人です。

思考は現実化すると言うけれど……

『思考は現実化する』ナポレオン・ヒル著（きこ書房）、という本があります。有名な成功哲学の本なので、人生を良くしたいと願う多くの人が読んでいると思います。この本には、あらゆる成功者に共通する思考や行動のパターンを体系化した成功の哲学が書かれています。成功者がなぜ成功するかを解き明かしたこの本は、世界中に広がりました。この本は、多くの人の自立を助け、「引き寄せの法則」が広がる土台をつくったと思います。

私はこの本から次のことを学びました。

① 思考は純粋なエネルギーである
② 何かを思えばエネルギーが生まれる
③ 生まれたエネルギーは、考えたりイメージしたことに集まっていき、形となっていく

どんなことであれ、思ったことはエネルギーとなり、そのエネルギーは考えることに集中していき、だんだん形になっていくとありました。そして、その形になったエネルギーが自分に返ってきたものが現実だということ、つまり、物事は外側からやってくるのではなく、自分の思考やイメージが反映されたものだと説明されていました。

「思考は現実化する」この本では、とてもシンプルに現実化の仕組みが説かれていましたが、実際に思考は現実化するかと言えばそんな簡単なことではないと言う人が大半ではないでしょうか。願いをどんなに強く抱いたり、考えたりイメージしても、なかなか現実は変わらないという人も多いかもしれません。ではどうしてできないのでしょうか?

その原因は次の3つが挙げられます。

①思いを強く持つことができない
②否定的な考えが出てしまう
③なかなかイメージができない

そして、一番の原因は、思ったり考えたりしてエネルギーが生まれたとしても、行動にまでつながらないことです。せっかくのエネルギーが行動にまで行かないのです。この、エネルギーが行動につながらないことを解決しようとするのが「引き寄せの法則」だと思います。「引き寄せの法則」は、思いと考えが行動につながらない原因を心の抵抗とし、「心の抵抗をとって、良い気分でいることで思考が現実化する」と説いています。

思考は現実化するという教えをさらに深めて、良い気分でいるという感情面にフォーカスを当てたのが、「引き寄せの法則」です。

次の項では、思考が現実化しないことについて、「引き寄せの法則」の視点からさらに掘り下げていきます。

まとめ

ナポレオン・ヒル著『思考は現実化する』の教えは、「思ったことはエネルギーとなり、そのエネルギーは考えることに集中していき、だんだん形になっていく」です。

物事は、自分の思考やイメージが反映されたものです。

なかなか現実が変わらないのは、思いと考えが行動につながらないからです。

多くの人は引き寄せの法則がうまく使えない

「思考は現実化する」という教えが広がったことで、多くの人が自分の人生に取り組んだと思います。そして今は「引き寄せの法則」が広がって、より多くの人が自分の人生を良くすることに取り組み、さらには世界を良くしようと立ち上がっています。本当に素晴らしいことだと思います。しかし、やはり、思考が現実化しないのと同じく、うまく引き寄せることができない人も多いのです。シンプルな教えなのですが、実践となるとさっぱりうまくいかない、引き寄せられない、実感できないという人が多くいるのです。

「引き寄せの法則」では次のことを伝えています。

①思考は現実化する
②そうなって欲しくないことではなく、そうなって欲しいことを意識し、言葉にする
③良い気分でいることが引き寄せるコツ

引き寄せは、「思考は現実化するという仕組みと、感情や波動について」説いています。思うように現実にならないのは、思考のエネルギー（思いで生まれて、考えで集中したエネルギー）が行動につながらないことが原因です。

思考が行動につながらないのは、そうなって欲しくないことを意識したり言葉にしたり、良い気分でいられていないからです。思考のエネルギーが集まって、形をつくろうとしているところに、否定的な感情がもくもくと雲のように遮って、形になることを阻むのです。この否定的なエネルギーが、行動につながらない原因です。どうしても湧いてくる否定的な感情を意志の力で抑えることはとても難しく、心の中で葛藤を起こします。また、そうなって欲しくないことを意識したり、言葉にしていることに気づいていない人もいますし、病気や人間関係や経済問題などで良い気分でいることが難しい状況にある人もいることでしょう。このように否定的な感情になってしまうことが、引き寄せがうまくできな

い原因なのです。

思考が現実化するのは事実です。しかし、思考が現実化するためには、感情や波動を整える「引き寄せの法則」が欠かせません。「引き寄せの法則」で説いているのは、「思考の元になっている感情を意識しましょう」ということです。

考えたり思ったりして生まれたエネルギーが否定的な思考と感情によって、行動までつながらないから、

① 思考が現実化しない
② 引き寄せができない
③ 願いが叶わない

のです。

思考が現実化するためには、引き寄せで言う「良い気分でいる」ことが重要です。「引

き寄せの法則」の鍵は感情にフォーカスすること。常に良い気分でいたら、どんどん願いは叶うと説いています。私は初め、この意味がよくわかりませんでした。しかし今は、「良い気分」とは何かがわかります。これは、「安らぎと喜びで満たされて、波動が高い状態」です。この状態の時は、すべてのものとつながっている感覚があり、願ったことは本当にすべてやってくるのです。

私が長い間、引き寄せもできず、思考も現実化しなかったのは、思考や感情に意識を向けることを知らなかったからです。否定的な感情と向き合うことも無かったし、思考を変えることもしませんでした。無知だったこともあり無意識で生きていたので、古くてうまくいかないパターンを繰り返していたのです。

そして、自分を変えようとして学んだり、実践をして、いろいろなことを理解していきました。特に「思考は現実化する」や「引き寄せの法則」は本当に役に立ちました。2つの教えで、思考や感情を意識することの重要さを学び、変えていく実践をしていきました。

そうして否定的な感情を見つめていく中で、ネガティブなパターンから抜け出していくことができたのです。

否定的な感情は、そうなって欲しくないことにフォーカスしていることを教えています。否定的な感情が教えてくれているのは本心です。それは本当に欲しいものを教えてくれるヒントなのです。否定的な感情が出てきた時は、本当に欲しいと思っていることを理解するチャンスです。そのチャンスを受け取って、生かしましょう。否定的な感情を無視したり、理性や常識などの思考で抑えてしまうと、無意識の中に潜んでしまいます。その否定的な感情が心の抵抗であり、どんなに現実化のためにがんばっても行動できない原因です。大事なのは、思考と感情が調和することです。

否定的な感情が出てくる時は、「こうしたい（前へ進みたい）」という思いに対して、「したくない（変わりたくない）」という潜んでいた思考が出てきた時です。心の中で、「したい（前へ進みたい）」と「したくない（変わりたくない）」の思考がせめぎ合っているので、行動できず前へ進めないのです。否定的な感情が出てきた時は、「したくない（変わりたくない）」と抵抗する思考に向き合うチャンスです。「したくない（変わりたくない）」という思考には抵抗する感情が潜んでいます。

その思考や感情は、次のようなことを表しているかもしれません。

①過去に嫌な思いをして二度とやらないと固く誓っている
②こうしたらこうなるという否定的な意味づけを強く持っている
③変化への拒絶と恐れ

こうした否定的な思考や感情が「したい（前へ進みたい）」という前向きな思考と調和すれば、自然に行動できるようになり、願いを叶えることができます。

では、思考と感情が調和して働くにはどうしたらいいのでしょうか？　その答えは生命の樹に見いだすことができます。生命の樹には、受け取る力を引き出す方法があります。**受け取る力がつくと、新しいものを受け取れるようになり、思い込みや抵抗が外れていきます。上の世界に広がっているたくさんの可能性を受け取ることで、心の奥までしみ込んだ思考や感情を変えていくことができるのです。**

生命の樹の受け取る力を引き出す方法を知った時、私の中で3つの教えがつながりました。

その3つの教えとは、次のことです。

①「思考は現実化する」ために必要なことが、引き寄せで説く「良い気分」である
②「引き寄せの法則」が働くために必要なことが、生命の樹で説く「受け取る」である
③生命の樹には、「受け取る力を引き出す方法」がある

この3つの教えをマスターすることで、私たちが本来持っている思考を現実にする力が発揮されるのです。特に③の生命の樹の「受け取りの法則」をマスターすることができれば、3つの数字を組み合わせたら開く鍵のように、スムーズに現実がつくれるようになります。

生命の樹の教えに進む前に、次の項でもう一度「思考は現実化する」や「引き寄せの法則」がうまくいかないメカニズムをまとめます。

まとめ

良い気分でいるとは安らぎと喜びで満たされて、波動が高い状態のことです。この状態の時は、すべてのものとつながっていて、ちらっと思っただけでそれがやってきます。

否定的な思考や感情と「前へ進みたい（変わりたい）」という前向きな思考が調和すれば、行動できるようになり、願いが叶うようになります。

受け取る力がつくと、新しいものを受け取れるようになり、思い込みが外れ、心の奥までしみ込んだ思考や感情を変えていくことができます。

思考は現実化する、引き寄せの法則、生命の樹の教えは３つの鍵です。それぞれ、思考の力を使う方法、感情の力を使う方法、思考と感情を調和させる方法を説く教えです。

「思考は現実化する」や「引き寄せの法則」がうまくいかないメカニズム

「思考は現実化する」は思考の力を説き、「引き寄せの法則」は良い気分でいることを説いています。２つの教えを学べば、願いを叶えるために、どうやって思考と感情を使ったらいいかがわかります。

もう一度２つの教えをまとめます。「思考は現実化する」は、次のことを説いています。

①何かを思った時にエネルギーが生まれ
②そのエネルギーは、考えることで集まり
③繰り返し考えたり、強くイメージして

④現実になったように言葉を言い
⑤現実になったように行動することで「思考は現実化する」

「引き寄せの法則」は、次のことを説いています。

①「思考は現実化する」こと
②良い気分でいること
③本当に欲しいものを意識し、言葉にすること
④自分のコントロールを手放し、宇宙に委ねること
⑤常に心地よいと感じる思考を選択することで「引き寄せられる」

2つの教えでさらに深く説いていることがあります。それは、思考と感情の力は、人が意識しなければ無意識に働くことです。私たちは、意識と無意識の2つの意識を持つ存在です。顕在意識と言われる意識と、潜在意識と超意識と言われる無意識を持っています。

簡単に説明しますと、

①顕在意識とは、普段感じている意識です。自覚できる意識のことで、私たちの思考や行動に直接的に影響を与えます

②潜在意識とは、普段感じることのできない意識です。心の奥深くに潜んでいるので普段は意識できませんが、私たちの思考や行動に強い影響を与えています。呼吸や消化、体温調整といった身体の機能を保つことや、熱いものに触った時、瞬間的に手を引っ込めるなどのような生命の危機を回避することを司る意識でもあります

③超意識とは、神や根源、あるいは宇宙と言われる意識です。潜在意識よりももっと奥深い領域の意識であり、すべての存在とつながっている意識のことです。大いなる宇宙の流れでもあり、その中で生かされている私たちは大きな影響を受けています

私たちはこの3つの意識を持っています。閃きや直感に気づくのは、超意識から来た閃きや直感が、潜在意識を通過して顕在意識に届いた時です。

そして、願いは、超意識と顕在意識がつながることで叶います。つまり、宇宙に放った願いが超意識の世界で形づくられて、潜在意識を通過して、顕在意識に降りてきた時に願いが叶うのです。このように見てみると、**超意識と顕在意識をつないでいる潜在意識が重要な鍵。願いが叶うのは、潜在意識をスムーズに通過できたからなのです。生命の樹は、潜在意識をスムーズに通過させる働きをします。うまく使えば、超意識と顕在意識をつなぐことができます。この超意識が上の世界で、顕在意識は下の世界にあたります。**

思考や感情の力は人が意識しなければ、無意識に働きます。この無意識とは、潜在意識のことです。潜在意識は、普段は意識できないけれども、すでに深いところにある意識のパターンです。私たちは普段、顕在意識と潜在意識の両方から影響を受けています。思考と感情と行動に影響を与える2つの意識を持っているということです。この2つの意識は、2つの思考とも言えます。顕在意識の思考は、数秒、数分、数時間単位で働き、潜在意識の思考は24時間働き続けます。では、24時間働く思考と、限られた時間だけ働く思考ではどちらが強く働くでしょうか？　答えはすぐにわかります。このように、潜在意識の思考は意識しなくても24時間働き続けますが、顕在意識の思考は自覚した分だけしか働かない限られた時間の働きです。

潜在意識の思考はプログラムされたことを忠実に繰り返します。主体性はなく、受動的です。善悪の判断はなく、入力されたことを実現しようとする性質があります。顕在意識の思考は主体性があります。善悪を判断し、自覚したことを潜在意識に入力できますが、持続性がないので、意識して繰り返さなくてはいけません。

そしてやっかいなことに、この顕在意識の思考と潜在意識の思考は、意識が成長していなければ、たいてい別々の考えを持っていて調和していません。潜在意識の思考は善悪の判断なく、すでに入っているプログラムを繰り返します。たとえそれがうまくいかない方法であっても、主体的に変えることはできないのです。対する顕在意識の思考は、善悪の判断ができ、主体的に新しいことを考えることができます。どんなに新しいことをやろうとしてもできないのは、潜在意識のプログラムが原因です。いったんプログラムされたことはなかなか変えることができないのです。そのプログラムが抑圧された感情からつくられたものだったりすると、それを変えるにはとても大きなエネルギーが要るでしょう。2つの思考がまったく調和していなければ、願いを叶えようとしてもうまくいかないし、新しい自分に変わろうと思ってもなかなか変わることができません。しかし、2つの思考が調和して、同じ方向を向いていれば、願いはいつも叶うでしょう。

「思考は現実化する」ための方法や「引き寄せの法則」がうまくいかない人は、2つの思考がそれぞれ別の考えを持っていて調和していません。潜在意識と顕在意識の2つの思考がつながっていないうちは、どんなに「思考は現実化する」ための方法や「引き寄せの法則」を使ったとしてもうまくいかないのです。

では、どうしたら2つの思考をつなげることができるのでしょうか？　「思考は現実化する」ための方法や「引き寄せの法則」をうまく使うにはどうしたらいいのでしょうか？　次の項では、それを解決する生命の樹について見ていきます。

まとめ

思考と感情の力は、人が意識しなければ、無意識のプログラムに影響されてしまいます。圧倒的に強く働くのは潜在意識の思考ですが、受動的なので、プログラムを主体的に変えることができません。顕在意識の思考は、善悪の判断を通して自覚でき、主体的に新しいものを取り入れることができます。この2つの思考がまったく調和していなければ引き寄せはうまくできません。うまく調和していれば、楽々と引き寄せることができ、願いはいつも叶います。

願いを叶える働きをする生命の樹

生命の樹は、身体、宇宙、意識を表す図形であり、それらをひとつにまとめています。（2章参照）

「思考は現実化する」や「引き寄せの法則」をもっと生かすことができるのが、「受け取りの法則（受け取る力を引き出す方法）」です。この方法をマスターして受け取る力が身につくと、見えない世界と見える世界がつながっていきます。つながりができると、「もうすでに願いが実現した未来」を受け取ることができます。もっとスムーズに、楽々と「未来を今にすること」ができるのです。

先に見てきましたが、「思考は現実化する」や「引き寄せの法則」がうまくいかないのは、顕在意識と潜在意識の２つの思考が調和していないことが原因です。生命の樹は、その2つの思考を調和させることができます。それは、生命の樹の図形が、顕在意識と潜在意識の両方に同時に働きかけることができるからです。生命の樹は、身体、宇宙、意識を表す図形であり、それらをひとつにまとめています。それは理屈で知るというよりは、実際に体験して頂きたいことなのですが、それでは伝わりませんので、できる限りひも解いて説明したいと思います。

人間の脳は、左脳と右脳に分かれています。左脳は言語や論理で認識し、理解したり思考したりする顕在意識の脳です。対する右脳はイメージや感覚で認識し、記憶したりする潜在意識の脳です。**左脳は思考、右脳は感情に影響を与えます。**

左脳の働きは、耳から入ってきた言葉を論理的に思考し記憶していきます。じっくりと努力して積み上げていくような働きをします。許容量は小さく、いっぱいになると上書きをすると言われています。どんどん忘れないと新しい情報が記憶できず、短期記憶の脳でもあります。このメカニズムによって、新しい情報が入ってくると、以前に聞いたことは忘れていくのです。出来事の詳細を思い出せなかったり、記憶があいまいであったり、長い文が覚えられないのは左脳のメカニズムによるものです。脳は全体で3～10%しか使われていないと言いますが、この3~10%が左脳の働きであり、集中した意識状態で、緊張し持続力がありません。ストレスも溜まりやすく疲れやすいのです。左脳の特徴として、聞いたことはどんどん忘れると言われています。**左脳は、意識の男性的側面の能動の働きをしています。**

対する右脳の働きは、目で見たイメージを瞬間的に、総合的に認識し記憶する潜在意識の脳です。高速で大量のインプットをする働きで、写真を撮るように一瞬でイメージを記憶します。許容量は左脳とは比べものにならないくらい大きく、処理スピードも速く、人間の能力を超えたスーパーコンピューターのようだと言われています。五感を通して、高い精度で瞬間的に記憶するのですが、印象が強烈で鮮明であればあるほど、潜在意識に長期間記憶が保存されます。ふと記憶がよみがえったり、鮮明に思い出したり、初めて行った場所や初めて会った人なのに懐かしさを感じたり、何らかの閃きが来るのは右脳のメカニズムによるものです。右脳の特長は、見たことを素早く認識し、よく覚えることと言われています。

人は突然ショックを受けたり、悩みにずっととらわれたり、ストレスを受け続けると、それを潜在意識に刻み込んでしまいます。そして、その刻み込んでしまったことが、いつも重苦しかったり、楽しくなかったり、気持ちが落ち込んだり、前向きになれないマイナスの原因となります。潜在意識に刻み込んでしまったマイナスの原因が「引き寄せの法則」で説いている良い気分を持ち続けられない原因です。

また、繰り返された言葉や継続された思考も長期的な記憶として潜在意識に刻まれます。「思考は現実化する」では、言葉を繰り返すことや、思考やイメージを強く持ち続けることは潜在意識にインプットするための有効な手段として説いています。

右脳は、意識の女性的側面の受動の働きをしています。左脳は言葉を理解し、思考する顕在意識の脳で、右脳は感情を記憶し、判断せずに受け取る潜在意識の脳です。

生命の樹は10の丸でできた独特な図形です。図形ですから、まずは、目で見たイメージとして右脳の潜在意識の脳に入ります。生命の樹を目にすると、そのイメージが潜在意識にインプットされます。

生命の樹には、願いを叶えるための使い方があります。それは、10の丸に10通りの思考パターンを書いて使う方法です。詳しくは4章で説明しますが、10通りの思考パターンとは、あらゆる角度からの思考です。あらゆる角度からの思考とは、顕在意識の脳で思考したり、潜在意識の脳にアクセスして、感じたことを言葉にする思考です。

潜在意識の脳を使う思考は、心の奥深い所にあるものを取り出していくような思考です。この深い思考が自分の内面に光を当てて、エネルギーを注いで、身体、宇宙、意識をつなげていきます。そして、顕在意識と潜在意識の２つの意識をつないでいき、願いを叶える大きな力となって働きます。

生命の樹のワークは、従来の願いを叶える方法をもっと深くした方法です。願いを叶えるための10通りの思考パターンをプロセスをたどって生命の樹に書いていきます。できあがった生命の樹には、願いごとだけではなく、願いを叶えるためのいろいろな思考と、より深い意識が入っています。生命の樹に入っている、より深い意識とは次の３つです。

①願いを叶えるための10通りの思考パターン
②その思考のパターンを書いたプロセス
③図形のイメージ（生命の樹の図形には、10通りの思考パターンとそれを書いたプロセスが入っている）

生命の樹を使うとは、

①願いを叶えるための10通りの思考パターンと
②10通りの思考パターンが書かれたプロセスと
③それらをひとつにまとめた図形をつくること

書いた言葉は左脳の顕在意識の脳に届き、言葉が入った図形は右脳の潜在意識の脳に届きます。顕在意識と潜在意識の両方に届くことで、2つの意識に橋をかけて、思考と感情をつなげることができるのです。

私たちは、長い間に心の奥にまでしみ込んだ思考によって形づくられています。その思考は感情と強く結びついて行動の原動力になっています。

現実を変えるには、

①行動を変える必要があり
②行動を変えるには思考を変える必要があり

③思考を変えるには長い間に心の奥にしみ込んだ思考と感情を変える必要があります

つまり、**現実を変えるためには、感情を変えることが必要なのです**。しかし、感情を変えることはとても難しいものです。しかし、生命の樹には、感情を変えるプロセスを助けるシンプルでパワフルな方法があります。それは、長い間に心の奥にしみ込んだ思考に新しい思考を上書きし、プログラムし直すことができる方法です。このプログラムの作業が生命の樹を使うことであり、宇宙の働きを受け取る力を引き出していきます。

生命の樹が願いを叶える秘密とは、顕在意識と潜在意識の2つの意識をつないで、思考と感情を調和させる働きです。生命の樹は、自分の行動と宇宙の力を結び合わせてくれます。そして、新しい思考と心の奥にしみ込んだ感情（古い思考のこと）を調和させていきます。新しい思考が心の奥までしみ込んだ時、それは自分を内側から変える力となります。

2つの意識が調和することで、見えない世界と見える世界がひとつとなり、思いと行動がひとつになって、願いが叶うようになるのです。

まとめ

生命の樹に書いた言葉は左脳の顕在意識の脳に届き、言葉が入った図形は右脳の潜在意識の脳に届きます。顕在意識と潜在意識の両方に届くことで、２つの意識に橋をかけて、思考と感情をつなげることができるのです。

私たちは、長い間に心の奥にまでしみ込んだ思考によって形づくられています。その思考は感情と強く結びついて行動の原動力になっています。感情を変えることはとても難しいことですが、生命の樹を使うことで、長い間、心の奥にしみ込んだ思考に新しい思考を上書きし、プログラムし直すことができます。

生命の樹が願いを叶える秘密とは、顕在意識と潜在意識の２つの意識をつないで、思考と感情を調和させる働きです。生命の樹は、自分の取り組みと宇宙の力を結び合わせて、新しい思考と心の奥にしみ込んだ感情（古い思考のこと）を調和させます。

生命の樹はイメージを立ち上げる

生命の樹は右脳と左脳の両方に働きかけることができます。潜在意識と顕在意識の両方をつなげて、思考と感情を調和していきます。

図形にはイメージを明確にする力があります。イメージとは、顕在意識脳の具体的な思考と、潜在意識脳の感情や記憶です。生命の樹を使うと、その図形の力によって、思考と感情と記憶のイメージがよりはっきりと立ち上がってくるのです。これは、映画の「2D映像の平面で見える縦横のイメージ」から、「3Dの立体的に見える縦横＋高さのあるイキイキとしたイメージ」になるのと似ています。生命の樹のワークでは、考えたことや心の奥深くにあるものを言葉にして、順番に生命の樹の図形の中に書いていきます。その10通りの思考パターンを言葉にした生命の樹は、力強くそのイメージを立ち上げます。図形の力がイメージを3D映像のようにありありと立ち上げるので、言葉が届くのが弱い潜在意識の領域にもイメージに組み込んだ言葉が届くのです。結果、言葉とイメージが力強く結びつくことによって、スムーズに思いが現実になっていくのです。

プロセスを俯瞰させる働き

生命の樹を使うと、心の中を俯瞰的に見ることができます。図形を目にすることで、願いを叶えるために思考したプロセスを俯瞰することができ、一目でプロセスをたどれるのです。従来の紙に願いを書く方法では、思考したプロセスを見ることはできません。フォーカスを当てた一部分の思考しか見ることができないのです。しかし、生命の樹のワークには、生命の樹の図形に10通りの思考パターンと、それを順番に書いたプロセスが入っています。生命の樹を見たら、一目で心の中にある思考とそれが順番に表現されたプロセスを俯瞰して見ることができるわけです。生命の樹によって、

① 心の中のイメージを俯瞰的に見ることができ
② イメージと願いを叶える言葉を結びつけることができ
③ それが瞬時に潜在意識に届くのです

心と身体をつなげる働き

生命の樹によって俯瞰的に見たイメージは、願いを叶える言葉も一緒に潜在意識にインプットします。生命の樹は身体、宇宙、意識をつなげる働きをする図形なので、生命の樹を通して潜在意識にインプットされたイメージと言葉は、身体、宇宙、意識へと届いていきます。それによって、心と身体がつながり、思いを現実にする行動ができるようになるのです。目の前で起こる出来事は潜在意識の表れ。潜在意識にインプットされたことが、時間の経過と共に目の前の現実として現れてきます。「思っていることと違う！」と思ったところで、自分でも気づいていない潜在意識に潜んでいるものが出てきてしまうのです。

生命の樹は、潜在意識に届く図形です。図形と一緒に書いた言葉も潜在意識にインプットされます。潜在意識にインプットされたことは行動する力になる。つまり、潜在意識にインプットできる図形である生命の樹を使うことで、心と身体（思いと行動）がひとつにつながっていくのです。

頭の正しい使い方

私たちは現実世界で、意識するしないに拘らず、日々願いを叶えることに取り組んでいます。現実世界で願いを叶えるには、「思考は現実化する」が法則ですから、思考の使い方をマスターしなくてはなりません。この項では、思考を司る頭の正しい使い方について見ていきたいと思います。頭を正しく使うとは、描いた通りの成果を出すことです。思いを形にできることが、頭を正しく使うことなのです。右脳と左脳の両方をバランス良く使って、言葉とイメージを組み合わせ、心で感じていることを言葉に置き換えていくことが頭の正しい使い方です。

考える力は人間だけに与えられています。地球上で人間だけが考える力を持ち、考えたことを言葉で表現し、コミュニケーションがとれます。これが神の似姿として人間をつくったということなのかもしれません。人は考える力と言葉を使う力があるから創造できるのではないでしょうか。せっかくの与えられた力をよりよく使っていきましょう。

また、考えることと同じく感じることも大事です。これからの時代は、考えたことを表現するのと同じく、心で感じたことも表現していくことが大事だと思います。感じたことはなかなか言葉にできませんが、それをあえて言葉にしてみたり、イメージや気持ちを表現したりするためにも思考の力をうまく使っていきましょう。

正しい頭の使い方をするために、思考について見ていきましょう。思考は、大きく分けて、左脳を使う思考と右脳を使う思考があります。それぞれの脳には違う働きがあります。

1　左脳を使う思考

左脳を使う思考は、具体的に考える思考です。

物事を細かく分けて、具体的に詳細に考えることです。詳細に考えたことを具体的にイメージできる思考で、ひとつの物事をたくさんの具体的なことに分けられます。いつ？どこで？　だれが？　何を？　どのように？　など細かく考えたり、例えばどういうことか？　具体的にはどういうことか？　を考える思考の回路のことで、左脳を使う思考です。また、左脳を使う思考は、限界のある思考です。私たちが普段意識できている顕在意識の思考で、具体的な答えを出す働きをする男性的な思考です。すでにマスターしたことが元になる考え方で、私は左脳の思考をマスタリー脳と名づけています。

2　右脳を使う思考

右脳を使う思考は、抽象的に考える思考です。

物事を抽象的に捉えて、物事の目的や意味など、言葉にならないことを考える思考です。ひとつ上の大きな視点で考える思考で、広がりがあり、すぐに出せないような答えを探します。なぜそうなのか？　など奥に広がる背景を考えたり、そもそもどういうことなのか？　など全体像を考えたり、その目的は何か？　その意味は何か？　などの本質につながる答えを考えていく思考の回路で、右脳を使う思考です。こちらは、たくさんの物事の共通点を見つけてひとつにまとめることや、たくさんの物事をつなぐ本質を見つけることができます。

左脳の具体的な思考と右脳の抽象的な思考の両方をバランス良く使うことで、物事を詳細に考えたり、大きく広げて考えたりしながら、立体的に考えることができます。

右脳を使う思考は、無限の思考です。「潜在意識」のことで、呼吸や消化、血液の循環などの身体機能をはじめ、無意識で行っている行動や、寝ている時に働いている無意識の思考です。無意識でいても24時間働いています。

潜在意識は、五感を通したイメージで認識し記憶する右脳的な思考。データ処理のように認識し記憶する思考の回路で、感情でもあります。一瞬で記憶し、大きな印象を受ければ潜在意識に長く残り、容量が大きいので一度インプットされれば、24時間常に働くことができます。右脳的な思考は、より高い視点で抽象的に考える思考で、感じていることや言葉にならないことを言葉にしようとする働きをする女性的な思考です。感覚や無意識層にアクセスして、神秘（ミステリー）の中から答えを見つけ出すような思考で、私はミステリー脳と名付けています。

この右脳的な潜在意識をうまく使えば、もっと「思考は現実化する」のです。潜在意識は意識はできませんがとても強い影響力があります。うまく使うためには、がんばって結果を出すことよりも、楽しみながら少しの労力で結果を出すという考えの方がスムーズに「思考は現実化する」のです。ワクワクして良い気分で楽しむことが潜在意識をうまく使う鍵です。そして、右脳や潜在意識は、女性的な受動の働きが強いので、うまく使うと

「受け取る」力がついていきます。

そして、生命の樹の教えは、「思考は現実化する」や「引き寄せの法則」のいいとこ取りをして、左脳的な顕在意識と右脳的な潜在意識の両方にアクセスする考え方を説いています。それを次の項で見ていきたいと思います。

まとめ

思考には、大きく分けて、左脳を使う思考と右脳を使う思考があります。

左脳は具体的な思考ができ、右脳は抽象的な思考ができます。

顕在意識は左脳を使う限界のある思考で、潜在意識は右脳を使う無限の思考です。

正しく頭を使うとは、潜在意識をうまく使う考え方をすることです。うまく使う鍵は、ワクワクして良い気分で楽しむことです。

右脳や潜在意識をうまく使うと「受け取る」力がついていきます。

生命の樹は潜在意識に思考を届ける

生命の樹のワークは、10通りの思考パターンで考えるワークです。

このワークをすると、いろいろな視点で10通りの思考パターンを身につけることができます。10通りの考え方を身につけるなんて頭でっかちになりそうですが、実はそうではなく、たくさんのパターンの考え方を身につけると、物事を豊かに考えられるようになるのです。発想力が豊かになりますし、考えを整理する力もつきます。そうして考える力が豊かになっていくと、感じる力もついてきます。生命の樹のワークが身についてくると、どんどん頭がクリアになって、考えたことを明確な言葉で表現できるようになります。生命の樹に書いた言葉が潜在意識にスムーズに届いていくようになり、ワクワクしたり心地よい感情があればあるほど、潜在意識を動かして、具体的な現実になっていきます。

生命の樹は潜在意識に思考を届ける働きをすることは前述のとおりです。

生命の樹には、潜在意識と顕在意識をつなげる力があります。生命の樹に書いた言葉は、身体、宇宙、意識に届いていきます。生命の樹を通して、顕在意識から潜在意識に影響を与えることができるのです。

影響の波が潜在意識に届くと、今度は顕在意識に反響を与えます。生命の樹を使って繰り返し潜在意識に影響を与えているうちに、その波がどんどん大きく強くなっていきます。そして、顕在意識への反響も大きく強くなっていき、潜在意識と顕在意識がつながって交流するようになります。そして、潜在意識からやってくる影響を顕在意識が感じたり、気づいたりして、受け取るようになっていきます。

この潜在意識と顕在意識をつないでいるのが生命の樹の❾イエソドです。

❾イエソドは、潜在意識と月の場で、現実を変える鍵の場です。

生命の樹の下側に下向きの三角形があります。

これは、❼感情、❽思考、❿顕在意識でできている三角形です。それぞれ、❼感情と金星、❽思考と水星、❿顕在意識、現実世界、物質世界と地球を表しています。

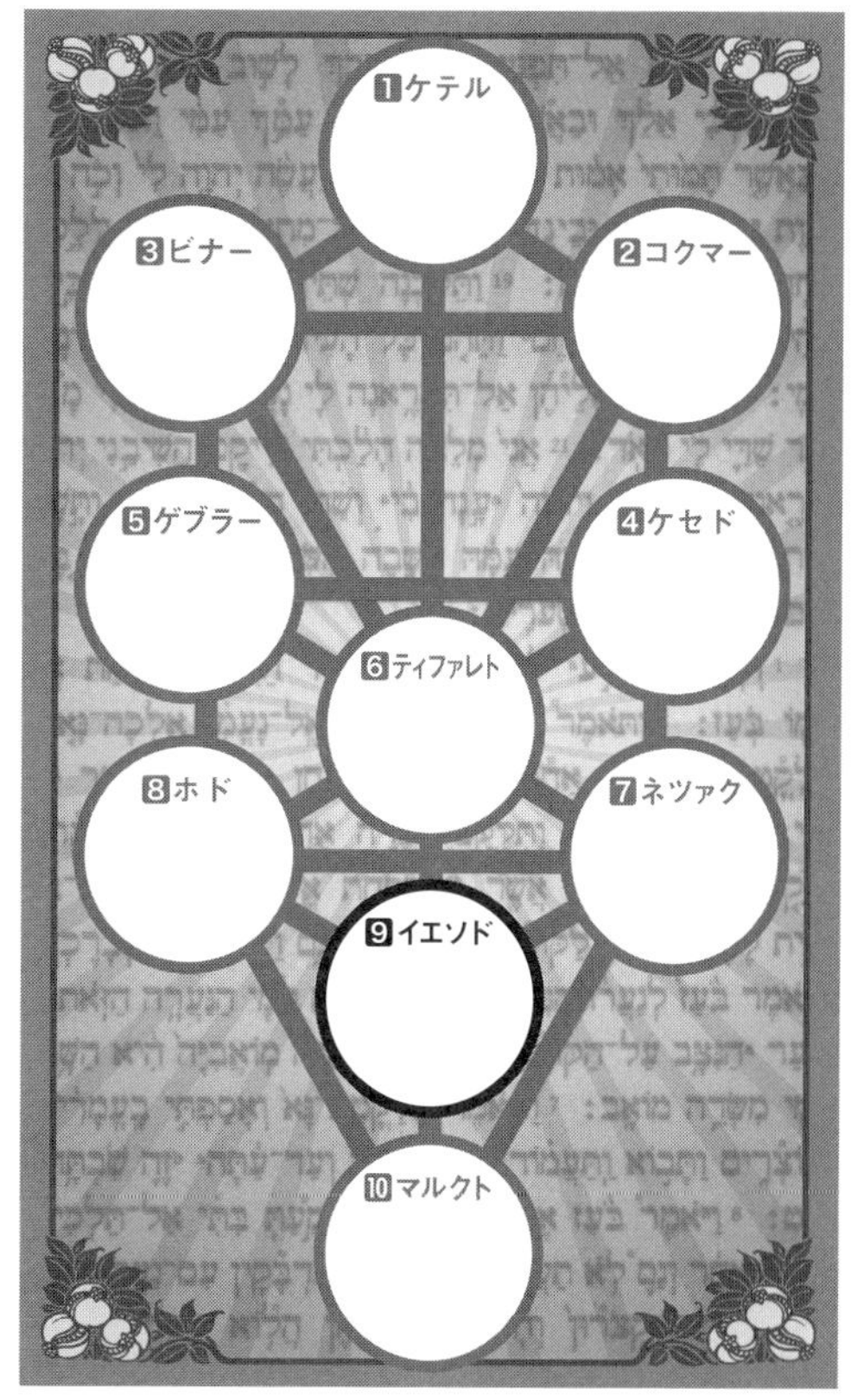

感情、思考、顕在意識は、自分に取り組むことで変化させることができ、自分の人生をつくることができます。取り組む時に、重要な鍵は、❾イエソドです。❾イエソドは潜在意識と月の場なので、ここにアクセスすることで、突破口を開くことができます。

その上の❻ティファレトから❶ケテルまでは、高い次元の世界になっていくので、宇宙

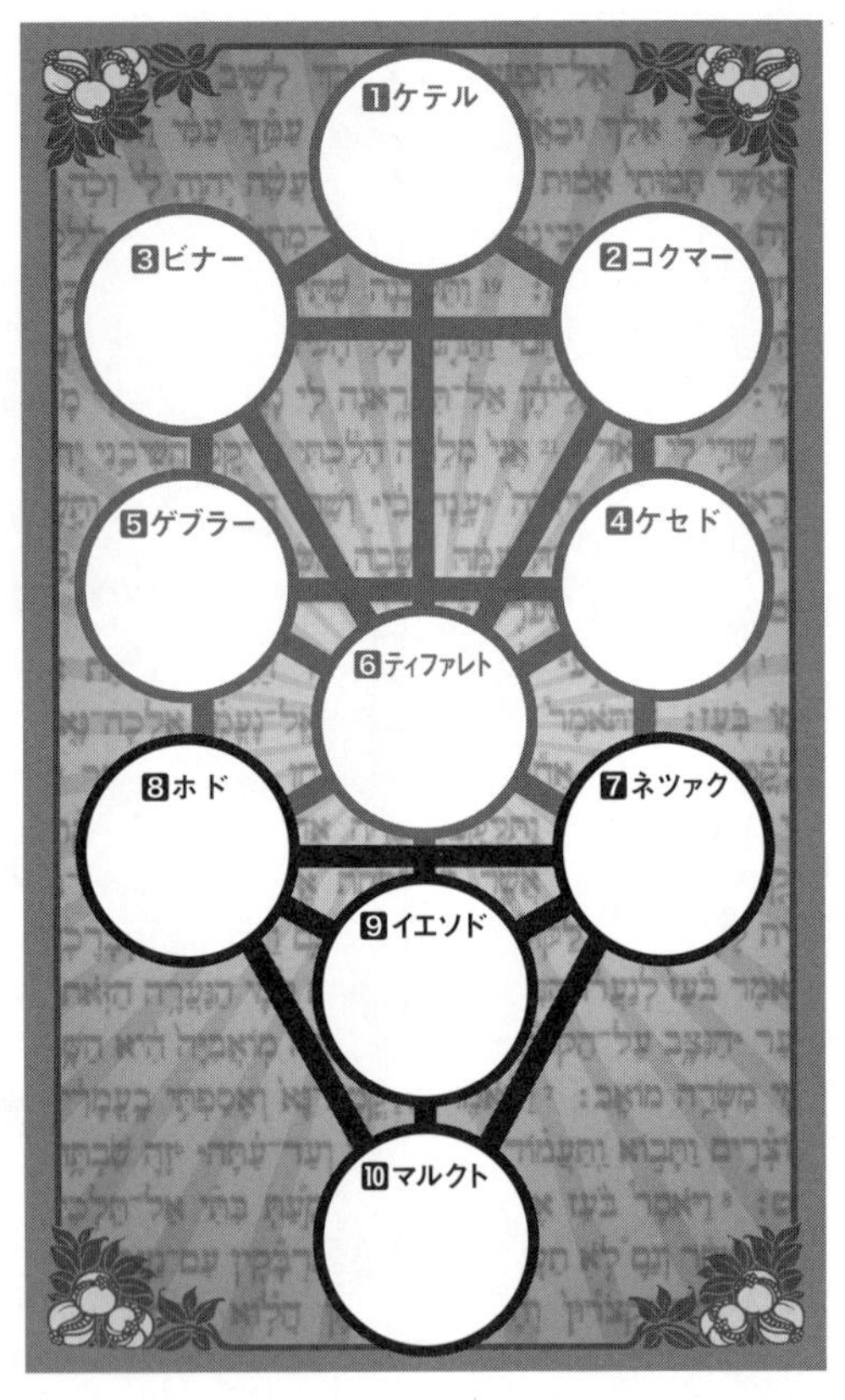

とつながることで変化させることができる領域となります。

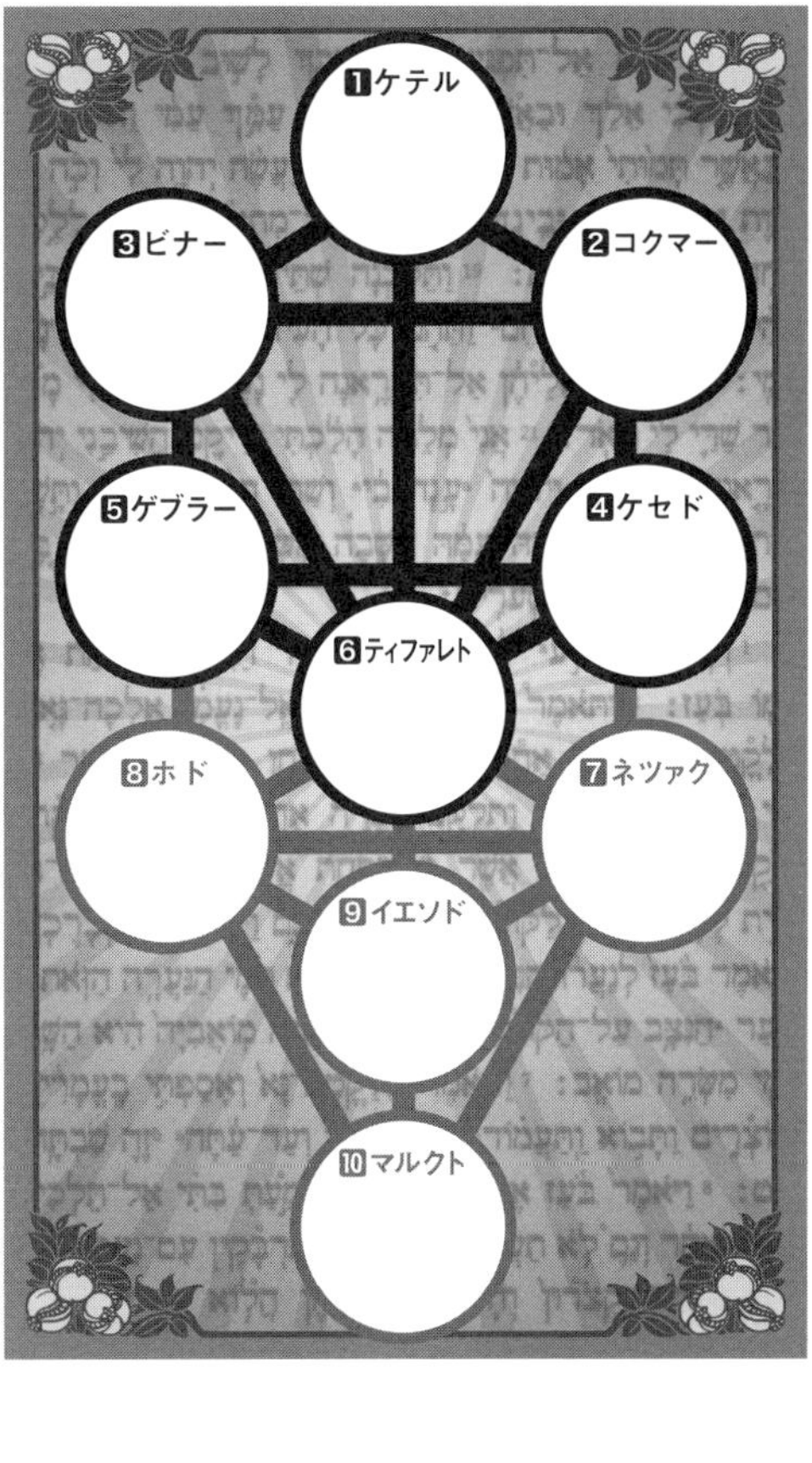

1 ケテル
2 コクマー
3 ビナー
4 ケセド
5 ゲブラー
6 ティファレト
7 ネツァク
8 ホド
9 イエソド
10 マルクト

自分の枠を超えるためには、心で思っていることを実際にやってみることです。小さな頭を超えた知らない世界を体験することです。意識を開いて心の世界に入っていけば、その流れの中に求めている答えを見つけられると思います。自分の人生を生きている人は、みなさんこのように進んできたと言います。あれこれ心配しなくても、感じることに身を委ねていけば、人生の流れが開いていきます。その流れの入り口が9イエソドの潜在意識と月の場です。下向きの三角形の真ん中に9イエソドがあります。この丸が宇宙とつながる扉です。生命の樹のワークで生命の樹に書いたことは、この扉を通って潜在意識に届いていきます。そして、月を通して宇宙に届いていくのです。

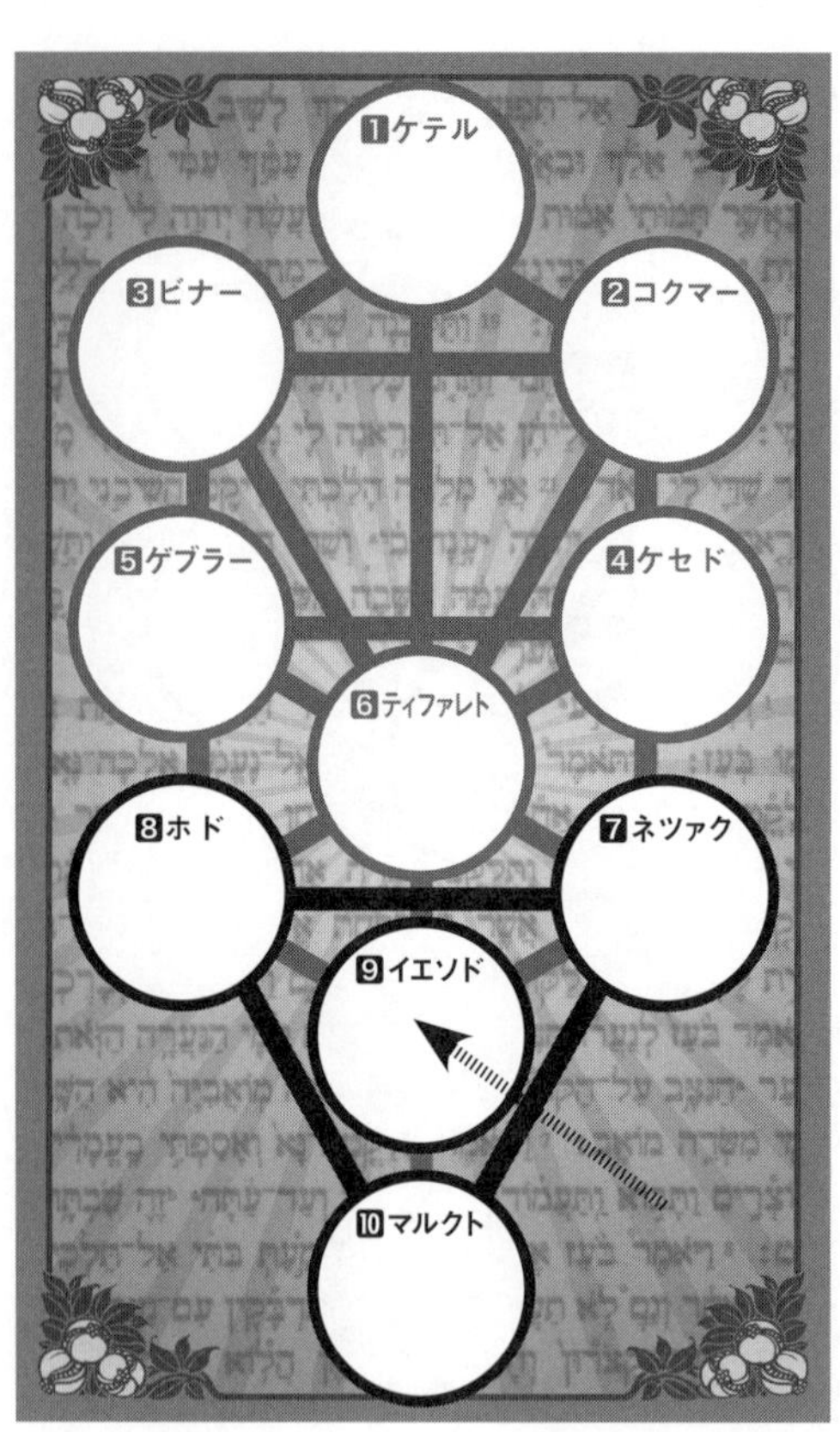

生命の樹のワークは、左脳と右脳の両方の思考を使うので、いろいろな角度から考えられるようになります。考える力がついていくと、頭がクリアになって、思考が研ぎ澄まされていきます。すると、さらにもっと奥深いものを感じ取れるようになります。パソコンの検索の幅が広がるのと同じように、潜在意識の中にあるもっと多くのことを引き出せるようになるのです。このように、生命の樹のワークをすると、感じる力が育つような考え方を身につけることができるのです。

まとめ

生命の樹を見たり、書いたりすることは、身体、宇宙、意識に届いていくので、潜在意識に影響を与えることができます。

生命の樹に書いた言葉は、❾イエソドの扉を通って、潜在意識や宇宙に届きます。

生命の樹のワークで、潜在意識の中にあるもっと多くのことを引き出せるようになります。

そして、感じる力が育つような考え方が身につきます。

月のリズムに意識を合わせる

生命の樹は、見えない世界と見える世界をつないでいます。

生命の樹のワークによって考えたり、感じたりする力を身につけることができ、宇宙の力とつながっていきます。生命の樹には、身体と宇宙と意識をつなげたり、潜在意識に思考を届ける働きがあります。生命の樹のワークをすると、このスピリチュアルな力を使うことができるのです。

宇宙とつながる扉は、9イエソドの潜在意識と月の場です。

潜在意識は右脳や感情、意識の女性的側面です。潜在意識は容量が大きく、イメージや五感で記憶します。目で見たものを一瞬でインプットしていきます。そして、インプットの時に、鮮明で強烈な印象があればあるほど、潜在意識に強く記憶されます。

生命の樹は図形なので、瞬時にそのイメージが潜在意識に入ります。

生命の樹のワークでは、図形に言葉を組み込んだものをつくります。そして、つくった後は、月のリズムに意識を合わせるワークを22日間続けます。潜在意識とつながりがある月は、古代から魔法の象徴でした。それで現代でも願いを叶えるワークは月を重要視するのです。生命の樹も、潜在意識の扉を開く鍵は、❾イエソドの潜在意識と月の場です。月を意識すると潜在意識が開くことが示されているのです。

私たちの住む地球と一番つながりが深いのが月です。月だけが地球の周りを回っています。生命の樹には、地球と月には重要な関係があることが示されています。❶ケテルから❽ホドまでのエネルギーは、すべて❾イエソドに集まります。集まったエネルギーは、❿マルクトの顕在意識、現実世界、物質世界、地球に降りてくるのです。生命の樹には、宇宙の力が❾イエソドの月を通して、❿マルクトの地球に降りてくることが示されています。

❾イエソドは、宇宙の力が現実世界や顕在意識に降りてくる中継地点です。月のリズムに意識を合わせるとは、この中継地点に意識を合わせることです。宇宙の力は、❾イエソドの潜在意識と月を通して、顕在意識、現実世界、物質世界と地球に降りてきます。しかし、その回路がうまく開いていないと、宇宙の力は降りてくることができません。現実世界がうまくいかないのは、❾イエソドの回路が閉じているからです。中継地点である❾イ

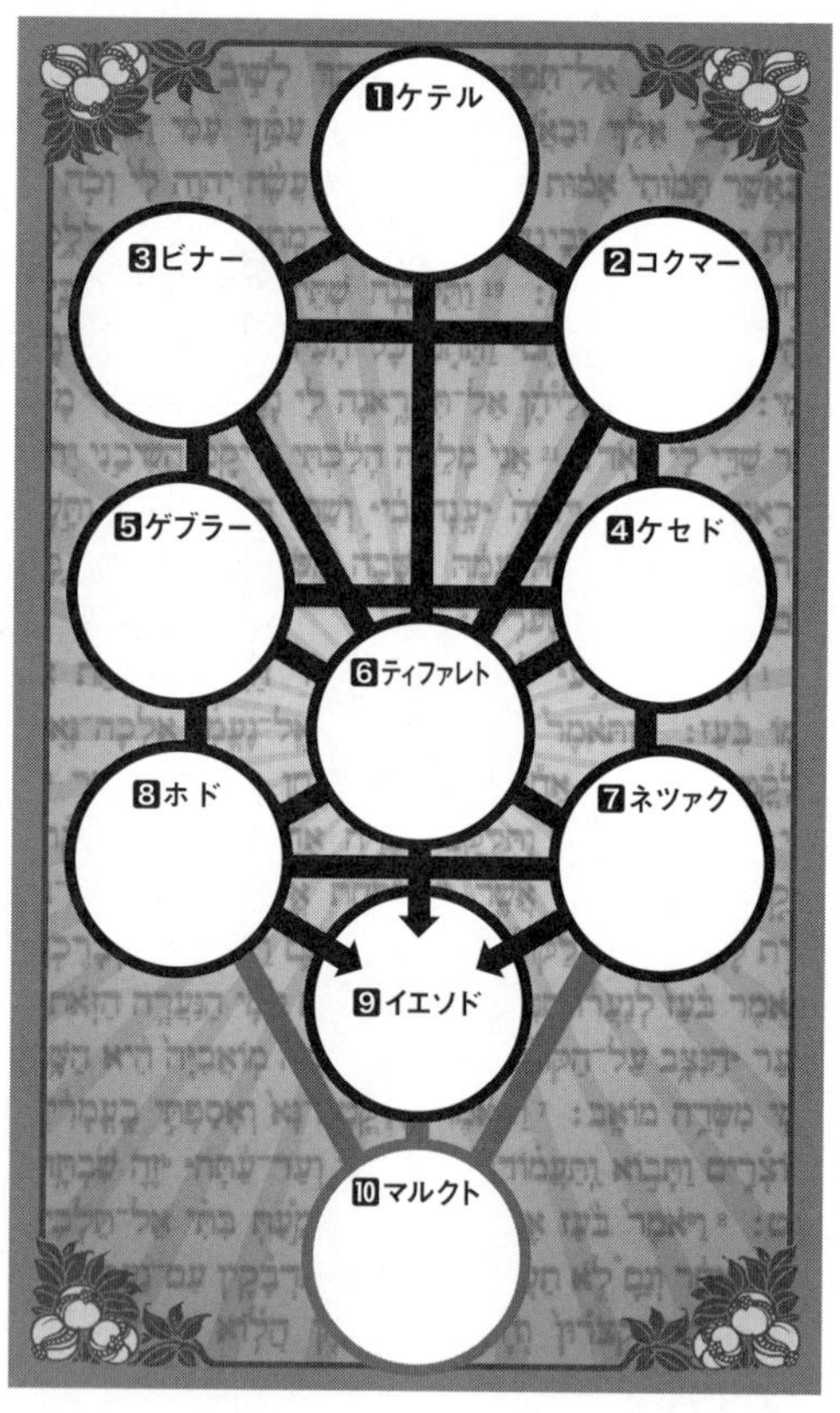

エソドの回路が開いていれば、宇宙とつながって現実もうまくいきます。月のリズムに意識を合わせれば、宇宙とつながる回路が開いて宇宙のリズムと個人のリズムがつながっていきます。

月のリズムについては5章で見ていきます。

カバラ・生命の樹は、月の教えです。カバラは月の満ち欠けと同じように、見えない世界と見える世界があること、そして陰と陽などの相反するエネルギーの扱い方や、変容させる錬金術について説く教えです。さらに、月が太陽の光を受けて輝くように、上の世界から来るものを受け取る方法を説いています。

思いを現実にする教えとして、初めに「思考は現実化する」が出て、次に「引き寄せの法則」が出ました。それらの教えは、世の中に浸透しました。そして今、生命の樹の「受け取りの法則」がいよいよ世に出るタイミングが来たと感じています。宇宙には計り知れない計画があり、人類の進化に必要なことが必要なタイミングで世に出るのだと思っています。

まとめ

扉を開く鍵は、❾イエソドの潜在意識と月の場です。

❾イエソドは、宇宙の力が現実世界や顕在意識に降りてくる中継地点です。月のリズムに意識を合わせるとは、この中継地点に意識を合わせることです。

生命の樹のワーク後は、月のリズムに意識を合わせるワークを22日間続けます。月のリズムに意識を合わせれば、宇宙のリズムと個人のリズムがつながっていきます。

カバラ・生命の樹は月の教えです。陰と陽などの相反するエネルギーの扱い方、変容させる錬金術、上の世界から来るものを受け取る方法を説いています。

【この章で受け取った3つのことは何ですか？】

①

②

③

第4章　受け取りの生命の樹のつくり方

宇宙の宇は空間
宇宙の宙は時間

受け取りの生命の樹のつくり方

1章「生命の樹とは」、2章「生命の樹の仕組み」、3章「生命の樹は使うもの」を見てきました。いよいよ4章では、「受け取りの生命の樹のつくり方」を見ていきます。実際に受け取りの生命の樹をつくってみましょう！

受け取りの生命の樹は、受け取る力を引き出す生命の樹です。もっと受け取り上手になるための練習をする生命の樹ですので、「受け取りの生命の樹」と名づけました。このワークをすると、願いごとを実現するための設計図とプロセスをつくることができます。

設計図とプロセスづくりを練習しながら、成功者の思考回路を身につけていきます。そして、いつ向こうからやってきてもいいように準備を整えていきましょう。このワークで、ぜひ受け取る準備のやり方を身につけてくださいね。

やり方は、1から10の順番にそって、生命の樹に10通りの思考を書いていきます。生命の樹に思考を書くと、イメージが明確になり、行動につながるエネルギーが集ってきます。生命の樹を使って、イメージしたり思考したりしていくと、青写真をうまくつくれるようになります。心の中の青写真は受け取る器となって、必要なことを受け取りやすくしてくれるのです。後は、ピンと来たことや、フッと感じたことを受け取って、行動すればいいのです。

どんなことでもイメージが明確にならなければ、形にすることはできません。イメージがぼんやりしていれば行動することはできません。何かをやるとしたら、まずはイメージしたり、考えたりなどして準備を始めると思います。生命の樹のワークは、初めの準備にあたります。身につけると具体的に考える力がついて、イメージを明確にできるようになります。イメージが明確になれば行動できるのです。物事を実現させるのはとても楽しく人生が充実していきます。ぜひ、楽しみながら身につけてください。

そして慣れてきたら、あなた仕様にどんどんカスタマイズしてください。

受け取りの生命の樹をつくるポイント

まずは、難しく考えずに、生命の樹で願いを叶える実験をしてみるという軽い気持ちで取り組んでみてください。

受け取りの生命の樹は、従来の願いを叶える方法の、願いごとを決めてスタートするのとは違い、「欲しい気持ちにフォーカスして、その気持ちに願いごとを合わせていくやり方」です。気持ちに寄り添うやり方なので、肩の力が抜けて楽に考えることができます。願いごとがよくわからなくても大丈夫です。まずは、「欲しい気持ち」だけ考えてみましょう。気持ちからスタートするので、願いごとはどんな形でもいいのです。

ワークをしていけば、だんだんあなたの本当の願いごとが出てくるようになります。生命の樹に書くことでイメージがまとまってきますし、ほんの少しでも行動しようという気持ちが出てきます。まずはこのワークをすることが初めの行動です。一歩行動したら、一歩確実に前進しますから、まずは、受け取りの生命の樹をつくることから始めてみましょう。

生命の樹のワークの特長は、10通りの考え方の手法です。これは、従来の願いを叶える方法にはなかった考え方です。10通りに考える方法は、実現させたいものの青写真を心の中につくり出し、より高い感情・波動とつながる準備をさせます。いろいろな思考を使うのは、イメージを立体的に組み立てて明確にするためです。この考え方が身につけば、明確なイメージをつくることと、受け取る準備を整えることができるようになり、明確にできたこと、準備ができたことは、川の流れのようにスムーズに実現していきます。

生命の樹のワークをする目的は、良い気分でいられる自分になることです。自分に対する否定的な思考や感情が無く、心の抵抗が無い状態になることを目的としています。そのために、ワークでは、「自分を好きになる+信じる練習」をします。自分が嫌いだと、否定的な思考や感情が出てきて良い気分にはなれません。自分を信じたり、応援することができなければ、願いを叶えることもできないのです。

生命の樹のワークでは、欲しい気持ちにつながることや自分との約束を守ることを練習します。自分との約束を守ることが身についていくと、自分を信じられるようになり、自然に自分を好きになっていきます。ワークを続けることで少しずつ意識が変わり、良い気分でいられるようになります。そうして自分が自分の応援者となって、大きな願いに挑戦できるようになるのです。

自分との信頼ができていないうちは、初めから大きな願いを叶えようとしてもなかなかうまくいきません。それは、自分を好きではない、信じられないという思いが心理的抵抗となって葛藤を起こすからです。大きな願いは、自分のことを好きになって、信頼関係ができてからの方がスムーズに実現します。

少しずつ、少しずつでいいのです。私たちは、長い間かけて、宇宙や自分とのつながりを弱めてきたのですから、やはり少しずつ時間をかけて再度つながりを取り戻していきましょう。作物を育てたり、何かを一からつくったり、子育てをするのと同じように、日々コツコツと自分で自分を育てていくのです。早い人は1ヶ月で、どんなに遅い人でも半年もやれば変わります。

生命の樹は、身体、宇宙、意識をつなげる働きをします。
生命の樹の10個の丸は、

①身体で言えば各器官
②宇宙で言えば惑星
③意識で言えば思考と感情のエネルギーの集まり

そして、生命の樹の10個の丸を結ぶ線は、それぞれをつなげるエネルギーライン（神経、ネットワーク）だとイメージしてください。生命の樹はこのような仕組みを持っているので、**生命の樹に書いた言葉は、身体、宇宙、意識の隅々までエネルギーとしてめぐる**のです。

受け取りの生命の樹をつくるポイントは5つあります。

①３週間くらいで取り組めることにする
②明確な言葉、シンプルな言葉で書く
③自分にしっくりくる言葉で書く
④楽しみながらつくる
⑤足りないという意識（欠乏感、焦り）ではなく、
充分に在るという意識（満足感、安らぎ）でつくる

❶ 1 ケテルに欲しい気持ちを

一番初めに、❶ケテルに「欲しい気持ち」を書きます。

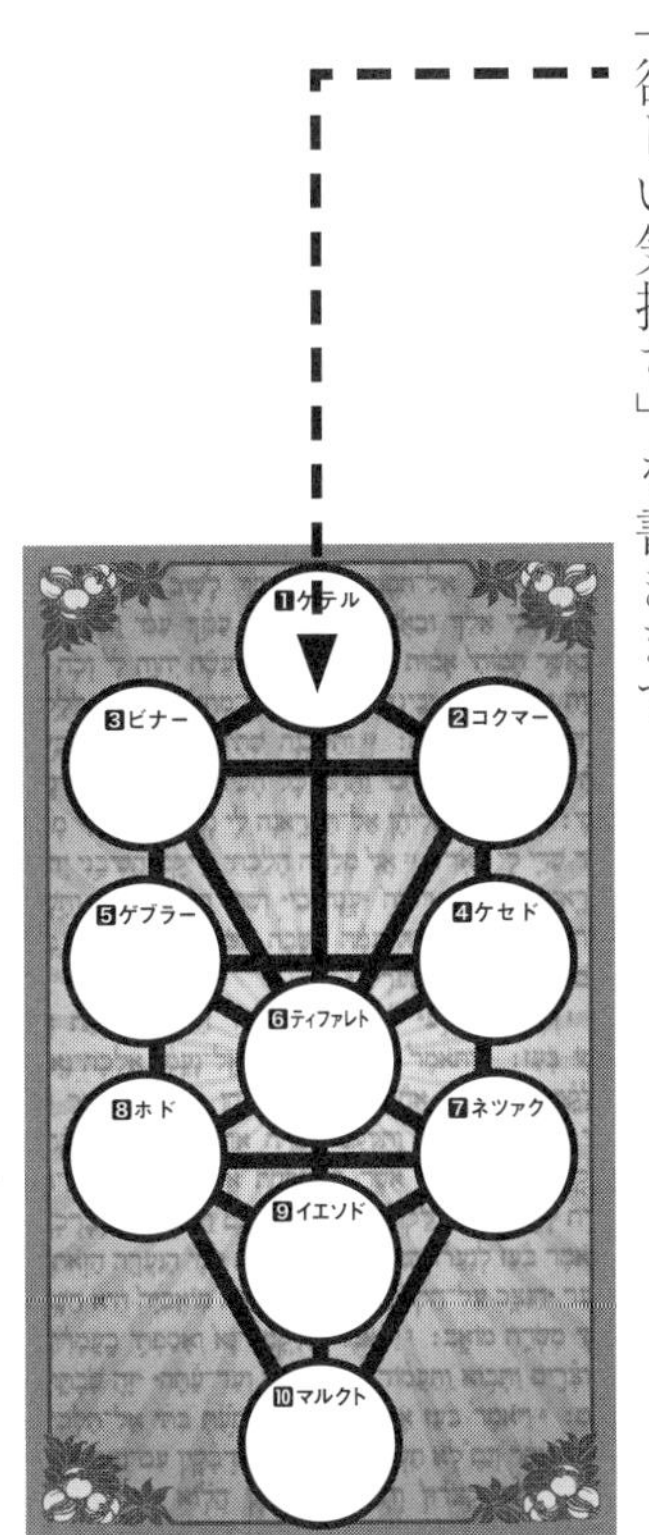

人が何かを願うのは、最終的には気持ちが欲しいのです。何かを手に入れたことで得られる気持ち、何かを達成することで得られる気持ち、こうした最終的に得られる気持ちが欲しいから、願いごとが湧いてくるのです。

気持ちとは、在り方の土台です。自分の波動や状態を決めているのが、今の気持ち（感情）です。生命の樹のワークは欲しい気持ちを言語化することからスタートします。気持ちを言語化する練習です。気持ちを意識することを身につけましょう。欲しい気持ちが明確になればなるほど、その波動や状態の自分につながっていきます。

バシャールの教えに、「あなたの感情は、あなた自身を表現する最初の物質化された波動」とありました。そして、「感情をないがしろにすると、生命とのつながりをなくす」とありました。本当にそうだと思います。感情が詰まっていると、生きるのが苦しいですよね。ハートが閉じていると、自然や生命とのつながりを感じられず、とても苦しいものです。自分を大切にして感情豊かにそのままの自分を表現している人は、とても生き生きしていると思います。

受け取りの生命の樹は、欲しい気持ちを明確にすることからスタートします。このワークは、自分の気持ちにつながるワークです。感情を大切にして、自分の波動や状態に意識を向けることを身につけていきます。

一番初めに❶ケテルに書いた「欲しい気持ち」が、受け取りの生命の樹の中心となります。すべての出発点になりますから、素直な心で言葉にしてくださいね。

例として、

①いつもワクワクを感じられる
②安らぎで満たされている
③達成感を感じている私
④毎日が喜びでいっぱい
⑤自分が大好き

など、気持ちにフォーカスして、言葉にしてください。

◎実際のつくり方の例《❶ケテルに欲しい気持ち》

❶ケテルに、「達成感を感じている私」と入れるとします。

❶ケテルは、王の場です。「大いなる志、目的意識、貢献意識」を表します。私たちの

人生の究極のゴールは幸せになることです。もうすでに幸せな自分であることを思い出すことです。幸せであることが世界に対する一番の貢献です。幸せな人は、自分の「欲しい気持ち」を大事にして生きています。欲しい気持ちとしっかりつながっている人は、天分からの志が出てきます。自分が満ちてきたら、他人や社会のためになりたいという思いが自然に生まれて志が出てくるのです。

志や目的意識、貢献意識は、❶ケテルの王の意識です。王の意識は、自分の気持ちが満ちている状態から出てくるのが本物なのです。欲しい気持ちとつながっていない人の志は、犠牲や偽善から生まれている場合が多く、自分が満たされて、幸せである状態からは本物の志が生まれていきます。

❶ケテルの惑星は、夢やスピリチュアル、潜在意識を表す海王星で、拡大、増幅の働きがあります。夢やスピリチュアル、潜在意識、拡大、増幅というのは、宇宙の働きそのものと言えます。海王星は、夢やスピリチュアルや潜在意識を通して、欲しい気持ちにつながり、より高い波動の自分になるように常にサポートしてくれます。

◎《❶ケテルに欲しい気持ち》のPoint

受け取りの生命の樹は「欲しい気持ち＝感情にフォーカスする」ことからスタートします。従来の願いを叶える方法では、願いごとや取り組みを明確にすることからスタートしますが、この方法だと、願いごとやりたいことがわからない人にはハードルが高く、意識が外側に向いてしまいます。願いごとやりたいことがわからなくても、「欲しい気持ち」は、楽に考えることができるかもしれません。

受け取りの生命の樹では、一番初めに、感情にフォーカスして意識を内側に向けます。自分が持つ感情は自分の状態を決め、自分の波動をつくります。ワークでは、より高い波動の自分になれるように、満ち足りた感情になることを目指します。

2

❻ティファレトに願いごと（取り組み）を

❶ケテルに書いた欲しい気持ちとつながるために、「どんな願いごとや取り組みをするか」を書きます。表現の形はどのようになるでしょうか？ ❻ティファレトに、実際に取り組むことを書いてみましょう。

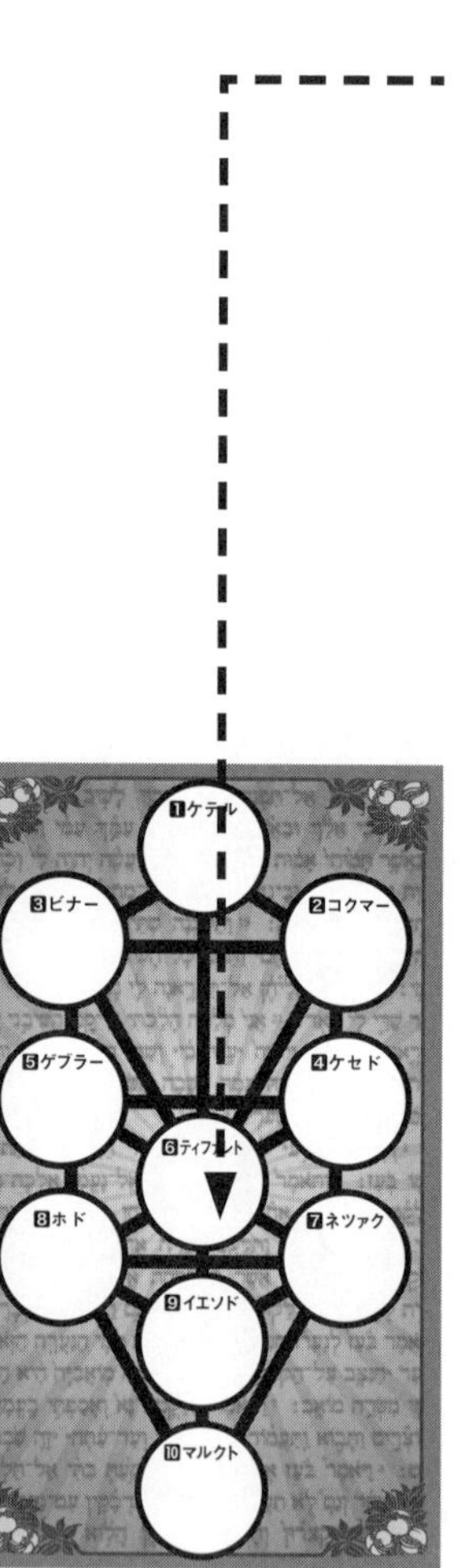

人が願いごとを叶えるプロセスで最終的に目指すのは、満ち足りた感情＝より高い波動の自分になることです。

願いごとや取り組みは、より高い波動の自分になるための手段です。本当に欲しいものを突き詰めていけば、結局欲しいものとは気持ちなのです。物や体験や人との関わりなどの望みを通して得たいことは、最後に得られる感情です。何がやりたいかわからない人は、何をするかの形ではなく、欲しい気持ちに意識を向けてみましょう。頭ではなく、心に意識を向けるのです。そして、普段の生活でできることを考えればいいのです。

ハードルの高いことを無理してやる必要はありません。日常で無理なくできることを通して、少しずつ欲しい気持ちにつながっていきましょう。満ち足りた気持ちになれるような願いごとや取り組みをシンプルに考えてみてください。

先ほどの**1**ケテルの欲しい気持ちの例で言えば、

①「いつもワクワクを感じられる」気持ちになるには、どんな願いごとをつくりますか？どんなことに取り組んでみたら、いつもワクワクを感じられるようになるでしょうか？

②「安らぎで満たされている」気持ちになるには、どんな願いごとが当てはまるでしょうか?

安らぎで満たされるために、どんなことをやってみたいですか?

③「達成感を感じている私」であれば、どんな願いごとにしますか?

達成感を感じている私になるために、どんな取り組みをしてみますか?

◎実際のつくり方の例《❻ティファレトに願いごと(取り組み)》

先の例の続きです。❻ティファレトに、「自分の仕事をもう少し発展させる」と入れてみます。このように、❶ケテルに書いた欲しい気持ちに願いごとを当てはめてみてください。願いごとは、あまり長期間かかるものではなく、3週間くらいで実現させたいことを書きます。ポイントは、本題をシンプルに書くことです。

・身近なこと
・欲しいもの

・やりたいこと
・必要なこと

など、現実的なことを考えてみましょう。最初は、シンプルなことがいいと思います。

生命の樹のワークが従来のやり方と違うのは、❶ケテルに書いた欲しい気持ちを中心に置いて、願いごとや表現の形を考えるという点です。頭で考えたことではなく、心を優先する方法なのです。

❻ティファレトは、「本質、才能の場」です。あなたの本質、才能を開く鍵は、心からの欲しい気持ちとつながるための「プロセス」にあります。欲しい気持ちとつながりたいと思って行動するプロセスが、あなたを目覚めさせ、もともと持って生まれた本質、才能を開花させていきます。

❻ティファレトの惑星は太陽で、あなた自身、生命力、意識の中心、主体性、自己主張を表します。❻ティファレトの太陽が、欲しい気持ちを得るためのプロセスの中で、これらの力を発揮できるようにサポートしてくれます。

◎《❻ティファレトに願いごと（取り組み）》のPoint

従来の願いを叶える方法では、最初に、願いごとや取り組みといったやり方にフォーカスします。やり方にとらわれてしまうと、限定した手段、方法に意識が向いてしまいます。

受け取りの生命の樹では、欲しい気持ちにつながるような願いごとや取り組みを考えます。この方法だと、願いごとや取り組みのゴールが欲しい気持ちに設定されて、ゴールまでのプロセスに欲しい気持ちが入っていきます。ゴールと手段を欲しい気持ちで結びつけることができるのです。

ワークの目的は、感情をマスターして、より高い波動の自分になることです。願いごとや取り組みは、そのための表現や手段に過ぎません。普段から取り組んでいることを意識してやってみるのもいいですし、日常でできる片付けや、人に親切にするなどのちょっとしたことでもいいのです。

⑩ 3 マルクトに22日後の未来の先取りを

⑩マルクトに、「22日後の未来の先取り」を書きます。

22日後に願いが実現して、欲しい気持ちを得たあなたはどんな状態になっているでしょうか？

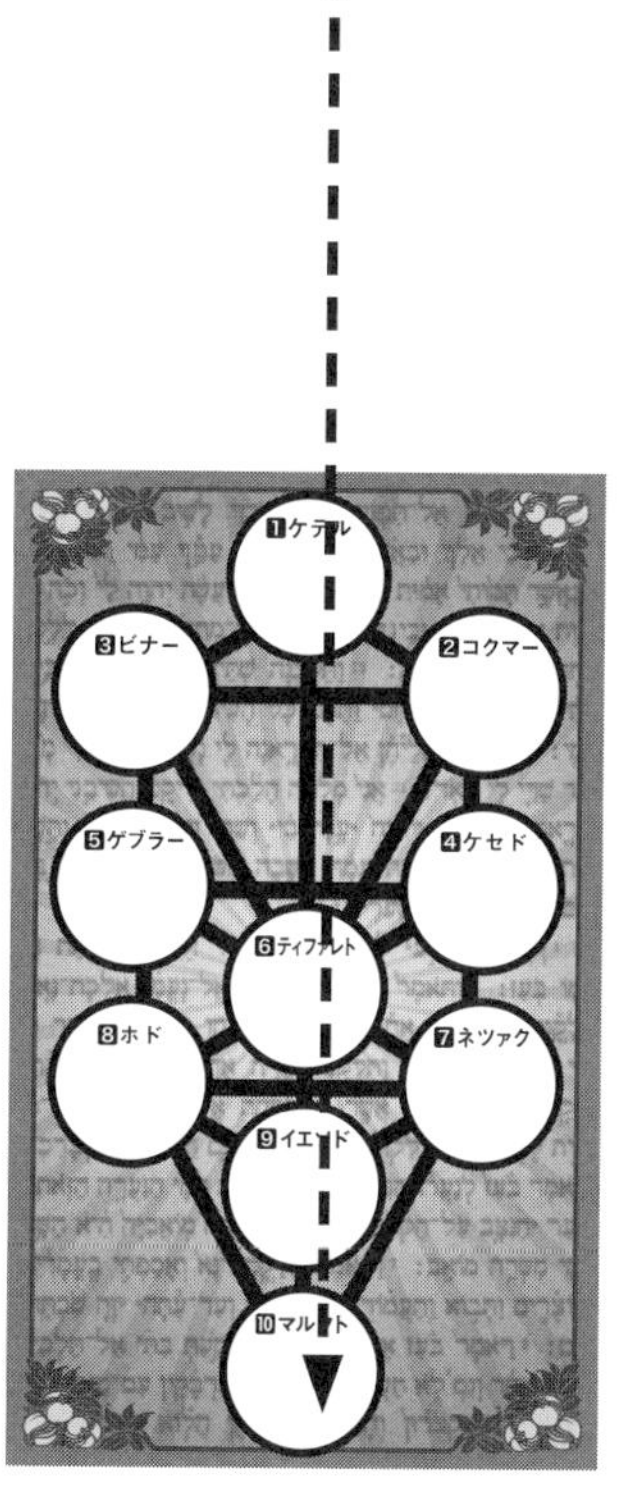

22日後のあなたのイメージを具体的に書きます。ここは妄想マックスで具体的に書きましょう！　誰に迷惑をかけるわけでもないし、誰に言いふらすわけでもないのですから、

どんなことを書いても大丈夫！　ニヤニヤしながら、楽しく書いてくださいね。

実際のつくり方の例をこれまでに従って、❻ティファレトの願いごとは「自分の仕事をもう少し発展させる」とします。

❿マルクトに書く22日後の未来は、

①新規のお客さまから申し込みが来て、驚きと喜びでいっぱい！
②なぜだかわからないけれど、収入がアップして、前から欲しかったワンピースを買った！
③定員5名のお茶会に5名以上が来てくれて、そのうちのひとりとすごく仲良くなった！

これは私の例ですが、このように具体的な数字を入れてイメージを膨らませています。

◎実際のつくり方の例《❿マルクトに22日後の未来の先取り》

⑩マルクトに「新規のお客さまから申し込みが来て、驚きと喜びでいっぱい！」。⑩マルクトは、「顕在意識、物質世界、現実世界を表す場」です。22日後のイメージを書くことで、未来の自分と顕在意識、物質世界、現実世界をつなげます。⑩マルクトの惑星は地球です。私たちの存在する地球が、22日後の未来を育む土壌となってくれるのです。⑩マルクトの地球を意識すれば、実現へのサポートを受け取れます。

◎《⑩マルクトに22日後の未来の先取り》のPoint

書いていて、なんか嬉しい、ワクワクする、心がじわ〜っと温かくなるなどの感情や体感が出てきたら、それが欲しい気持ちに直結しているサインです。未来の先取りを書いて、心に抵抗を感じる時は、「なぜだかわからないけれど、○○になった」という表現が気持ちを楽にしてくれます。

軽く柔らかくイメージを膨らませて、未来を先取りします。心の中に浮かんだことをどんどん書いていきましょう。楽しいエネルギーに宇宙の力は集まってきますから、ぜひとも楽しんでイメージしてくださいね。

❷4 コクマーにフォーカスポイントを

❷コクマーに、❻ティファレトに書いた願いごとや取り組みの「フォーカスするポイント」を書きます。欲しい気持ちとつながるための願いごとや取り組みのどこを見ていくか？　核となるフォーカスするポイントを書いてみてください。

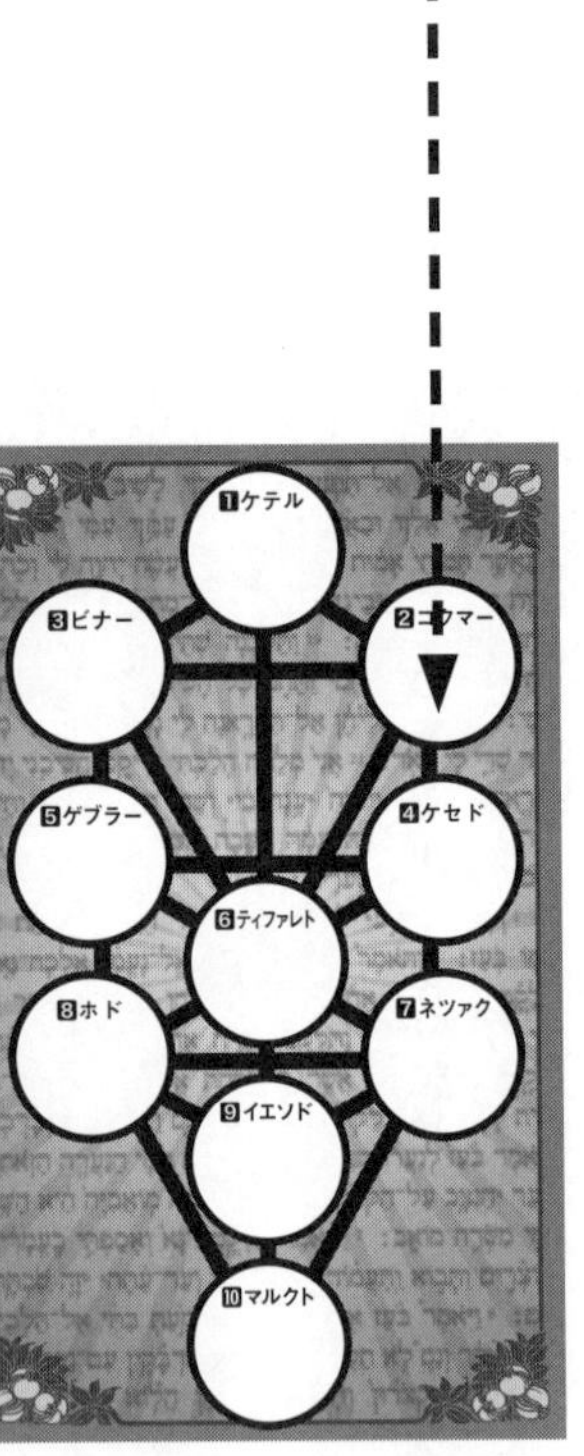

人は、見たものになります。常に目にしているもの、フォーカスしているものが実現します。ですのでフォーカスのポイントを定めることは、とても大事なことなのです。

2コクマーでは、フォーカスのポイントを考えます。あなたは願いごとのどの部分に焦点を合わせますか？　取り組みの中心となることはなんでしょうか？　ヒントは、願いごとがなかなか実現しなかった原因です。フォーカスするポイントを見落としていたり、理解していなかったり、ズレていると、願いごとはスムーズに実現していきません。ここでは、願いごとや取り組みの中心となるポイントを見つけます。答えは、見落としていることと、拍子抜けするくらいシンプルなことだったりします。最短ルートで願いごとが実現するには、どんな部分にフォーカスしたらいいかよく考えてみてください。

私のつくり方の例では、6ティファレトの願いごとは「自分の仕事をもう少し発展させる」でした。

2コクマーに書くフォーカスのポイントは、

① お客さまの笑顔と満足
② 発信する
③ サービスの工夫

というように、願いごとの中心となるポイントを考えます。どんなことにフォーカスしたら願いごとが実現するか、いろいろな角度から考えたり、発想の転換をして、知恵を出してみてください。

◎実際のつくり方の例《❷コクマーにフォーカスポイント》

❷コクマーに、「お客様の笑顔と満足」。

❷コクマーは、「知恵を受け取る場、物事を形にするエネルギーがつくられる場」です。❻ティファレトに書いた願いごとや取り組みのポイントを考えることで、形にするための鍵を見つけます。ポイントを考える力がついてくると、閃きやすくなったり、知恵を受け取ることができるようになっていきます。そうしてだんだんと、スムーズに実現させるための答えを無理なく見つけられるようになるのです。

❷コクマーの惑星は天王星で、独創性、発明、新しい価値観、最先端、予期せぬ変化を表します。❷コクマーの天王星は、頭を柔軟にして、新しい視点を開き、フォーカスのポイントを見つけるサポートをしてくれます。

◎《❷コクマーにフォーカスポイント》のPoint

❷コクマーで考えるフォーカスポイントは、物事を実現させる重要な点にあたります。ここがズレていると願いごとが形になっていきません。このポイントを見つけて、集中するとスムーズに形になっていきます。

慣れるまでは難しいのですが、❷コクマーの考え方が身につくと、最短で結果に結びつくポイントを見抜けるようになり、的を射た発想ができるようになります。頭が柔らかくなって、閃きを受け取れるようになり、どんなに行き詰まっても突破口を見つけられるようになるのです。

❸5 ビナーにワークのテーマを

❸ビナーに、「22日間のワークのテーマ」を書きます。

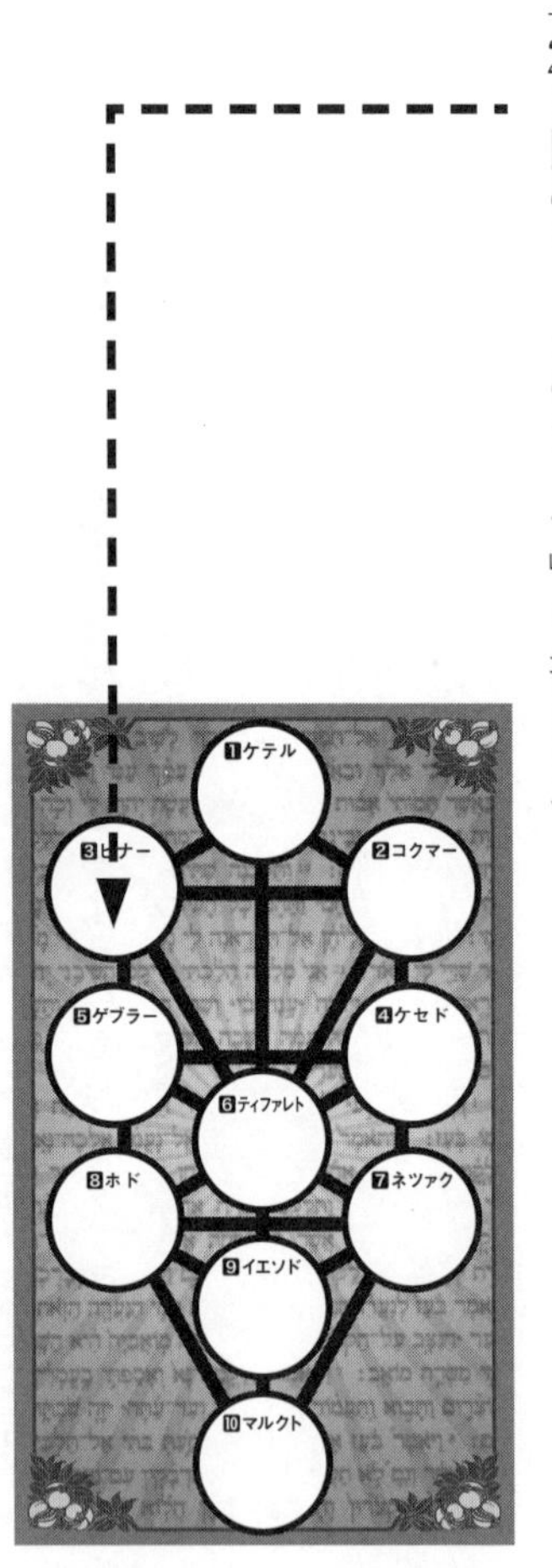

イベントにはイベント名を、学校祭などではテーマを考えますね。同様に、❸ビナーには、22日間のワークのテーマを書きます。22日間のワークのタイトルとして考えるのもいいでしょう。書いたテーマを一目見たら、欲しい気持ちや願いごと、22日後の未来など、生命の樹に書いたことを芋づる式に連想できるよう、心のままに表現してみてください。

◎実際のつくり方の例《❸ビナーにワークのテーマ》

❸ビナーに、「お客さまの笑顔と満足を達成感と喜びにしていこう！」。

❸ビナーは、「理解に至る場、物事が形になる場」です。❷コクマーで考えるフォーカスポイントは、形になるエネルギーです。❸ビナーで、形にするためのポイントを22日間のワークのテーマやタイトルとして言語化します。テーマやタイトルを表すことで、22日間のワークがぐっとイメージしやすくなります。❸ビナーの惑星は土星で、規則や秩序、自制心、責任感などの社会性、堅実さを表します。❸ビナーの土星は、的確なテーマをつくり、確かな形にするサポートをしてくれます。

◎《❸ビナーにワークのテーマ》のPoint

❸ビナーで考えるワークのテーマは、受け取りの生命の樹の全体像や22日間のワークをまとめた表現です。❸ビナーの考え方も初めは難しいと思いますが、この考え方が身につくと、全体像を的確でシンプルにまとめることができるようになります。膨大な情報を一言で伝えられるようになるのです。しっかり言葉にできたことは理解も深く、迷いなく行動できます。❸ビナーの考え方は、理解と行動につながる考え方なのです。

❽6 ホドに具体的to doを

❽ホドに、「具体的にやること、日々実行するto do」を書きます。

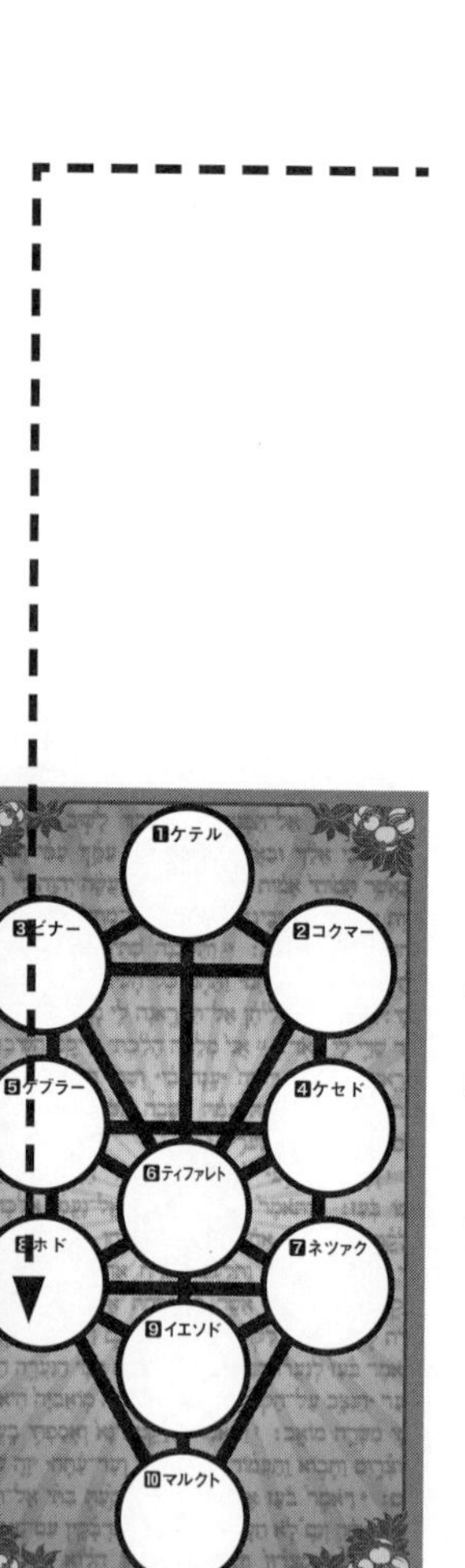

❻ティファレトに書いた願いごと、❷コクマーに書いたフォーカスポイントを形にするために今すぐ取り組めるto doリストを書きます。日々無理なく実行できることを書いてみましょう。日々のto doは、多くても3つくらいまでが無理なく続けられる範囲です。優先順位をつけて整理してみるのもいいでしょう。

6ティファレトの願いごとは「自分の仕事をもう少し発展させる」でした。

8ホドに書く具体的to doは、

①期間限定のお得なサービスをつくる
②メルマガを始めてお得なサービスを提供する
③ブログやFacebookでお役立ち情報を発信する

このように、具体的にやることや日々取り組めることを考えます。実際に成果の出ることと、最短で結果に結びつくことを工夫してみてください。

◎実際のつくり方の例《8ホドに具体的to do》

8ホドに私は、「①期間限定のお得なサービスをつくる ②メルマガを始めてお得なサービスを提供する ③ブログやFacebookでお役立ち情報を発信する」と書きました。

8ホドは、「思考の場で、具体的に細かく分けて考える場」です。**8**ホドで、日々の生活で具体的にやることを決めます。

8ホドの惑星は水星で、思考や言語表現、コミュニケーション、移動、言語化された知識、情報を表します。8ホドの水星は、細かく具体的に考えられるようにサポートしてくれます。

◎《8ホドに具体的ｔｏ ｄｏ》のＰｏｉｎｔ

8ホドでは、6ティファレトに書いた願いごとや取り組みの具体的なｔｏ ｄｏを考えます。具体的なｔｏ ｄｏは、日々の中で無理なくできるシンプルで小さなことでいいのです。**小さなことを続けていくと、揺るがぬ成長になり、その積み重ねが自信になります。**

8ホドの考え方が身につくと、計画を立てたり、段取りを組んだり、細部まで思い描けるようになります。すると、どんどん行動できるようになるのです。そして、日頃の継続は、自信となって、大きなことを成し遂げる土台をつくります。8ホドの考え方は、イメージの力だけでなく、分析したり組み立てたり、創意工夫を引き出す考え方なのです。

カバラ・生命の樹には3という数字を重要視し、3つに分けて物事を見るという考え方があります。1は点、2は線、3は面という視点で、3の力で形にするという考え方です。3の力を意識して、具体的ｔｏ ｄｏで小さなことを3つ考えてみるのもいいでしょう。

7 ❾イエソドにお金や時間の使い方を

❾イエソドに、「お金や時間の使い方」を書きます。

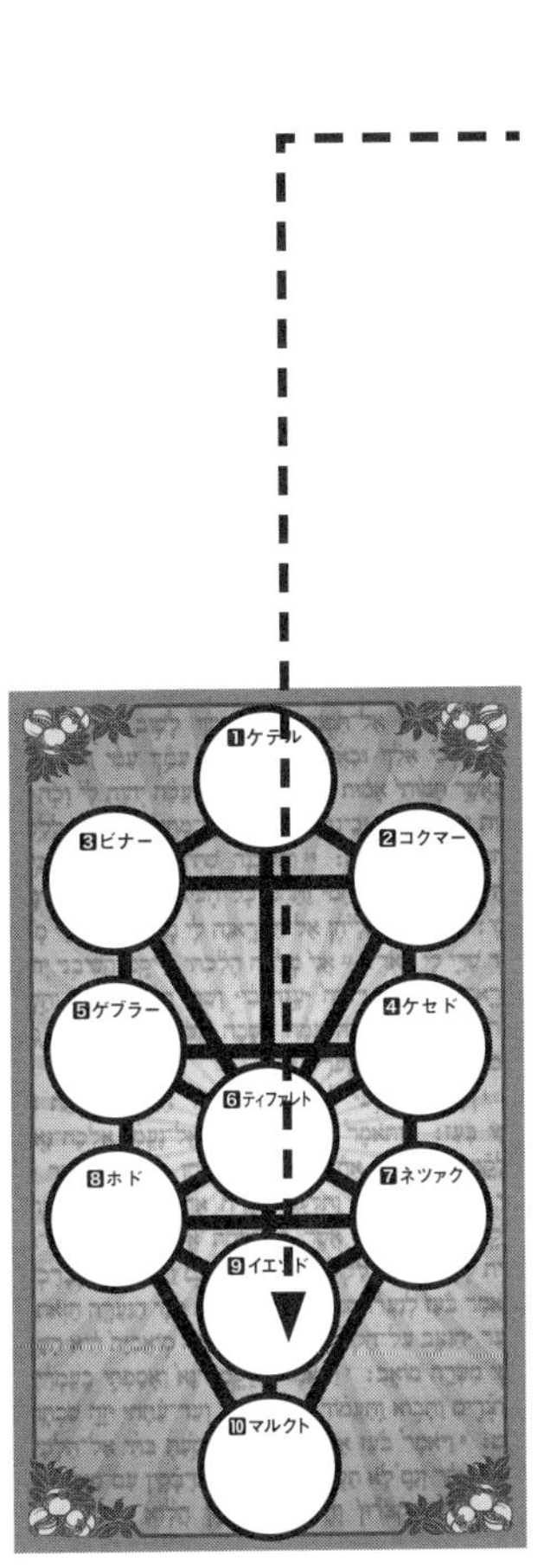

22日間のワークで、お金が必要なことは予算を立てます。お金が必要でない場合は、時間の使い方を明確にします。お金や時間というエネルギーの使い方を考えてみてください。

実際のつくり方の例を挙げます。❻ティファレトの願いごとは「自分の仕事をもう少し発展させる」でした。そして、8ホドの具体的ｔｏ ｄｏは、「①期間限定のお得なサービスをつくる、②メルマガを始めてお得なサービスを提供する、③ブログやＦａｃｅｂｏｏｋでお役立ち情報を発信する」です。この8ホドに書いたことでお金と時間が必要なことがあれば明確にします。実際のつくり方の例では、②のメルマガに費やす時間を明確にします。

◎実際のつくり方の例《9イエソドにお金や時間の使い方》

9イエソドは、「毎週月曜日に1時間、メルマガの作業をする」とします。

9イエソドは、「潜在意識の場です。そして、社会における経済活動、人体における血液、人間関係における氣の交流を表す場」です。9イエソドでお金と時間の使い方を明確にすると、エネルギーをうまく使えるようになります。なかなか形にならない原因のひとつに、予算や時間管理ができていないことがあります。お金や時間の使い方を明確にすると、実現までの流れがスムーズになることが多々あります。

9イエソドの惑星は月で、受容性、感受性などの女性的な側面、感情、無意識の感覚、自覚のない反射的な対応などを表します。9イエソドの月は、お金や時間などのエネルギーを意識して使えるようにサポートしてくれます。

◎《9イエソドにお金や時間の使い方》のＰｏｉｎｔ

9イエソドでお金や時間の使い方を考えることで、普段社会や集合意識の中で循環しているお金や時間に意識を向けます。普段から見落としがちなのが、お金や時間の使い方です。お金や時間は、常に流れているものであり、人々と共有しているエネルギーです。無意識でいると、集合意識の影響を受けてしまうこともあるのです。

お金や時間など細かいことを考えるのが苦手な人も多いかもしれませんが、9イエソドの考え方を身につけるのは、集合意識の影響を受けないエネルギーの境界をつくるという意味があります。ある程度、自分のお金や時間の管理ができると、それらに影響されなくなり、逆に物事をもっとスムーズに実現させるために使えるようになります。管理と言うよりもデザインするような感じで、無理なく自然に使えるようになればいいのです。

9イエソドを書いて、生命の樹の中央の柱（真ん中の1、6、9、10）が埋まりましたら、身体を表す生命の樹をイメージしてください。そして、あなたの身体の中心に中央の柱に書いたことをインプットしてください。そのイメージは、同時に宇宙と意識にも届いています。9イエソドの考え方を身につけて、お金や時間をあなたの思い通りにデザインしていきましょう。

8 ❼ネツァクに動機を

❼ネツァクには、「❶ケテルの欲しい気持ちと、❻ティファレトの願いごととの動機」を書きます。

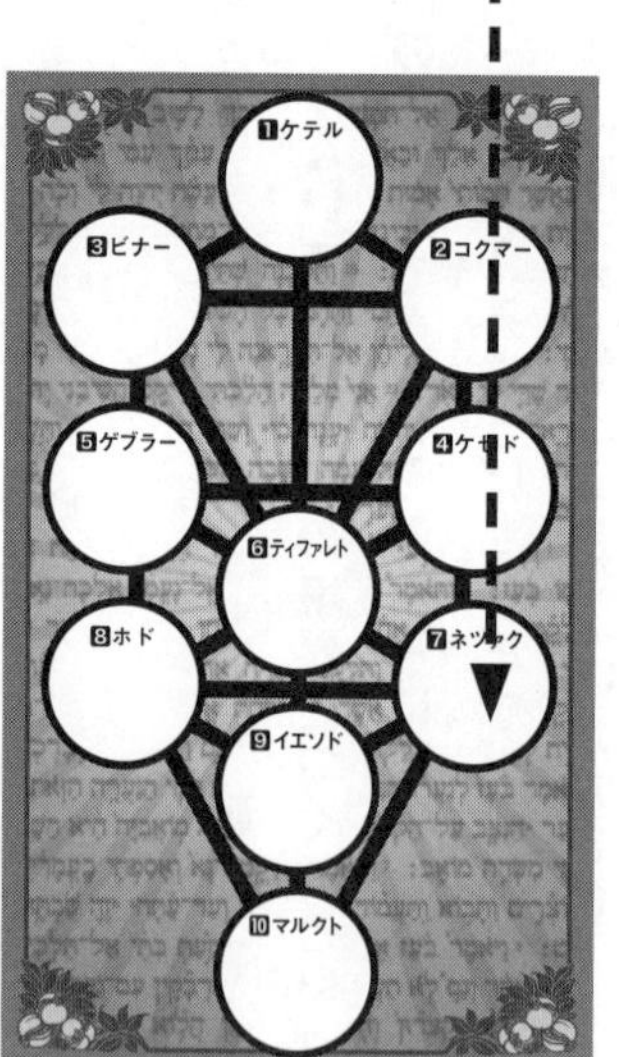

❼ネツァクには、欲しい気持ちと願いごとを書いたきっかけとなる思いを書きます。
心の中のどんな思いから、❶ケテルの欲しい気持ちが出てきましたか？
❻ティファレトの願いごとは、どんな思いが元にあって出てきたのでしょうか？

7ネツァクの動機は正直な思いであり、それ自体が自分を動かす波動やエネルギーです。自分の正直な思いがわかると、本当の願いや心からやりたいことがわかるようになっていきます。動機を見つめれば、自分をもっと深く知ることができるのです。

22日間のワークでは、7ネツァクの動機を考えることで、自分を知り、自分の波動やエネルギーを理解していきます。たくさんあってもいいので、素直な思いを正直に書いてみてください。

実際のつくり方の例として私は、1ケテルに「達成感を感じている私」と書きました。そして、6ティファレトの願いごとは「自分の仕事をもう少し発展させる」でした。

この2つが出てきた思いを素直に書きます。7ネツァクに書く動機は、

①心が温かく広がるワクワク感を実感したい
②素敵な人とたくさん出会って、人生を思いっきり楽しみたい
③日々充実して生きていきたい
④自分を応援する心を育てたい
⑤いつもご機嫌で良い気分でいたい

このように、心の思いを生き生きと表現してみましょう。たくさん書いてもＯＫです。

◎実際のつくり方の例《7ネツァクに動機》

7ネツァクに、「①心が温かく広がるワクワク感を実感したい　②素敵な人とたくさん出会って、人生を思いっきり楽しみたい」。このように書くのです。

7ネツァクは、「感情の場で、愛と美と喜びを表します。それは言葉にならない思いを感じる場」です。7ネツァクでは、心の奥で感じている正直な思いを表現します。正直な思いは実現の流れをスムーズにします。思いをそのまま表現できるようになると、感情が生き生きしてきます。感じる力がついて、もっと受け取れるようになるのです。

7ネツァクの惑星は金星で、愛、美、喜び、心地よさ、魅力、女性の象徴を表します。感じたことを純粋に言葉にできるようにサポートしてくれるのです。

◎《7ネツァクに動機》のＰｏｉｎｔ

7ネツァクのポイントは、きっかけとなった動機や思いを素直に純粋に表現することです。素直さや純粋さはとても美しく、人に喜びや感動を与えます。物語のように伝えられたきっかけはとても素敵ですし、聞いた人のハートに届いて周りに伝わっていきます。7

ネツァクで考える動機とは、純粋で正直な気持ちです。純粋な気持ちは、愛と美と豊かさにつながるエネルギーです。このような本心とは、ハートの言葉であり、感情であり、波動なのです。

カバラ・生命の樹は、意識の女性的側面の受け取る力につながる教えです。

生命の樹のワークでは、7ネツァクの動機や1ケテルの欲しい気持ちなど、本心を大切にして、内側の女性性の力を引き出していきます。心で感じる思いを大切にすれば、たくさんの喜びや幸せを受け取れるようになるのです。

7ネツァクの考え方が身につけば、思いを素直に表現できるようになります。自分を愛するには、テクニックも修行も必要なく、ただ素直に自分の本心や感情を大切にすればいいのです。これは、わがままや自分勝手とは違います。自分の本心や感情を大切にすればするほど、人の本心や感情も大切にできる優しさや思いやりが溢れてきます。私たちの内面奥深くには、このような意識の女性的側面の力が在るのです。

生命の樹のワークは、女性性の力を開くことも目的としています。まずは22日間、自分に意識を向けること、本心や感情を大切にすることを身につけましょう。難しいことは何もありません。
外側ではなく自分自身に意識を向けて、本心や感情を大切にしながらワークをしていくと、女性性の力が目覚め、感じたり、受け取ったりする感性が開いていきます。どんなに頭が固い人（昔の私です）でも、半年くらいワークをすれば意識が変わり、変化が起こってくるでしょう。

願いを叶えるプロセスで人に応援されたり、人を動かしたりするのは、**7**ネツァクの素直で純粋な美しい思いです。美しさは、愛や喜びを感じさせ豊かに広がっていきます。人が感動するのは、志や目的意識やきっかけとなった動機ですが、最も心動かされるのは、その目的に至った美しい思いなのです。子どもの素直さや純粋さに触れると、心から感動すると思います。それと同じで、その人が実現したい願いの奥の美しい思いを感じた時に人は応援してくれるのです。

❹ 9 ケセドに分かち合えることを

❹ケセドには、「22日間のワークで、自分や周りの人たちと分かち合えるメリット」を書きます。

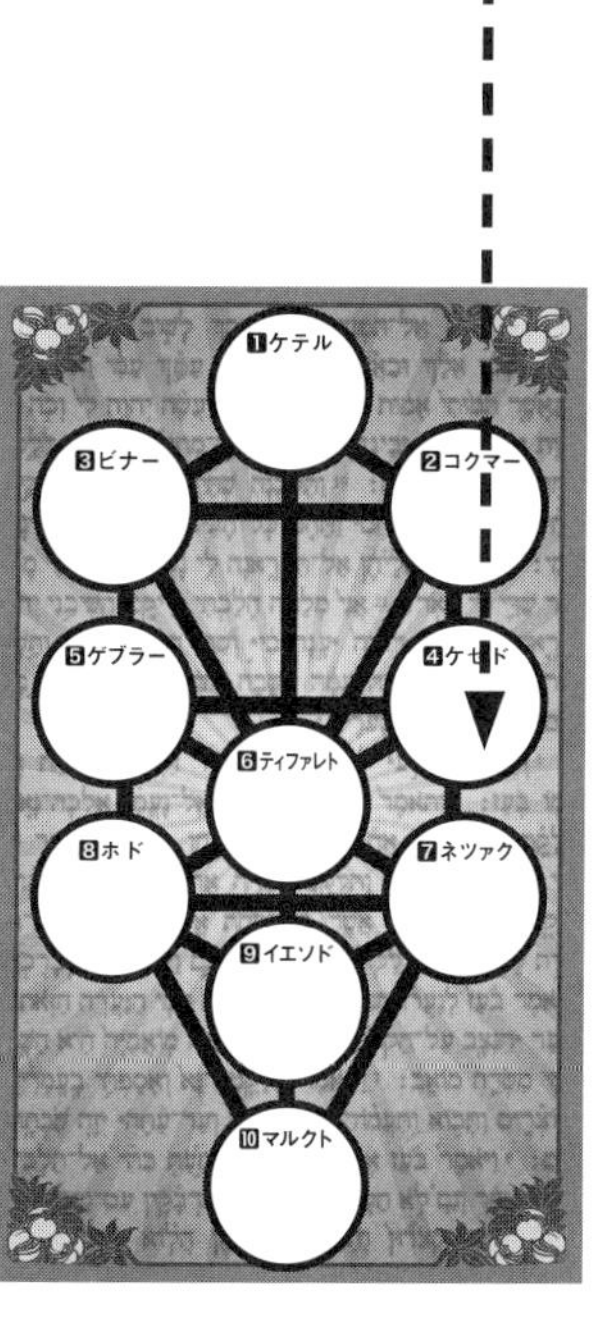

22日間のワークをした後、自分や周りの人たちにどんな良いことがあるでしょうか？少し先の未来で受け取ることができるメリットをイメージしてみましょう。ワクワクしながら、たくさんのメリットを書いてみてくださいね。

◎実際のつくり方の例《4ケセドに分かち合えること》

4ケセドに、「①自分も周りもワクワク感でいっぱいになる　②22日間のワークで受け取ったこと　③もっと楽しいことに気づけるようになる」と書きました。

4ケセドは、「優しく包み込む愛、拡大と発展のエネルギーの場」です。

4ケセドでは、22日後の自分や周りの人たちと分かち合えるメリットを考えることで、ワクワク感や前へ進む明るいエネルギーを感じてみます。受け取った素敵なことを周りの人と分かち合うイメージを膨らませてみてください。ワクワク感や楽しい気持ちを感じられれば、22日間のワークが充実して、たくさんのメリットを受け取ることができるのです。

4ケセドの惑星は木星で、発展、拡大、増加、豊かさ、成功、信念、楽観を表します。心を開いて未来をイメージしたり、ワクワク感が出てくるようにサポートしてくれます。

◎《4ケセドに分かち合えること》のＰｏｉｎｔ

実際に22日間のワークをした後は、たくさんのメリットを受け取ることでしょう。このメリットは自分だけではなく、周りの人とも分かち合うことができ、自分にしかできないことに導いていきます。素敵なことや楽しいことなど、心地よいことはどんどん広がっていきます。4ケセドのメリットを考える時は、未来において、広がったり、増えたり、発展させたいと思う心地よいことをいろいろとイメージしてみてください。

メリットをイメージすると、前に進むエネルギーが出てきますし、良い気分をもたらして、その気分が受け取る準備を整えます。

❹ケセドの分かち合えることや⑩マルクトの未来の先取りは、未来のイメージを書く場所です。この２つの考え方を身につけると、未来を豊かにイメージできるようになっていきます。未来につながるのがうまくなり、進んでいくための導きを受け取れるようになるでしょう。

22日間のワークで自分に意識を向けて過ごすと、日々たくさんの素敵なことや楽しいことに気づいていきます。多くの人がワークをやってみて、与えられているたくさんのことに気づくようになった、毎日が楽しくなった、受け取ることがうまくなったと言います。受け取ることがうまくなると、喜びや感謝が湧いてきて、さらに良いことが起こってきます。充分に幸せなことに気づけると、安心感に満たされて、幸せになろうなろうと焦って追い求めることがなくなります。

5 10 ゲブラーに応援することを

最後は、5ゲブラーに、「欲しい気持ちを得られないマイナスの要因」を書きます。

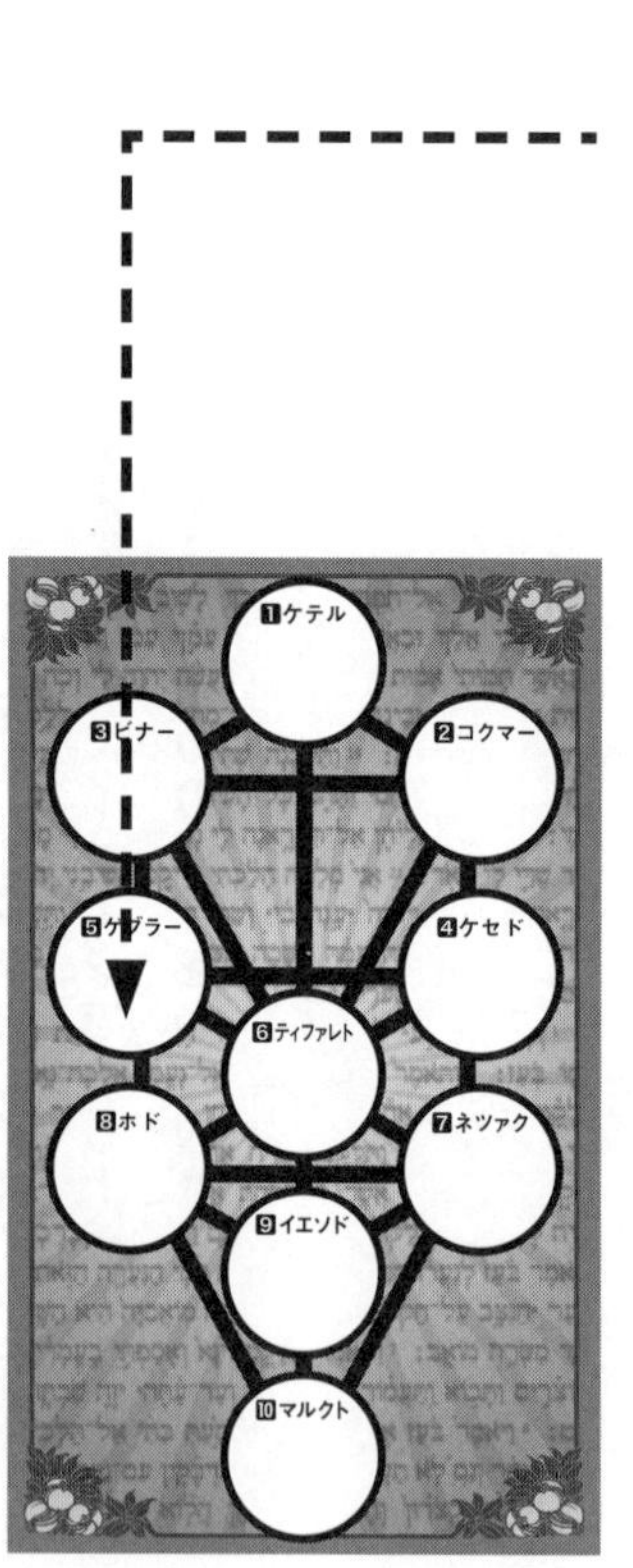

欲しい気持ちにつながれない障害や制限となっていることを書きます。恐れや不安や心配ごと、否定的な思いなどの負の要素を正直に書きます。マイナスの要因、デメリットを書くのです。これを書くのは、自分に寄り添って応援するためです。客観的な視点で冷静に考えることで、実現の障害となっている心の抵抗と折り合いをつけることができます。

◎実際のつくり方の例《5ゲブラーに応援すること》

5ゲブラーに、「①時間がない　②不安になる　③集中できない」などと書きます。

5ゲブラーは、「厳しく磨く愛、独立と集中のエネルギーの場」です。

ワークの最後では、22日間のワークで感じるマイナスの要因やデメリットを考えます。不安なことや抵抗を感じることを正直に表現してみましょう。デメリットを書くことで、自分の弱さに向き合うのです。どうにもならないことはあきらめたり、執着を手放したり、心の抵抗を認めたりして、スムーズに進めるように必要な応援をします。

5ゲブラーの惑星は火星で、行動力、力の表現、闘志、怒り、勢い、推進力、新しいものに取り組む意欲、男性の象徴を表します。5ゲブラーの火星は、変容の力をうまく使えるようにサポートしてくれます。

◎《5ゲブラーに応援すること》のＰｏｉｎｔ

5ゲブラーの火星は、火の力、男性性や行動力、エネルギーなどのパワーを表します。火は錬金術の象徴で、変容の炎を表しています。火の力をうまく使えば、まったく新しいものを生み出すことができますし、使えなければ、すべてを焼き尽くし破壊します。火の

力がマイナスに働いてしまったら、怒りや憤りの感情に飲み込まれたり、攻撃や破壊の力として出てしまいますが、プラスに働いた場合は、怒りや憤り、悲しみ苦しみなどの感情をニュートラルなエネルギーに変容できます。5ゲブラーをマスターすれば、変容の力と知恵を手に入れることができるのです。

受け取りの生命の樹は、最後にマイナスの要因を表現して完成させます。

多くの人は、マイナスの要因は心の奥に抑え込んで、見ないようにして進みます。恐いものや問題などの障害を無視しようとするものです。

生命の樹のワークは、マイナスの要因を、実現に必要なエネルギーとして使いながらゴールへと進みます。心の抵抗となっているマイナスの要因に寄り添って、戦うのではなく応援します。工夫して変容させるこのプロセスをたどることで、欲しい気持ちにつながる波動の自分に成長していきます。

マイナスの要因をエネルギーに変容する5ゲブラーの力や火星の力をうまく使うには、マイナスが在ることを認め抑圧するのをやめます。自分と戦ったり、抑圧したり、無視しないで、弱さに寄り添うようにするのです。

多くの人が、5ゲブラーにマイナスの要因やデメリットを書くことで、心が落ち着いたと言います。それまでどんなに「引き寄せの法則」の実践や自己啓発のワークをしても成果が出なかった人が、生命の樹のワークをするうちに成果を出せるようになるのは、5ゲブラーで、心の抵抗を受け入れて、マイナスをエネルギーとして使うことを身につけていくからです。心の中に「願いを叶えたくない、変わりたくない」という抵抗があることを認めていくのです。こうして受け取れない原因の心の抵抗を溶かしていきます。

自分に意識を向けて過ごす22日間は、恐れや弱さを優しさや強さに変容させるプロセスです。変容のプロセスはそれまでの意識を変えてくれるのです。願いを実現する鍵は、5ゲブラーの変容の力をマスターすること。マイナスの要因を敵ではなく味方にする工夫をしながら、知恵と力にすることが願いを実現させる秘密なのです。

実際のつくり方の例では、5ゲブラーに次のように書きました。

◎ 実際のつくり方の例 《5ゲブラーに応援すること》

5ゲブラーに、「①時間がない ②不安になる ③集中できない」。と書きました。22日間、これらのことに対して応援できることを工夫してみます。

① 時間がない

どうしたら時間がつくれるか考えて、ほんの少しでも時間をつくる工夫をします。朝少し早く起きる、ネットを見る時間を減らす、付き合いでやっていることをやめる、などをしてみます。

② 不安になる

これはもう仕方がないことだと受け入れます。どうこうしようとするのをやめて、不安なまま進んでいく、開き直る！（笑）など、不安に寄り添ってみます。

③ 集中できない

集中する工夫をして取り組みます。自分のスペースを集中できる環境に整える、外で作業する、静かなスペースを借りてみる、などをしてみます。どうにもならないことは執着しないのが一番です。どうしても集中できない場合は、作業をしないのもひとつの手です。心の問題から来ているのであれば、癒しや解放のワークに取り組むなど、一番楽になれることを考えてみます。

このように、5ゲブラーのマイナス要因には、成長する伸びしろや創意工夫するチャレンジを通して、成長のチャンスが秘められているのです。

生命の樹のワークが成果を出すのは、どのタイプの意識もバランス良くまとめる生命の樹の仕組みによるからだと思います。特に、5ゲブラーの変容の火の力を身につけた人は、どんな負の要素もエネルギーとして使うことができ、次々と物事を実現させていきます。変容の火の力を扱えると、問題や障害となる恐れやマイナスの感情をマスターできるのです。感情をコントロールするのはとても難しいのですが、5ゲブラーの考え方や力を身につけると、マイナスの感情にコントロールされるのではなく、力と知恵として使うことができます。これが錬金術の変容の働きのことなのです。

生命の樹のワークは、ここまでの10の順番で、それぞれの丸に考え方を書いていきます。10の丸の考え方、ポイントを押さえながら、意識の中で青写真をつくります。きっちりと計画する必要はありません。遊びのない青写真はかえって逆効果になります。

このワークは、計画書ではなく、デザイン画としてイメージしてください。厳格に管理するのではなく、気軽な感じでデザインするのです。いろいろ考えるのは、難しく考えるためではなく、頭を柔軟にしてアイデアを出しやすくするためです。言葉を書くことで心の中にあるものを出して、整理しながら頭をスッキリさせるためのワークですので、深刻すぎたり真面目すぎるのはNG。ワークは、楽しく軽く面白くやりましょう。受け取りの生命の樹を「受け取る器のパズル」のようにイメージして、書く作業を組み立てる遊びだと思ってくださいね。

4章の最後で生命の樹のワークをまとめていますので、参考にしてみてください。

生命の樹をつくった後は

受け取りの生命の樹をつくった後は、色を塗ったり、絵を描いたり、浮かんだ言葉を書いたりしてみましょう。湧き上がってくることをどんどん表現して彩りを添えてみてください（68頁参照）。感じるままに色を塗ったり、絵を描いたりして、イメージをより豊かにすることで、形にする力がどんどんつくられていきます。

ワークは楽しみながらやることがポイントです。人が楽しい所に行きたいように、宇宙の力も楽しいエネルギーに集ってきます。ぜひ、良い気分で、生命の樹を豊かにしてくださいね。

カバラの奥義の「上に在るものは下に在る」は、こうしたシンプルなワークで実現していくのです。

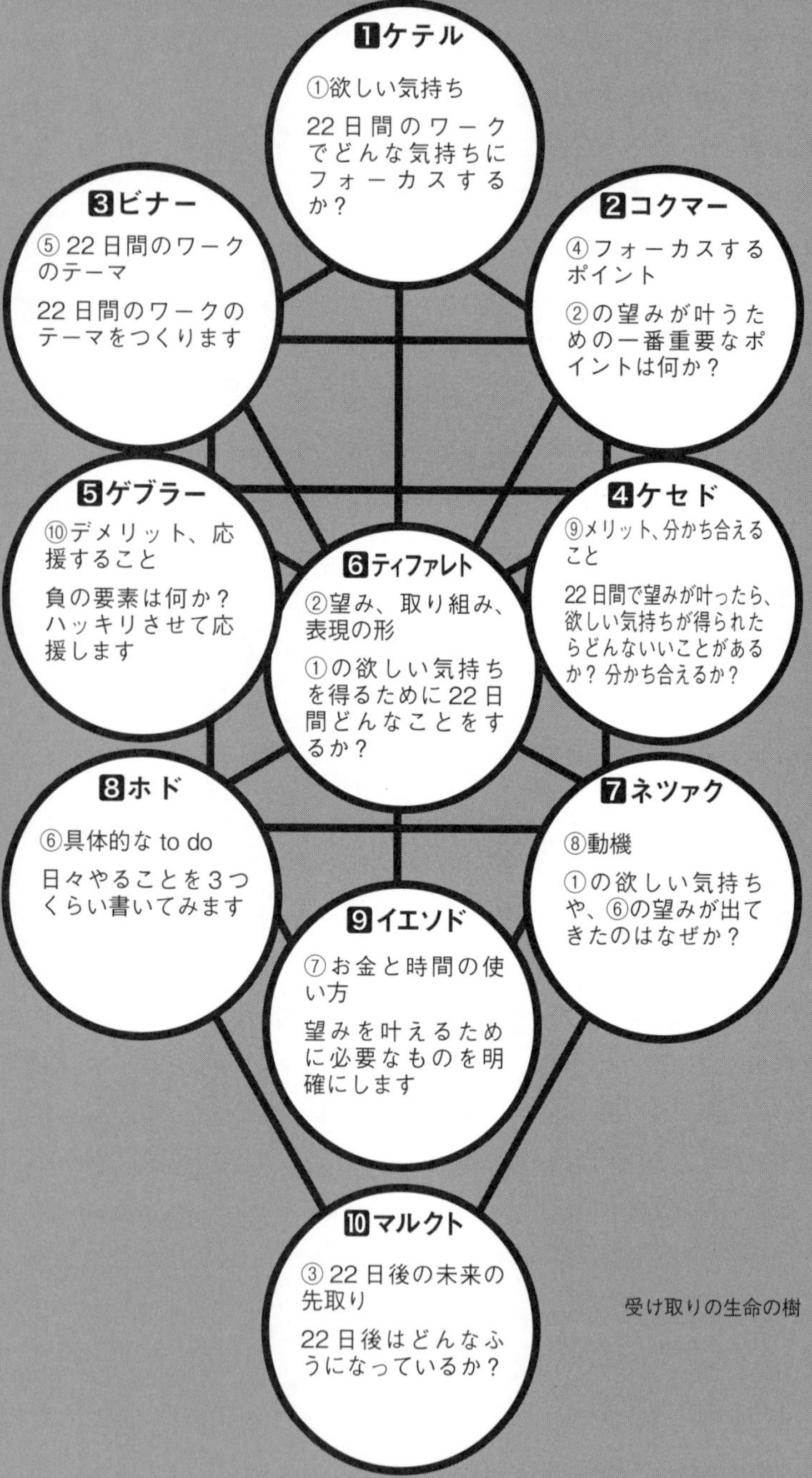

1ケテル

①欲しい気持ち

22日間のワークでどんな気持ちにフォーカスするか？

2コクマー

④フォーカスするポイント

②の望みが叶うための一番重要なポイントは何か？

3ビナー

⑤22日間のワークのテーマ

22日間のワークのテーマをつくります

4ケセド

⑨メリット、分かち合えること

22日間で望みが叶ったら、欲しい気持ちが得られたらどんないいことがあるか？ 分かち合えるか？

5ゲブラー

⑩デメリット、応援すること

負の要素は何か？ハッキリさせて応援します

6ティファレト

②望み、取り組み、表現の形

①の欲しい気持ちを得るために22日間どんなことをするか？

7ネツァク

⑧動機

①の欲しい気持ちや、⑥の望みが出てきたのはなぜか？

8ホド

⑥具体的な to do

日々やることを3つくらい書いてみます

9イエソド

⑦お金と時間の使い方

望みを叶えるために必要なものを明確にします

10マルクト

③22日後の未来の先取り

22日後はどんなふうになっているか？

受け取りの生命の樹

受け取りの生命の樹の具体例

生命の樹のワークは、やりたいこと、欲しいものといった願いごとがよくわからなくても大丈夫です。

このワークは、従来のやり方の願いごとを明確にしましょうとか、取り組むことを具体的に決めましょうというのとは「違う前提」でスタートします。その前提とは、願いごとではなく、「欲しい気持ち」です。このワークは、願いごとや取り組みという形ではなく、心を優先するワークです。気持ちに寄り添うワークなので、願いごとがわからない人や、やりたいことが浮かばない人でも気軽につくることができるのです。

願いごとややりたいことがわからない人でも、ワークをしていくと、気持ちにつながって、本当の願いや、やりたいことがだんだん出てくるようになります。このワークは、気持ちを大切にするやり方なので、やっていくと、だんだん自分のことがわかっていくのです。

自分の気持ちをわかってもらえたら、ハートがぱ〜っと開いて、わかってくれた人に信頼感が生まれてくると思います。自分との関係もそれと同じで、自分の気持ちを自分がわかってあげた時、ハートが開いて本当の願いがわかるのです。

自分とつながるということは、自分を受け入れ、自分の価値を見つけることでもあります。

この自分の価値について、Having, Doing, Being という解説があります。

① Having ＝出した結果に価値がある
② Doing ＝行動したことに価値がある
③ Being ＝存在することに価値がある

願いごとには、自分の価値をどのように思っているかが影響しています。

願いごとの前提は、自分には価値がないと思っているのか、自分には価値があると思っているのかで大きく変わってくるのです。

自分の価値を感じる3つの意識は、次のような願いごととして出てきます。

①Having＝所有、形にフォーカスした願いごととして出てくる
②Doing＝行動にフォーカスした願いごととして出てくる
③Being＝在り方にフォーカスした願いごととして出てくる

それぞれの意識の段階を説明します。

①Having＝所有、形にフォーカスした願いごととは、核となるものが曖昧で、何か形を求めている状態で、物質を手に入れることで安心や喜びを得ようとする意識から出てきたものです。足りないという前提がスタートになっていることが多く、0から1を見いだす意識の段階であり、ここでは物を所有したり形から入ったりして成長していきます。

ここから出てくる願いごととは、手段方法や物質を所有することに意識が向いている願いごとです。

②Doing＝行動にフォーカスした願いごととは、見えている核となるものに向かって、努力したり、行動したりする意識から出てきたものです。核となるものは見えているけれ

ど足りないと思うため、自ら動くという能動の力が主体になっていることが多く、1から10に進んでいく意識の段階です。

ここでは行動することで成長していきます。ここから出てくる願いごとは、欲しいものが明確であったり、やることが具体的にわかっている願いごとです。

③Being＝在り方にフォーカスした願いごととは、核そのもの、ありのままの自分である意識から出てきたものです。充分に在るという前提があり、してもらえる、受け取るという受動の力が主体になっています。自分を超えた出来事を受け取る余裕があり、喜びに満たされながら成長していきます。10から100にも1000にも1万にも、未知数に拡大する意識の段階です。

ここから出てくる願いごとは、ありのままの自分からフッと出てくる、あるいは宇宙からすっと降りてくる願いごとです。ちらっと思うだけ、そんな願いごとでもあり、自然体でありながら、すべてが向こうからやってくるような願いごとです。人によっては、授かったかのような、そうなることが決まっていたかのような、運命とも言える願いごとですらあるのです。

それぞれの意識の段階ではどういった受け取りの生命の樹になるか例を挙げますので、参考にしてみてください。

良い悪いではなく、成長にはそれぞれの段階がありますので、どの段階の願いごとも素晴らしいものです。その段階ごとに、ベストを尽くして取り組めば次の段階へと進んでいきます。そして、自分の意識の段階とそこから出てくる願いごとのパターンを知ることで、もっと自分らしい自然な願いごとをつくれるようになります。

①Having 所有、形にフォーカスした願いごと

①Having ＝所有、形にフォーカスした願いごとは、欲しい気持ちが明確でない状態から出てくる願いごとです。そもそも欲しい気持ちを考えていない、わかっていない状態での願いごとで、手段方法や物の所有に意識が向いているパターンです。この場合は、ゴールにたどりつけないか、あるいは、よくわからないまま22日間が過ぎていくといったことが起こります。

【ブログを始めたいMさんのパターン】

私が出会った多くの人は、ブログをやりたいという願いごとをお持ちでした。どうしてやりたいのですか？　ブログをやることで、どんなことを望んでいますか？　とお聞きすると、はっきりした答えが出ない人もたくさんいました。

Mさんもそのようなパターンでした。

ブログを始めたいという願いごとがあるものの、なぜやりたいか、ブログを始めることの先に何を望んでいるのかが漠然としていたのです。欲しい気持ちを考えたこともないということでした。願いごとについて深めていくと、ブログをやることで、自分を表現したい、わかって欲しいという気持ちがあることに気づいていきました。足りないという気持ちや焦りの気持ちがあることにも気づいていくことができました。

初めて自分の願いを叶えることをやってみようという多くの人がこのような願いごとのパターンで、生命の樹のワークの初歩的なパターンです。

また、現実的には、ブログをやりたい多くの人が、そもそもブログのやり方がわからないか、もしくは伝えたいことが曖昧なためにできないでいました。Mさんの場合は、伝えたいことが曖昧なのでできないということでしたので、それに取り組む受け取りの生命の樹をつくりました。まずは、欲しい気持ちを「自分に自信を感じられる」に決めて、そこからスタートしてつくっていきましたが、曖昧な部分を考えることで、イメージが明確になったとのことでした。

初めて自分の願いを叶えることをやってみようという人の多くが、❻ティファレトの願いごと以外はほとんど考えたことがないと言います。思考も明確でなく、イメージもぼんやりしています。特に、ほとんどの人が、❶ケテルの欲しい気持ちを考えたことはありませんでした。これは、ただ漠然とブログを始めるという形であったり、何か欲しいものを手に入れるといった① Having に意識が向いている状態です。そして、願いごとの前提には足りないという意識があります。

生命の樹のワークでは、どんな願いごとであれ、まずは欲しい気持ちを考えます。欲しい気持ちを明確にして、願いごととつなげます。これをすることで、足りないという前提から始めてしまう悪循環から抜け出して、願いが叶うプロセスをつくることができるのです。また、初めに欲しい気持ちというポイントをはっきりさせることで、みなさんイメージが明確になっていきます。

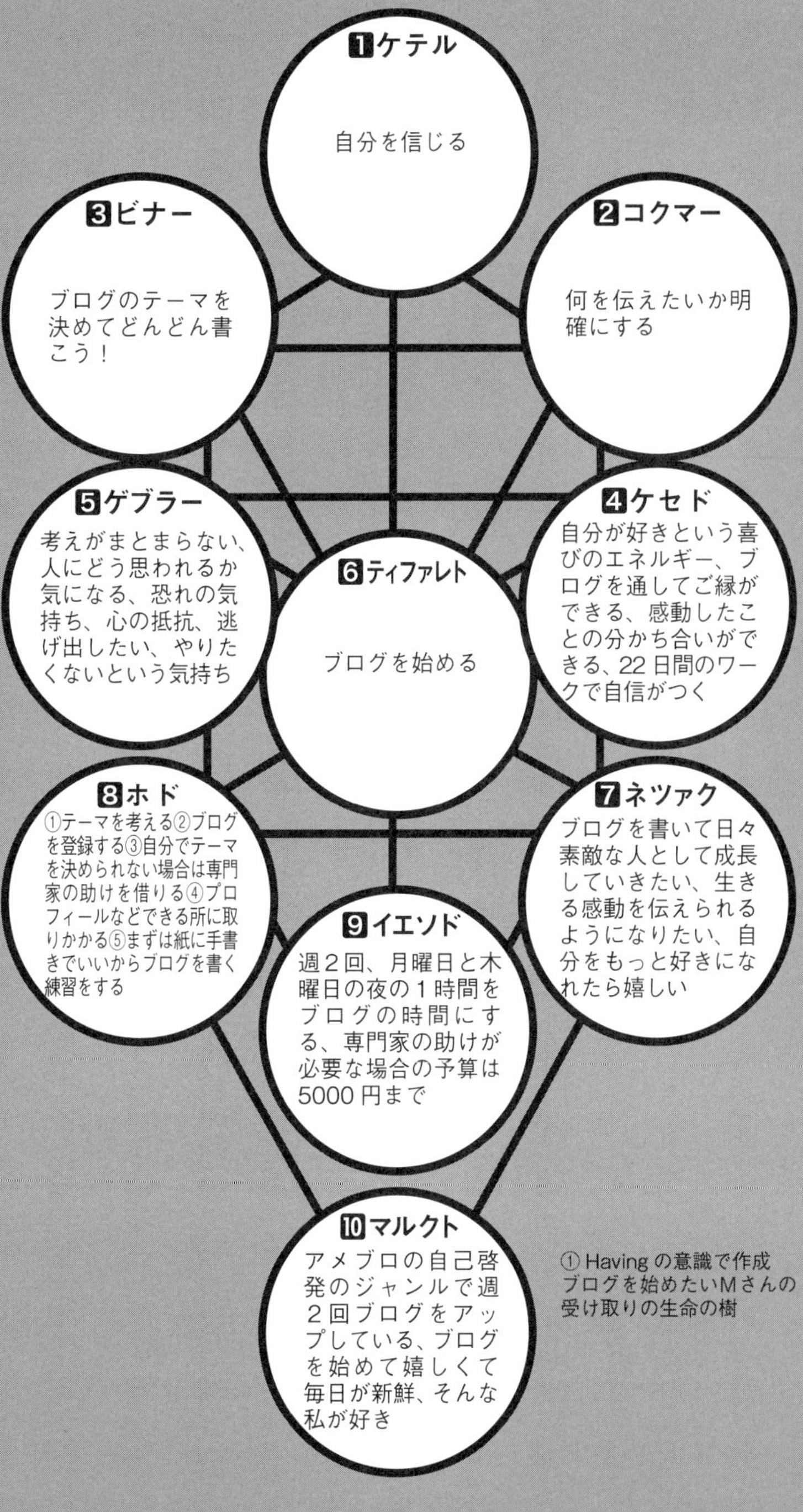

❶ケテル

自分を信じる

❷コクマー

何を伝えたいか明確にする

❸ビナー

ブログのテーマを決めてどんどん書こう！

❹ケセド

自分が好きという喜びのエネルギー、ブログを通してご縁ができる、感動したことの分かち合いができる、22日間のワークで自信がつく

❺ゲブラー

考えがまとまらない、人にどう思われるか気になる、恐れの気持ち、心の抵抗、逃げ出したい、やりたくないという気持ち

❻ティファレト

ブログを始める

❼ネツァク

ブログを書いて日々素敵な人として成長していきたい、生きる感動を伝えられるようになりたい、自分をもっと好きになれたら嬉しい

❽ホド

①テーマを考える②ブログを登録する③自分でテーマを決められない場合は専門家の助けを借りる④プロフィールなどできる所に取りかかる⑤まずは紙に手書きでいいからブログを書く練習をする

❾イエソド

週２回、月曜日と木曜日の夜の１時間をブログの時間にする、専門家の助けが必要な場合の予算は5000円まで

❿マルクト

アメブロの自己啓発のジャンルで週２回ブログをアップしている、ブログを始めて嬉しくて毎日が新鮮、そんな私が好き

① Havingの意識で作成
ブログを始めたいMさんの受け取りの生命の樹

1 **❶ケテルに欲しい気持ち** 自分を信じる

2 **❻ティファレトに願いごと** ブログを始める

3 **❿マルクトに22日後の未来の先取り** アメブロの自己啓発のジャンルで週2回ブログをアップしている。ブログを始めて嬉しくて毎日が新鮮、そんな私が好き

4 **❷コクマーにフォーカスのポイント** 何を伝えたいか明確にする

5 **❸ビナーに22日間のワークのテーマ** ブログのテーマを決めてどんどん書こう！

6 **❽ホドに具体的なｔｏ ｄｏ**

①テーマを考える
↓ポイント1　一番重要なことを一番にやる

②ブログを登録する
↓ポイント2　すぐにできる小さなことを実行する

③自分でテーマを決められない場合は専門家の助けを借りる

↓ポイント3　人の助けを借りる

④プロフィールなどできる所に取りかかる

↓ポイント4　完璧を目指さない

⑤まずは紙に手書きでいいからブログを書く練習をする

↓ポイント5　小さな行動を始めて、新しいことを始めた自分を応援する

7 **❾イエソドに基礎となること／お金と時間のエネルギー**　週2回、月曜日と木曜日の夜の1時間をブログの時間にする。専門家の助けが必要な場合の予算は5000円まで

8 **❼ネツァクに動機**　ブログを書いて日々素敵な人として成長していきたい。生きる感動を伝えられるようになりたい。自分をもっと好きになれたら嬉しい

9 **❹ケセドに分かち合えること**　自分が好きという喜びのエネルギー。ブログを通してご縁ができる。感動したことの分かち合いができる。22日間のワークで自信がつく

10 **❺ゲブラーに応援してあげること**　考えがまとまらない。人にどう思われるか気になる。恐れの気持ち。心の抵抗。逃げ出したい、やりたくないという気持ち

②Doing 行動にフォーカスした願いごと

②Doing＝行動にフォーカスした願いごとは、願いごとや取り組みたいことが明確な状態から出てくる願いごとです。欲しい気持ちがわかっていて、願いごとや取り組みたいこととつながっていて、それを実現しようとする行動に意識が向いているパターンです。

①Havingの段階を超えると、受け取りの生命の樹を明確に考えられるようになります。このパターンでは、すべての場が明らかに書かれていて設計図のようになります。願いごとや取り組みたいことが明確にイメージでき、後は行動あるのみ。生命の樹のワークが、受け取ることと行動することのバランスをとって、スムーズに進めるようサポートします。

【原稿を書きたい私のパターン】

私のつくった受け取りの生命の樹は、願いごとや取り組みたいことが明確な人のパターンです。叶えたいことが明確なので、ひとつひとつを書いていくだけでもかなり現実化が進みます。ただし、わざわざ生命の樹のワークをやろうとする背景には、やはり何かスムーズに叶えられない原因があるかと思います。その場合は、生命の樹をつくる時に、

①**2**コクマーのフォーカスのポイントをよく考える
②左脳の具体的な思考が弱いのか、右脳を使ったイメージすることが弱いのかを知る
③左脳が弱ければ、具体的に考える取り組みを工夫する
④右脳が弱ければ、イメージする取り組みを工夫する
⑤心理抵抗を受け入れる、あるいは外すことに取り組む

これらのことをやってみてください。私の場合は、未来のイメージが弱かったのと、心理抵抗が原因で進むことができませんでした。どんなに願いごとや取り組みたいことが明確でも、こうした原因がある場合、思うように進めないのです。行動に向かっている意識を、欲しい気持ちや22日後の未来、分かち合えるメリットなど自分自身の在り方にフォーカスすることでエネルギーが動きます。そして、どの段階の願いごとも、まず初めに欲しい気持ちを決めてからスタートします。

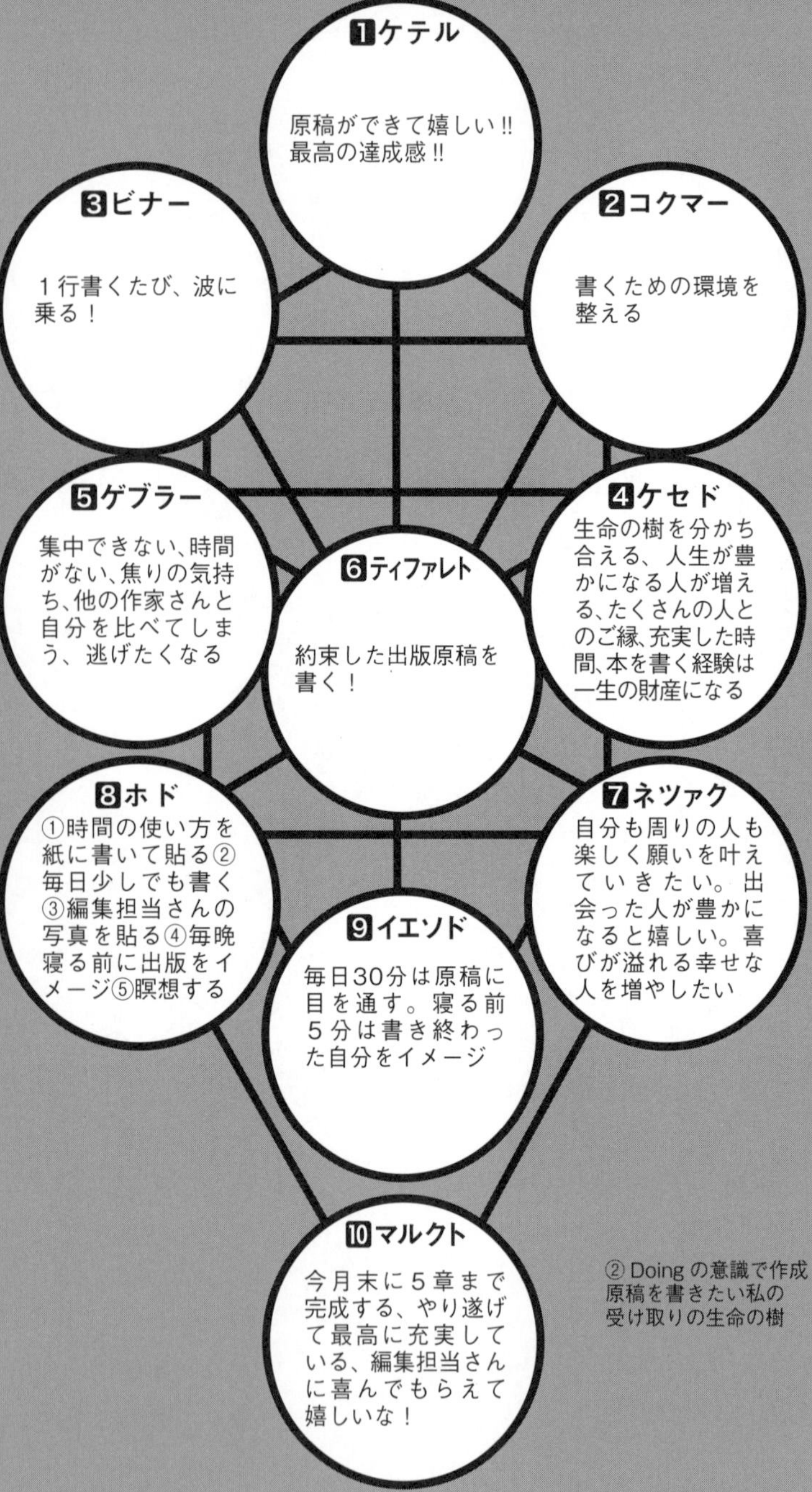

❶ケテル

原稿ができて嬉しい!!
最高の達成感!!

❷コクマー

書くための環境を整える

❸ビナー

1行書くたび、波に乗る！

❹ケセド

生命の樹を分かち合える、人生が豊かになる人が増える、たくさんの人とのご縁、充実した時間、本を書く経験は一生の財産になる

❺ゲブラー

集中できない、時間がない、焦りの気持ち、他の作家さんと自分を比べてしまう、逃げたくなる

❻ティファレト

約束した出版原稿を書く！

❼ネツァク

自分も周りの人も楽しく願いを叶えていきたい。出会った人が豊かになると嬉しい。喜びが溢れる幸せな人を増やしたい

❽ホド

①時間の使い方を紙に書いて貼る②毎日少しでも書く③編集担当さんの写真を貼る④毎晩寝る前に出版をイメージ⑤瞑想する

❾イエソド

毎日30分は原稿に目を通す。寝る前5分は書き終わった自分をイメージ

❿マルクト

今月末に5章まで完成する、やり遂げて最高に充実している、編集担当さんに喜んでもらえて嬉しいな！

② Doingの意識で作成
原稿を書きたい私の
受け取りの生命の樹

1　**❶ケテルに欲しい気持ち**　原稿ができて嬉しい‼　最高の達成感‼

2　**❻ティファレトに願いごと**　約束した出版原稿を書く！

3　**❿マルクトに22日後の未来の先取り**　今月末に5章まで完成する。やり遂げて最高に充実している。編集担当さんに喜んでもらえて嬉しいな！

4　**❷コクマーにフォーカスのポイント**　書くための環境を整える

5　**❸ビナーに22日間のワークのテーマ**　1行書くたび、波に乗る！

6　**❽ホドに具体的なｔｏ ｄｏ**

①時間の使い方を紙に書いて貼る
↓ポイント1　一番重要なことを一番に

②毎日少しでも書く
↓ポイント2　小さなことを少しずつ

③編集担当さんの写真を貼る

↓ポイント3　一瞬でスイッチが入るシンボルを持つ

④**毎晩寝る前に出版をイメージ**

↓ポイント4　ワクワクすること

⑤**瞑想する**

↓ポイント5　書くことに集中できるように自分を整える

7　**9イエソドに基礎となること／お金と時間のエネルギー**　毎日30分は原稿に目を通す。寝る前5分は書き終わった自分をイメージ

8　**7ネツァクに動機**　自分も周りの人も楽しく願いを叶えていきたい。出会った人が豊かになると嬉しい。喜びが溢れる幸せな人を増やしたい

9　**4ケセドに分かち合えること**　生命の樹を分かち合える。人生が豊かになる人が増える。たくさんの人とのご縁。充実した時間。本を書く経験は一生の財産になる

10　**5ゲブラーに応援してあげること**　集中できない。時間がない。焦りの気持ち。他の作家さんと自分を比べてしまう。逃げたくなる

③Being 在り方にフォーカスした願いごと

③Being＝在り方にフォーカスした願いごとは、満たされた自分の状態から出てくる願いごとです。充分な喜びと安心の意識から自然に出てくる願いごとです。

ありのままの自分でいることに喜びと安らぎを感じていて、人生をそのまままるごと受け入れている意識の状態です。欲しいなあと思うことや、やりたいなあと思うことが純粋な意識から出てきて、とても自然です。願いごとと言うよりも、ただそう思う自然な望みです。

②Doingの段階を超えると、欲しい気持ちそのものが自分自身となり、ベストな時にベストな状態で願いごとが出てきて、人生を貫く志が心に固定されています。願いを叶えるというよりは、ただそうなっていくというすべてがうまくいっている循環の中で生きて

います。この段階の受け取りの生命の樹は、願いを叶えるプロセスが大きく発展し、人生そのものにまで成長したパターンです。

【「ありがとう農法」を日本中に広めたい私の友人の受け取りの生命の樹】

私の友人の受け取りの生命の樹は、友人の人生をかけた志を表しています。友人は、北海道の洞爺湖で「ありがとう農法」という自然農法をしています。そのきっかけは、最愛の息子の突然死でした。その出来事が意識を変え、たくさんの奇跡的なプロセスを経て、ありがとう農法が生まれました。

今やありがとう農法は、奇跡のりんごの木村さんと並ぶほどに世に知られ、日本中の人から応援されています。２０１５年には映画にもなり、２０１６年は本が出版されることになりました。

③Being ＝在り方にフォーカスした願いごとの説明に入る前に、ありがとう農法についてお伝えさせてください。「生命の樹と自然農法の話と何の関係があるの?」と思う人もいると思いますが、この農法は、無いから在るへの意識の変容から生まれました。在る、満ちている意識につながるだけで、信じられないくらい幸せな世界へ移行してしまうこと

を知って頂きたいと思います。ありがとう農法には、意識の変容の鍵があります。私が生命の樹を理解できたのは、友人の体験の中に意識の変容の鍵を見つけたからなのです。多くの人が、自分にしかできないことを探しています。これからお伝えする古い意識から新しい意識への変容の鍵が何かのヒントになれば嬉しいです。

北海道洞爺湖町佐々木ファーム「ありがとう農法」のお話
～生涯の願いを表した生命の樹～

北海道洞爺湖町に佐々木ファームという農場があります。社長は村上貴仁さんで、奥さんのさゆみさんが私の友人です。佐々木ファームは、日本中のお客さまから愛されている愛と喜びが溢れる奇跡の農場で、ありがとう農法という方法で野菜をつくっています。

さゆみさんは何代も続く大型慣行農法の農家の長女として生まれました。結婚後、ご主人と一緒に農業をやることを決意。実家の農家で働き始めたのですが、いざ農業を始めると、本人たちは自然農法をしたい、実家は従来の慣行農法が当たり前と、まったく違う価値観のぶつかり合いが始まりました。互いの価値観を正しい、間違っていると責め合う日々はまるで戦争のようでした。正しい、間違っているという意識は、争いをつくり出し、事故やケガの元となり、多額の借金をつくってしまいました。そんな中、息子の大地君が、突然天国へ旅立ってしまったのです。まさに世界の終わり、すべてが消えて無くなってしまった、想像を絶する悲しみと絶望がさゆみさんを襲ったのです。

その出来事が意識の転換点となりました。ただひたすらに、ありがとう、ありがとう、ありがとうと唱えることで生きていたと言います。そうしているうちに、どんどん奇跡が起こり始め、その奇跡のプロセスの中で、ありがとう農法が生まれました。

ありがとう農法は、ありがとう、ありがとう、ありがとう、と声をかけて野菜を育てる農法です。大地君が亡くなった時にさゆみさんやご主人を支えた「ありがとう」の言葉。そのエネルギーが、自分たちにしかできないことへ導いたのです。

その頃を振り返って、さゆみさんはこう言います。

「とにかく必死にがんばっていた。人よりもがんばって、なんとしてもがんばって結果を出せば幸せになれると思っていた。だから、いつも必死に走っていた感じだね。農業で言えば、大量につくって大量に売ればうまくいくという考え方だよね。疲れても苦しくても一生懸命がんばること。そうしなければならない。正しくなければならない。いつも足りない足りないと無いことばかり目が向いて、あの人がこうだったらいいのに、あの時こうだったから今うまくいかないんだ、と不平不満でいっぱいだった。

そして、ただひたすらにありがとうと言うようになって、目の前のことを見ていったら、たくさんの在るものに気づいていったの。すべてはもうすでにそこに在った。充分に、自然はすべてを与えてくれていたことに気づくことができた。足りない足りない、無い無いと追い求めていたけれど、初めから充分に在るものが満ち溢れていたんだね。力を抜いて、起こってくることに従っていったら、信じられないほど、幸せな世界に移行してしまった。すべてのことが今につながっている奇跡。私たちはみんな、自分たちにしかできないことをして、愛と喜びを循環させる人生を送ることができる。心からそれを信じているし、そういう世界にしていきたい。それには、在ることに気づくこと。力を抜いて自然につながって生きること。正しい正しくないではなく、違いを認めて、循環の中で調和すること。そうすれば、あらゆることがうまくいく」

今、ありがとう農法で育てられた野菜は日本中で奇跡を起こしています。

ありがとう農法の野菜は、足りない、無いという恐れではなく、充分に満ちている、在るという愛のエネルギーでつくられているからです。絶望ではなく希望に、闇ではなく光につながる意識を引き出す野菜だからです。この農法の始まりは絶望でしたが、奇跡のプロセスに身を委ねていくことで、すべてが在る状態になったのです。さゆみさんや貴仁さんは、大地君の死後、一度空っぽになった自分たちに起こってきたことを受け取っていったのです。ひとつ、またひとつと、ありがとうの意識で受け取っていくうちに、足りない足りないといった、無いという不安や不満、不足の意識から、充分に満ちている、溢れる、在るという意識に変容したのだと思います。

佐々木ファームは、次から次へとあらゆることが向こうからやってきます。必要なことが必要な時に必要なだけ起こる。後はそれを受け取るだけ。そんな愛と喜びと安らぎが満ちて循環しています。

ありがとう農法には、新しい農業のヒントだけではなく、死と再生、闇から光、絶望から希望へ至る新しい意識に目覚めるヒントがあるのです。

さゆみさんは今、日本中で講演会に呼ばれて、このプロセスを伝える映画ができ、今年は本が出版されます。これからますます日本中に知られていくことでしょう。

私はさゆみさんの変容のプロセスで、生命の樹の無いから在るへの変容を確信しました。意識が無いから在るへ変わることで、自分にしかできないことに導かれていくようです。幸せな人生とは、力を入れて必死にがんばってつかみ取るのではなく、もうすでに在ることにどれだけ気づくことができるかにかかっていると思います。充分に在る、満ちている、完全である、この意識で、目の前のことに取り組んで、起こってくることを受け取っていけば、自分の居場所に運ばれていくのだと思います。

生命の樹は、受け取る力を引き出して、充分に在る意識につなげてくれることでしょう。

さゆみさんの受け取りの生命の樹は、短期の願いではなく、生涯の願いを表した生命の樹だったのです。

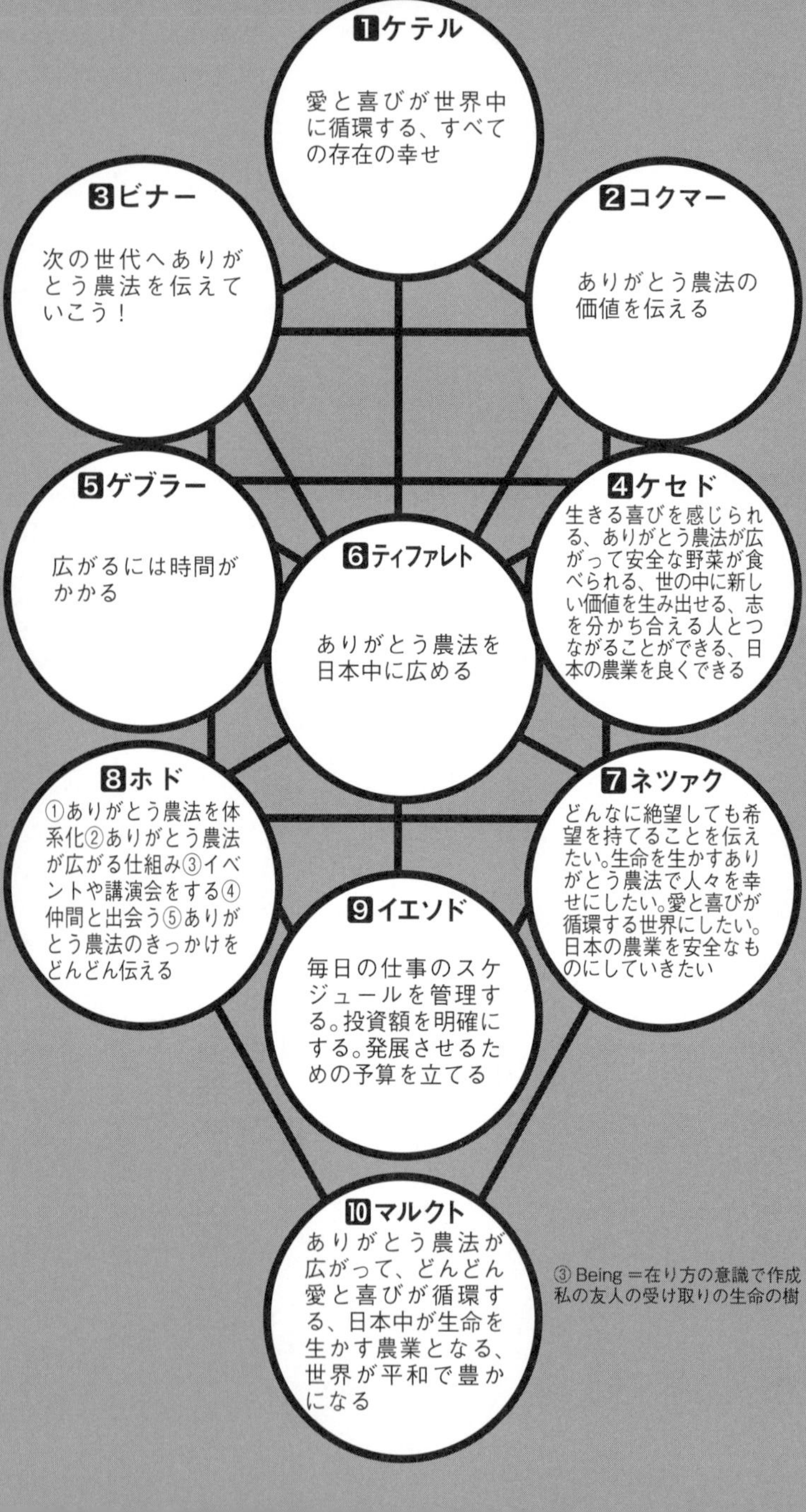

③ Being＝在り方の意識で作成
私の友人の受け取りの生命の樹

1 **❶ケテルに欲しい気持ち** 愛と喜びが世界中に循環する。すべての存在の幸せ

2 **❻ティファレトに願いごと** ありがとう農法を日本中に広める

3 **❿マルクトに22日後の未来の先取り** ありがとう農法が広がって、どんどん愛と喜びが循環する。日本中が生命を生かす農業となる。世界が平和で豊かになる

4 **❷コクマーにフォーカスのポイント** ありがとう農法の価値を伝える

5 **❸ビナーに22日間のワークのテーマ** 次の世代へありがとう農法を伝えていこう！

6 **❽ホドに具体的なｔｏ ｄｏ**

①ありがとう農法を体系化

↓ポイント1　一番重要なことを一番に

②ありがとう農法が広がる仕組み

↓ポイント2　仕組みをつくる

③イベントや講演会をする

↓ポイント3　知ってもらう機会をつくる

④ **仲間と出会う**

↓ポイント4　人の助けを借りる

⑤ **ありがとう農法のきっかけをどんどん伝える**

↓ポイント5　思いを発信する

7　**9イエソドに基礎となること／お金と時間のエネルギー**　毎日の仕事のスケジュールを管理する。投資額を明確にする。発展させるための予算を立てる

8　**7ネツァクに動機**　どんなに絶望しても希望を持てることを伝えたい。生命を生かすありがとう農法で人々を幸せにしたい。愛と喜びが循環する世界にしたい。日本の農業を安全なものにしていきたい

9　**4ケセドに分かち合えること**　生きる喜びを感じられる。ありがとう農法が広がって安全な野菜が食べられる。世の中に新しい価値を生み出せる。志を分かち合える人とつながることができる。日本の農業を良くできる

広がるには時間がかかる

10 5ゲブラーに応援してあげること

③Being の段階まで成長すると前向きな意識の状態となり、負の要素はあまり感じなくなります。大きな意識の状態では、生涯かけて実現させる受け取りの生命の樹になります。

願いを叶えるのはとてもシンプルなことです。イメージが明確になれば行動になり、自然に形になります。受け取りの生命の樹は、設計図となり、受け取る器になって、行動することや閃きを受け取ることをサポートしてくれます。つくった生命の樹は、意識すればするほどスイッチONとなり、見える世界と見えない世界をつないでいきます。家に帰ってスイッチONにしたら部屋の明かりがつくのとまったく同じように、意識したことは宇宙の力が働いて形になります。たとえ形にならなかったとしても、ワークをしたことで確実に一歩進んでいます。ワークでは次のポイントを押さえてください。

① 2コクマーのフォーカスのポイントを明確にすること
② 5ゲブラーのマイナスの要素を認めること
③ 8ホドの具体的なｔｏ ｄｏに取り組むこと

このワークは、潜在意識に新しい思考パターンをプログラムする練習ですので、小さくても確実な行動を積み重ねていきましょう。生命の樹は身体、宇宙、意識をつなげる働きをしますので、たとえ小さな行動であっても見えない世界に影響を与えています。そして、伝わった影響はいつしかあなたの元へ現実という形になって返ってきます。

ワークで願いを叶えるのはとても素敵なことですが、ワークの一番の目的は、ありのままでいることで自然に願いが叶ってしまう自分になることです。実例③Being＝在り方にフォーカスした願いごとにつながることがゴールです。

毎月のワークを積み重ねていくことで、自分とつながり、自分に価値を見いだしていくことができるでしょう。それによって、在り方が充実して自分の人生を生きていくことができるのです。ご一緒に、生まれた意味につながって生きることを目指して成長していきましょう。

受け取りの生命の樹のまとめ

◎受け取りの生命の樹のつくり方

1　【❶ケテル】に欲しい気持ちを

受け取りの鍵その1→欲しい気持ちからスタートする
正直な欲しい気持ちを書く

受け取りの生命の樹を書く時、一緒に宇宙のイメージングをしてみましょう。

あなたの受け取りの生命の樹に書いたことを、それぞれの丸に対応する惑星のエネルギーと一緒に創造のエネルギーとしてインプットします。その創造のエネルギーは地球に根づいて形をつくっていきます。

❶ケテルの惑星は海王星。

■宇宙のイメージング／創造のエネルギーに海王星の力＋欲しい気持ちをインプット。

■もうひとつは、身体のイメージングをしてみましょう。身体の中心に、受け取りの生命の樹の中央の柱（1、6、9、10）をインプットします。1、6、9、10を書く時に、一緒にイメージングしてみてください。

■身体のイメージング／頭頂に欲しい気持ちをインプット〜頭と心をひとつにする。

2　【❻ティファレト】に願いごとや取り組むことを

受け取りの鍵その2→欲しい気持ちにつながれるように願いごとや取り組みを考える。欲しい気持ちと願いごとや取り組むことを結び合わせて考えればいいのです。

❻ティファレトの惑星は太陽。

■宇宙のイメージング／創造のエネルギーに太陽の力＋願いごとや取り組むことをインプット。

■身体のイメージング／太陽神経叢に願いごとや取り組むことをインプット～身体の中心に願いごとが入る。

3　【⑩マルクト】に22日後の未来の先取りを

22日後の未来の先取りを書く。生き生きとイメージしてください。

⑩マルクトの惑星は地球。

■宇宙のイメージング／創造のエネルギーに地球の力＋22日後の未来をインプット。

■身体のイメージング／足下に22日後の未来をインプット～足元では22日後の未来が始まっている。

4 【❷コクマー】にフォーカスのポイント

受け取りの鍵その3→実現させるためのポイントをいろいろな角度から見つける。最短で実現するフォーカスのポイントを書く。

❷コクマーの惑星は天王星。

■宇宙のイメージング／創造のエネルギーに天王星の力＋フォーカスポイントをインプット。

5 【❸ビナー】にワークのテーマ

受け取りの鍵その4→テーマを一目見たら、受け取りの生命の樹に書いたことがすぐにイメージできるような言葉にする。22日間のワークのテーマを書く。

❸ビナーの惑星は土星。

■宇宙のイメージング／創造のエネルギーに土星の力＋ワークのテーマをインプット。

6 【8ホド】に具体的ｔｏ ｄｏ

具体的なｔｏ ｄｏ、日々の取り組みを書く。

8ホドの惑星は水星。

■宇宙のイメージング／創造のエネルギーに水星の力＋具体的ｔｏ ｄｏをインプット。

7 【9イエソド】にお金と時間の使い方

22日間のワークでのお金や時間の使い方を書く。気軽にデザインしてください。

9イエソドの惑星は月。

■宇宙のイメージング／創造のエネルギーに月の力＋お金と時間の使い方をインプット。

■身体のイメージング／生殖器にお金と時間をインプット〜身体の中心と生命の樹の中央の柱をひとつにする。

8　【7ネツァク】に動機

受け取りの鍵その5↓美しく表現された思いは人の心を動かして応援される。欲しい気持ちや願いごとのきっかけや動機、正直な思いを書く。

7ネツァクの惑星は金星。

■宇宙のイメージング／創造のエネルギーに金星の力＋動機をインプット。

9　【4ケセド】に分かち合えること

受け取りの鍵その6↓分かち合えることは自分にしかできないことに導くヒントとなる。

未来で受け取れるもの、周りと分かち合えることを書く。


4ケセドの惑星は木星。

■宇宙のイメージング／創造のエネルギーに木星の力＋分かち合えることをインプット。

10 【5ゲブラー】に応援してあげること

受け取りの鍵その7↓マイナスの要因やデメリットを冷静に見つめて、願いを叶えたくない、変わりたくないという抵抗する意識を受け入れる。

心の抵抗や障害となることを書く。マイナスの要因を正直に書いてください。

■創造のエネルギーに火星の力がインプットされて、変容の炎によってすべてが溶け合い、願いは現実世界で形となる。

受け取りの生命の樹をつくる時に、宇宙のイメージングと身体のイメージングをします。でき上がった生命の樹を朝起きた時と夜寝る前に見てください。書いたプロセスをたどりながらそれぞれの丸に書いたことを意識にインプットします。生命の樹に書いたことが身体と宇宙と意識にもインプットされていることをイメージしてみてください。

①すぐに❽ホドのｔｏ ｄｏに取り組みましょう
②❷コクマーのフォーカスポイントに意識を合わせて、閃きを受け取ってください
③❿マルクトの22日後の未来の先取りと❹ケセドの分かち合えることを良い気分でイメージして、未来につながってください
④❼ネツァクの動機を美しい物語にしましょう
⑤言葉の表現を変えたくなったら、しっくりする言葉に変えてもかまいません
⑥❺ゲブラーの抵抗する意識を認めて、マイナスやデメリットを受け入れて、自分を応援しましょう。抵抗したり、抑圧するのをやめれば、❺ゲブラーの火の力がすべてを混ぜ合わせて一番良い状態に変容していきます

⑦気づいたことを日記に書くと受け取る力がつきます
⑧生命の樹に書いた後は、色を塗ったり絵を描いたりすると、イメージが豊かになります

受け取りの生命の樹は、宇宙の働きを受け取る準備を整えて、受け取る器となります。器の準備が整えば、宇宙の力が現実世界で働き始めます。宇宙の力もスイッチを押せば必要な働きをします。それを信じていきましょう。

そして、具体的な行動です！　必死にがんばるのではなく、自然体でチューニングを合わせるように行動します。上の世界には、もうすでに在るのですから、優雅に動いてみましょう。上からいろいろ降ってくる場所に、大きなお皿をうまく合わせるようなイメージです。受け取りの生命の樹をつくった後は、日々「受け取る」ことを意識します。「してもらう受動の力」を意識してみましょう。多くの人は、能動的に行動することができても、してもらったり、受け取ったりすることがうまくできません。「受け取る」ことに意識を合わせるとは、してもらう、助けてもらうことに心を開くことです。宇宙はあなたが思っている以上にたくさんのことをしてくれています。それを受け取れるようになりましょう。

行動しながらも、一歩引いた受け身の姿勢も練習してみてください。待つこと、聞くこと、引くこと、決めつけずに受け入れること、こういうことができる人は魅力があります。22日間のワークで、魅力ある人に成長していきましょう。

心を開いて、22日間に起こってくることを楽しんで受け取ってください！

【この章で受け取った3つのことは何ですか？】

①

②

③

第5章　生命の樹をつくった後のステップ

時間は未来から過去に流れている
この世は写し世

生命の樹をつくった後のステップ

受け取りの生命の樹をつくった後は、月のリズムに意識を合わせて、22日間のステップを踏みながら、生命の樹に書いたことに取り組みます。月のリズムにつながって、受け取りの生命の樹を現実にしていきます。

月には、次のような人の内面に働きかける力があります。

①直感力を高める
②イメージを膨らませる
③感情を豊かにする
④思いを吸収したり送り返す
⑤不要なものをそぎ落として浄化する

月のリズムには、意識の成長を促し、イメージを形にするプログラムが秘められています。受け取りの生命の樹をつくるタイミング、取り組むプロセス、ゴールを月のリズムと合わせることでプログラムが機能して、もっと宇宙とつながることができるのです。

22日間、月のリズムに意識を合わせていくことで、イメージを形にするプログラムが働き出します。

受け取りの生命の樹をつくった後は、受け取ることを意識しながら、生命の樹の❽ホドに書いた具体的なｔｏ ｄｏに取り組みます。受け取ることを意識すると、今までスルーしていたことに気づくようになり、もっとたくさんのことを受け取るようになります。感謝の念もいっぱい湧いてくることでしょう。感謝が感謝を生んで、感謝に溢れる出来事がもっと起こってくるようになります。

受け取る姿勢ができてくると、新しいレベルのハッピーな出来事が向こうからどんどんやってくるようになるのです。

月のリズムに乗っていく

受け取りの生命の樹をつくった後、月のリズムに意識を合わせるのは、月には重要な働きがあるからです。

生命の樹の重要な場は❾イエソドで、潜在意識と月を表す場です。月は地球と深い関わりがあります。月は満ちたり欠けたりしながら一定のリズムを刻んで、季節の移り変わりや時を知らせ、私たちに大きな影響を与えています。たくさんの願いを叶える方法が月のリズムを使うのは、こうした影響があるからです。

❾イエソドの月の場は、宇宙のエネルギーの中継地点です。❶ケテルから❽ホドまでのすべての惑星のエネルギーが❾イエソドに集まって、ちょうど良い状態にチューニングされて、❿マルクトの現実と地球の場に降りてきます。月は、月の上にあるすべての惑星のエネルギーをちょうどよい状態にして中継しています。月とつながることは宇宙とつなが

ることなのです。

前掲　惑星と意識が入った生命の樹

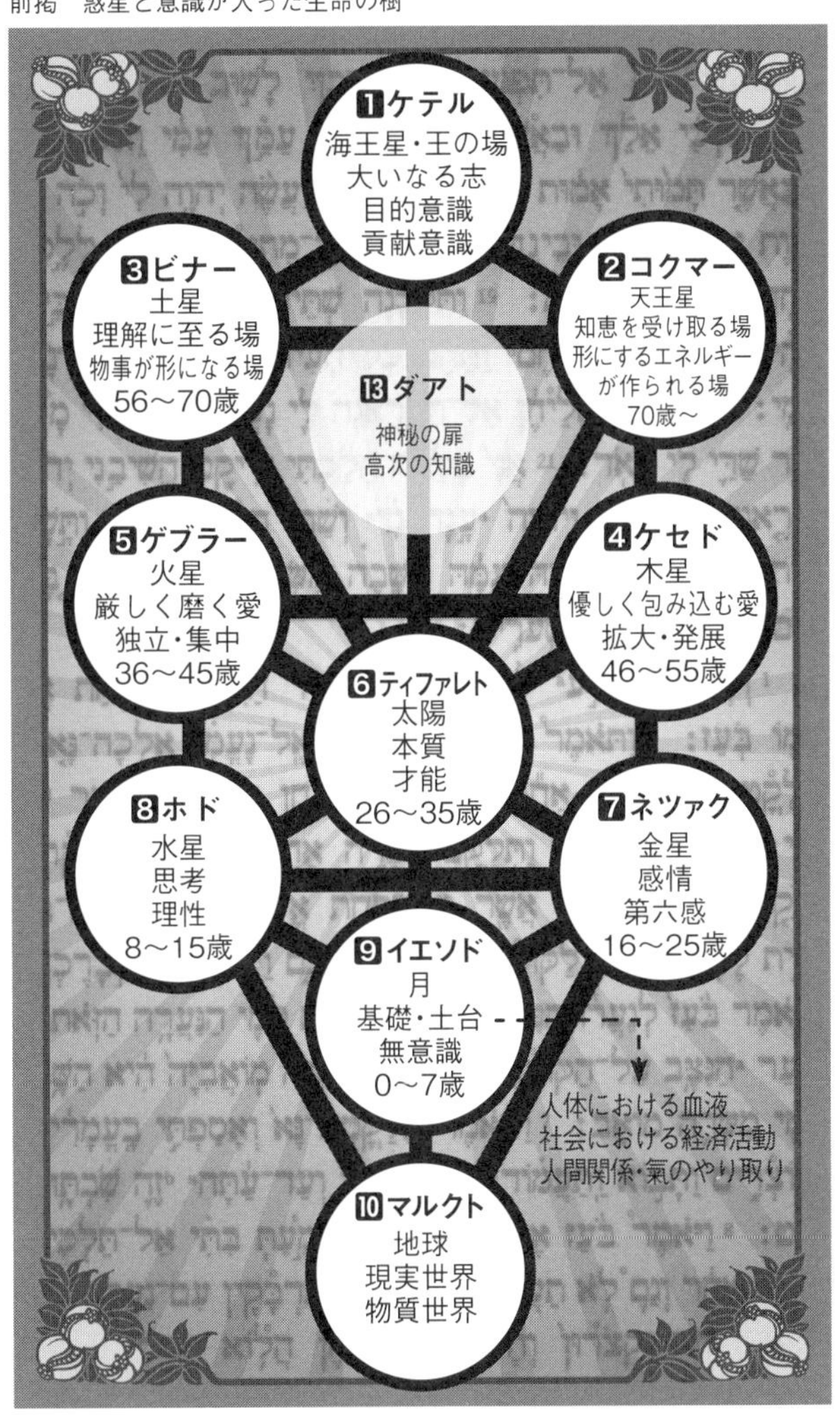

受け取りの生命の樹をつくるタイミングは、新月前夜です。新月前夜に、受け取りの生命の樹で、見えない世界に未来のイメージをつくります。翌日新月からワークをスタートして、22日間のステップをたどっていきます。月のリズムに乗って、プログラムに意識を合わせながら、受け取る練習をしていきます。

22日間のステップは、潜在意識の無意識のパターンを、月のリズムで新しいものに変えていくプロセスです。このプロセスによって、無意識のパターンに新しいプログラムをインプットしていきます。ぜひ、22日間のステップで潜在意識を変えるプロセスを体験してみてください。

月のリズムを表すタロット

生命の樹のワークでは、月のリズムに意識を合わせるためにタロットを使います。タロットがカバラに関連しているのは、タロットには月の力が秘められているからです。

タロットとは、月のリズム（暦）と意識の成長やイメージを形にするプログラム（曼荼羅世界）を表すシンボルです。新しい意識を潜在意識にインプットするために、月のリズムとプログラムを表すタロットを使うのです。

では、タロットに秘められた月のリズムと意識の成長を表すプログラムを見ていきましょう。

タロットのカバラ的世界観（マルセイユタロットの曼荼羅）

一番下の一番左の0 愚者のカードが新月前夜を表します。受け取りの生命の樹をつくるのは、0 愚者のエネルギーの新月前夜です。

次の1 魔術師のカードが新月を表します。受け取りの生命の樹をスタートさせるタイミングです。

次の２ 斎王のカードが月齢２日目を表します。

次の３ 女帝のカードが月齢３日目を表し、空には爪の先のような形のお月さまが出てきます。

このように、タロットは月のリズムを表しています。

そして、7 戦車のカードの月齢7日目頃に上弦の半月となります。満月となるのは、月齢15日目の15 悪魔のカードか、月齢16日目の16 塔（神の家）のカードの頃です。濃いエネルギーを表すカードの頃に満月となります。最後の21 世界のカードの月齢21日目頃に下弦の半月となり、ここが願いが形になるタイミングです。

新月前夜から新月にかけて、受け取りの生命の樹をつくった後から、22日間のワークをスタートします。タロットが表す月のリズムの1段目は、新月から始まった1週間を表し、上弦のお月さまへ向かう流れです。この7日間は、自分で行動して現実的な取り組みをするタイミングです。意志を持って具体的に行動することがポイントです。

月のリズムの2段目は、2週間目の7日間を表し、満月へ向かう流れです。この7日間は、他者の協力を求めたり、自分を超えた宇宙の力を受け取ることを意識しながら行動するタイミングです。心を開いて、他者との関わりや自分の周りで起こる兆しや直感をヒントにしながら行動していきます。この時、自分の慣れ親しんだやり方以外の新しいやり方に挑戦したり、他者に手助けをお願いしてみるなどの工夫をしてみてください。

月のリズムの3段目は、3週間目の7日間を表し、下弦のお月さまへ向かう流れです。この7日間は、自分を超えた宇宙の力をしっかりと受け取って、行動していくタイミングです。3週間目は、自分を超えた所からやってくることに従って行動していきます。兆しをよく受け取って、固定観念を外して宇宙の働きが現実を動かす導管になるようにします。この時期は力を抜いて、宇宙の働きに委ねながら必要な行動をします。待つこと、受け取ること、信頼すること、委ねることを通して、新しい流れが起こってくることを体験していきましょう。宇宙の働きを受け取ることを許可してください。起こってくるプロセスを信頼して、委ねることを練習していきましょう。

最後の4週間目は新月へ向かう流れで、願いが形になったことを楽しんだり、取り組んだプロセスを研究したり、まとめたりしながら、ゆっくり休むタイミングです。

このように、タロットはひとつひとつ進んでいく月のリズムを表しています。タロットと月のリズムが、意識を成長させて、イメージを形にするプログラムとなっています。生命の樹のワークでは、このプログラムをたどることで、新しいパターンを潜在意識にインプットしていきます。このプログラムが身につけば、自然な流れにつながって、イメージを形にできるようになります。

意識の成長を表すタロット

月が繰り返す満ちては欠けるリズムは、季節の移り変わりをもたらし、時の流れを刻んできました。月は植物の生育をはじめ、あらゆる生命の進化を支えています。そして、人の潜在意識や感情にも影響を与え、直感力を高めたり、イメージを膨らませたり、意識の成長を促す働きをしています。

潜在意識は、あらゆる経験や記憶を記録する意識で感情でもあります。月は潜在意識や感情とつながっているので、月を意識しながら行動すると、潜在意識の記録された意識や感情に影響を与えることができるのです。潜在意識や感情を新しいパターンにするために、受け取りの生命の樹をつくった後は、月のリズムに意識を合わせて行動します。

では、潜在意識や感情を新しいパターンにするために、タロットに秘められた意識を成長させるプログラムを見ていきましょう。

0　愚者

０愚者は月のリズムの新月前夜を表します。０愚者は旅に出る人を表し、これから先の21枚のカードの意識を体験していく０（ゼロ）の意識です。愚者が1から21までのプログラムを体験する旅が、意識の成長を表すプロセスとなっています。

０愚者のカードは始まりの始まり、原初の衝動を表します。物事の始まりの点を表しているのです。突然ピン！と感じた時のただただ強く惹かれる力を表しています。カードに描かれているまっすぐな杖は衝動を表し、右向きの姿は未来へ向かう力を表しています。

カードの右向きの視点や姿勢は、未来へ向かう意識や、外側につながる意識を表していますイメージを見ることや、見えない世界を感じる力や、前進する力を表しています。

1 魔術師

1 魔術師は、月のリズムの新月を表します。1 魔術師は初めの準備に取りかかったことを表し、0から1の段階に進んだ意識の状態です。

1のカードで注目することは、1 魔術師が左手に持っているバトンです。このバトンは、最後の21 世界のカードの人物も左手に持っています。始まりは終わりとひとつであること、始めた時の意識、状態がプロセスの最後で受け取るものであることを表していま す。バトンは意志を表します。始めた時の意志が最後まで受け継がれたら、願いが形になります。願いが叶わないのは、バトンの受け渡しがどこかで止まったからなのです。

この21枚のカードのプロセスは、イメージが形になるプログラムです。なかなか願いが叶わない人は、このプログラムのどこかが詰まっているのです。願いを叶えるワークで毎日受け取る練習をしていくと、詰まっている原因がわかってきます。詰まっていることがわかったら、意識を変えたり、行動を工夫したりすることができますね。

1のカードは、0で受けた衝動を形にするべく準備に取りかかったことを表します。テーブルの上にあるいろいろな物は、物事を始める意志の力によって集めてきた情報や材料を表しています。1魔術師のカードは、身体は未来へ向けて準備をしていますが、視点が向かって左側を見ていることが特徴です。これは、準備を進めながらも、意識は過去に戻ろうとしてしまうことを表しています。

私たちの意識の特徴として、ピン！と来て、やろう！と思い、一歩進んだとしても、すぐにその気持ちがしぼんでしまうことがよくあります。身体は準備を始めて前へ進もうとするのに意識はすぐに不安になって、失敗したらどうしようとか、やっぱりやめようか、などとぐちゃぐちゃ考え出して元のパターンに戻ってしまう、その状態を表しています。カードの左向きの視点や姿勢は、過去へ向かう意識や内側につながる意識を表し、今までの歩みを振り返ることや、洞察したり分析する力や内省する力を表しています。

2 斎王

２ 斎王は月のリズムの月齢2日目を表します。新月の余韻がまだ残っているように感じるかもしれません。２ 斎王は自分や宇宙とのつながりを表し、受け取る準備を整えている意識の状態です。２のカードは、１の準備のエネルギーをさらに深めるべく、宇宙とつながってアイデアを受け取ったり、知恵を学んでヒントを得ることを表しています。白い顔と白い手は、見えない世界との結びつきを表し、手に持っている叡智の書物や宇宙から、必要な情報を受け取っていることを表しています。さらに直感を受け取りやすいように心静かに自分の心を見つめています。身体も視点も左側の過去を向いています。私たちの意識は、すぐに元に戻りやすいことを表しているかのようです。

3 女帝

3 女帝は月のリズムの月齢3日目を表します。空には爪の先ほどの三日月が出てきて、月の存在にハッと気づくタイミングです。3 女帝はアイデアを膨らませている状態を表し、繰り返しイメージしては、内側で青写真をつくっている意識の状態です。

3のカードは、2で受け取ったアイデアやヒントをイメージすることで、大きく育てている様子を表しています。妊娠している姿は創造性を表し、女帝という立場は現実世界で力のあることを表しています。また、背中には大きな羽があり、これは、内側で自由にイメージを羽ばたかせて青写真をつくることを表します。正面を向いた身体は、今ここでどっしりと地に足がついた状態であり、現実的な発想力や企画力を持っていることを表しています。ちらっと右を向いた視点は、外側から変化が見えませんが、未来に向かって意識が動いていることを示しています。3のカードは、意識が未来に向かうことを後押しするエネルギーです。

4 皇帝

4皇帝は月のリズムの月齢4日目を表します。4皇帝はイメージを形にする行動を表し、現実化に向かって働く意識の状態です。

4のカードで注目することは、4皇帝の足下にある鷲の盾です。3の女帝が左手に持つ鷲の盾と似たものですが、4皇帝の盾は地面についています。3女帝の盾は高い位置にあり、内側でつくられた青写真であることを表しています。3女帝のつくった青写真を4皇帝が形にすることを表しています。

3のカードは青写真を表し、4のカードは行動を表します。この3と4のカードのプロセスが最初のヤマ場です。皇帝が組んでいる足は木星のマークを象徴し、集合意識や社会、組織を表しています。身体ごと左を向いている姿は過去のパターンに忠実な意識を表し、せっかく新しい未来へと進んだ意識が元に戻ってしまうことを表しています。

このプロセスで、3でつくった青写真を4がスムーズに受け取ることができれば、実現へ向かう行動となります。新しい意識と古い意識をつなげる大事なヤマ場であり、鍵は女性性と男性性の調和です。3の青写真が新しいものでありながら現実に根ざしたものであること、壮大なイメージでありながらも、行動ベースで無理なく取り入れやすいものであればあるほど、抵抗のない受け渡しができます。古い意識の抵抗を受けずに青写真をインプットすることができれば、実現化へ向けてエネルギーが動くのです。

5 法皇

5 法皇は月のリズムの月齢5日目を表します。5 法皇は外側の世界へと発信する状態を表し、自分の外へと広がっていく意識の状態です。

5のカードは、3と4のヤマ場を超えて、形づくられたエネルギーを外へ向けて広げる状態を表しています。足下にいる2人の他人は、個人の世界から他者がいる外側の世界へと意識が広がったことを表しています。手に持っている王笏（おうしゃく）は、宇宙や信じるものからのサインを受信することを表しています。

身体も視点も未来へと向いている5のカードは、受け取ったサインを支えに、自分を信じること、自分の外側へと広げること、他者へと伝えていくことを表しています。ここまで進んだら、少しずつ、エネルギーが未来へと方向付けられていきます。

6 恋人

6 恋人は月のリズムの月齢6日目を表します。6 恋人はあらゆるエネルギーが混じり合う状態を表し、新しく生み出すことのできる方向へ向かおうとする意識の状態です。

6のカードは、2人の女性の間にいる優柔不断な男性を表しています。空には天使が矢を放つ準備をして待機しています。男性の左の視点にいる女性は、能力があり不老不死であり偉大な力を持っています。しかし、子どもは産めない女性です。右の視点にいる女性は、能力はなく不老不死でもありませんが子どもが産めます。真ん中の男性は視点は左の女性を見ていますが、身体と手は右の女性の方を示しています。1魔術師とよく似ている状態です。6のカードが表しているのは、左の女性が今までのやり方のことで、完璧にこなせるし問題なくできることです。しかし、生産性はありません。

右の女性は、未知な可能性です。完璧にはできませんし、問題も起こるかもしれません。しかし、未知なる可能性から新しい何かが生まれる可能性があるのです。空の天使が右向きの矢で進む方向のヒントを示しています。真ん中の男性は過去を表す左を向き、やはり意識は過去へと戻りやすく、モヤモヤや迷いが出てくることを表しています。しかし、右の女性が男性のハートに手を当てて、今までのやり方、考え方から、ハートの声を聞くように、未知な可能性に心を開くように、と導いています。より生産性のある未来の方へと心の声がささやいて、天使もそちらへ進むようにと応援しています。選択しようとする意識の状態を表しています。

7　戦車

　7　戦車は月のリズムの月齢7日目を表します。生命の樹のワークを始めて、1週間目にあたります。空には半月までもう少しの大きくなった月が見えることでしょう。7戦車は成功を表し、今まで取り組んできたことのひとつの成果を感じる意識の状態です。
　7のカードは、成功して乗り物に乗っている人を表しています。2匹の馬は、思考と感情、顕在意識と潜在意識など、2つの意識を表しています。この2つの意識を扱えるようになったことで、成功者となったのです。また、乗り物に乗っているということで、社会や人々の役に立つ存在として成長したことを表しています。視点は左を向いて、過去の方向を見ていますが、ひとつ前の6で新しい創造の流れに進むことができた場合は、他者への思いやりや関わる人々への配慮といった意識が出てきます。しかし、今までと同じ流れで進んでいく場合は、成功してステージが上がっても、乗り物を得たとしても、意識は古い過去を引きずってしまいます。

8 正義

8 正義は月のリズムの月齢8日目を表します。生命の樹のワークの2週間目が始まる日です。月齢8日目のこの日か翌日に、上弦の半月となります。8 正義は自分の中心を整えることを表し、次の流れにつながる準備をしている意識の状態です。

8のカードは、心静かに自分の中心にいる状態を表しています。手に持っている秤と剣は善悪の判断を表し、今一度自分の初心にチューニングを合わせていることを表しています。まっすぐ正面を向いた身体と視点は、今ここに意識を合わせて、自分が向かうべき方向性を確認しています。

2週間目は、自分を超えた世界へと意識を広げていく流れです。もっと大きな可能性へと自分を解き放ち、向こうから何かがやってくることを受け取っていく流れなのです。8

は、そのための準備を整えるタイミング。目の前にあることをよくよく見つめて、自分に何が必要で何が必要でないかを考えて、ちょうどよい状態に整えるときなのです。

9 隠者

9 隠者は月のリズムの月齢9日目を表します。前日かこの日に、上弦の半月となります。9 隠者は内省すること表し、自分の中の答えを見いだそうとする意識の状態です。

9のカードは、自分の魂を見つめる状態を表しています。心の奥深くにあるものに光を当てて、自分と統合すること、これは、願いが実現した自分につながることを許すプロセスでもあります。過去の癒しや心の置き忘れを取り戻すことで、隠されていた知恵を得たり、意識の変容がもたらされたりします。

手に持っている赤い杖は、0 愚者が持っていた赤い杖と同じですが、9 隠者の杖は曲がっています。これは、衝動をコントロールできるようになった意識を表し、9 隠者が魔法使いになったことを示しています。衝動に反応するのではなく、衝動の根源をコントロールできる意識に成長したことを表します。身体も視点も左側を向き、過去の癒しや自分の内面の統合が進められているのと同時に、他者を助けようという意識も表れています。

10 運命の輪

10 運命の輪は月のリズムの月齢10日目を表します。生命の樹のワークを始めて10日目にあたります。しっかり進んできた場合は、何か運命が動くようなことが起こってくるタイミングでもあります。10 運命の輪は運命が動くことを表し、自分が世界をつくっていると自覚した意識の状態です。

10のカードは、自分が世界の主人公であると自覚して、「自分が運命を動かす！」と決めた時、運命が大きく動くことを表しています。輪の上には青い動物がいて、冠をかぶり剣を持っています。それぞれ、冠は志を、剣は意志を表し、青は霊性を表します。霊的に進化して、「自分の人生は自分でつくるのだ！」と志と意志を持って行動した時、運命が大きく動くことを示唆しています。

11 力

11 力は月のリズムの月齢11日目を表します。11 力は宇宙の力に満たされていることを表し、宇宙に完全に委ねている意識の状態です。

11のカードは、自分を解き放っている無力の状態を表しています。宇宙の力に満たされているのはかよわき乙女の姿です。このカードがプログラムの中心を表すエネルギーです。中心のエネルギーは、まったく無力の受容の状態を表しています。力があるとか、知恵があるとか、無邪気であるとかではなく、この受容の状態が、宇宙の力の容れ物になっていることを表していて、かよわき乙女は宇宙の力に満たされた女神なのです。そして、この受容の状態が最も力があることを示しています。

女神の足の指は6本あり、宇宙から流れてくる力を愛（6は愛を表す）によって、地上に定着させている状態で、宇宙を完全に信頼し身を委ねることで、宇宙の力に満たされています。完全なる受容によって、至高の力に満ち、獅子の口を開けることさえできるのです。右向きの身体と視点は、女神が宇宙の意志に従って未来へと進んでいく様子です。

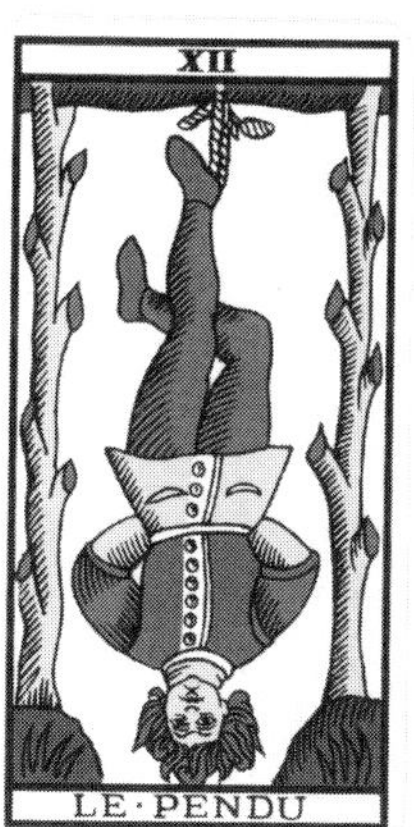

12　吊るし

12 吊るしは月のリズムの月齢12日目を表します。月は満月へ向かって、どんどん膨らんでいます。12 吊るしは世界を逆から見ていることを表し、変容を遂げている意識の状態。12のカードは、新しい意識が自分の中に流れ込んでいる様子です。いつもとは逆の視点で世界を見ていて、宇宙意識につながっている状態を表しています。自分を超えた大きな世界から物事を洞察していて、瞑想状態のように意識が解き放たれていることを表します。

12のカードはゴールの21の鍵のカードです。２つのカードは鏡合わせのようにペアになっています。12のカードは男であり、逆さまで、服を着ていて、両手を後ろに閉じています。21のカードは女であり、まっすぐに立ち、服を着ておらず両手は開いています。とても関連性のあるカードで、12と21の意識がつながっていることを表しています。新しい視点、宇宙からのエネルギー、未来からのエネルギーが12に向かって注がれて、その意識がステージを上げてプロセスを加速させていきます。すごろくゲームなどで、途中でゴールしてしまうことがありますが、12の意識は、一気にゴールまで達してしまうような新しい目覚めの可能性なのです。

13　死（名前のないカード）

13　死（名前のないカード）は月のリズムの月齢13日目を表します。13番は一般的なタロットで言う死のカードのことです。死と再生を表し、すべてを手放してゼロになる意識の状態です。

13のカードは、12で目覚めた意識によって、生まれ変わる状態を表しています。本当の自分ではないものをすべて手放して、より本質の状態になることを示しています。骸骨の足下に散らばる手足は不要な働きを、顔はペルソナを表し、物質世界で身につけてきた不要なもの、自分ではないものを、ここでそぎ落とすことを表しています。12、13のプロセスは変容です。変容は、自分の意志と言うよりは、自分を超えた世界からやってくるプロセス。身体も視点も右を向いているのは、未来へ向かって進化するためにこのプロセスが起こることを表しています。

13のカードは、一般的なタロットでは死と言われ、恐ろしげな雰囲気がありますが、プログラムでは、0愚者の本質として見ることができます。0愚者が自由に未来へ進む状態であるのと同じく、13もまた、さらに解き放たれた状態で未来に進むことを表しているのです。

14 節制

14 節制は月のリズムの月齢14日目を表します。生命の樹のワークを始めて2週間目にあたります。空にはほぼ満月になった月が見えることでしょう。14 節制は癒しと再生を表し、見えない世界からの援助を受け取る意識の状態です。

14のカードは、13の変容の後の癒しと再生を表しています。天使が2つの水瓶で水を扱っているのがわかります。不要なエネルギーが抜けて、感情が生き生きと流れ出すときです。また、自分の中の空になったスペースに、高次の意識が入ってくることを表しています。天使の存在は、見えない世界からの援助を表し、古い意識から新しい意識へと成長し新しい自分として再生します。それによって、より高い宇宙とつながったことを表しています。この成長した意識は、自分の中の天使の目を開きます。あらゆるものの神聖さや美しさ、愛や真実を見る目が開いて、その価値を見いだすことができるのです。

14のカードの天使は、17星の女神の使者を表しています。17星の女神は、泉でたっぷりと水を扱っています。泉の水は生命の源を表し、14の天使は、その水を運んで、生命の源とつながる援助をしにきたことを表しています。天使が扱っている水は少ししかありませんが、もう少し進んだらつながることのできる世界のエッセンスを運んできてくれたのです。左向きの身体と視点は、天使が内面の癒しを進めていることと他者を助けようとする意識を表現しています。

15 悪魔

15悪魔は月のリズムの月齢15日目を表します。この日か翌日が満月です。

15悪魔は現実を直視することを表し、嘘偽りや幻想や隠されたものを見抜く意識の状態。15のカードは、物事の奥に隠された嘘偽りや幻想を見抜く悪魔の目を表し、それによって真実とは何かに気づかせ、現実を直視することを促しています。

天使の目が聖なるもの、美しいものを見るのに対して、悪魔の目は裏に潜む曇ったものや汚い部分を見抜きます。次のプロセスに進む前に、向き合う必要のあることが出てきた場合、信じていたことが違っていたり、動機がズレていることに気づく必要があるというお知らせです。明るい満月がいろいろなものを照らすように、15は物事の本質を見抜くプロセス。15は植物で言えば開花を表し、新月の意識が見える形として現れてきたことを示します。満月の前後3日間で起こることは、内側に在るものを教えてくれています。

16 塔（神の家）

16塔（神の家）は月のリズムの月齢16日目を表します。前日かこの日に満月になります。16塔（神の家）は啓示を受けたことを表し、宇宙から降りてくるものに気づいた意識の状態です。16のカードは、神のメッセージを表現しています。人生が変わるような出来事や、自分を超えた世界から来るものを受け取った衝撃を表し、何かが自分に向かってやってくる、そのことを通して、自分の小さな頭が外れて、宇宙意識と深く強くつながることを示しています。16のカードの塔（神の家）という名前は、ここから先は神の世界であり、宇宙の働きに満ちているという意味です。

17 星

17 星は月のリズムの月齢17日目を表します。17 星は宇宙に対しての謙虚な姿勢を表し、内なる平和を確信した意識の状態。17のカードは、自分の中の尽きない豊かさにつながったことを表現しています。妊娠している女神は創造性を表し、外側から獲得したものではなく、内側から湧いてくるエネルギーとひとつにつながった比喩。水瓶には水が豊富に溢れ、汲んでも汲んでも無くなることのない繁栄を表し、裸の姿は謙虚さ、正直さを、宇宙からの無限の恵みを跪いて受け取っていることを表しています。インスピレーションが尽きることなく循環している意識の状態です。

自分を受け入れられる安心感や生き生きとした感情を感じながら、自分とつながった喜びや希望を見いだしています。過去を表す左向きの身体と視点は、女神が過去の感情を癒し統合していること、そして他者への手助けをしようとする意識を表します。

18 月

18月は月のリズムの月齢18日目を表します。月は下弦の半月へ向かって欠けていきます。18月は心の奥底を見つめることを表し、感情を見つめて解放したり、統合したりして、本質とつながろうとする意識の状態です。18のカードは、なんとも寂しげな表情のお月さまが左の過去の方を向いています。17で安心感や希望を見いだしたことで、解放されたり、統合されたりする心の奥の感情の表現です。光が入り、感情が生き生きと溢れ出したことで、内面の曇りが浮上してきたのかもしれません。

18は意識の浄化を表します。潜在意識にある抑圧されていた感情が出ていくプロセス。ここから先は、ゴールへ向かって喜びの流れに突入していくので、ゴールの喜びを受け取れるよう、器のお掃除をされているかのようです。そして、人は変化に弱いもの故、新しいステージに進む前に心の準備を整えるよう示唆しているのかもしれません。どちらにしても、この先は喜びの流れに入ります。

19 太陽

19 太陽は月のリズムの月齢19日目を表します。19 太陽は喜びと幸せを表し、明るく解放された意識の状態。19のカードは、明るい太陽が真ん中にど～んとあり、心がぱ～っと開いて、自分らしくいられることを表します。自分の居場所を見つけたり、仲間ができたり、安らぎと喜びでいっぱいの状態。太陽はワクワク感を表し、解放された場での心地よさや、楽しく活発な状態を表現しています。自信を得て輝いている心そのものです。満たされた心の状態を表し、ゴールを目前にして願いが叶う人もいることでしょう。

20 審判

20 審判は月のリズムの月齢20日目を表します。20 審判は聖なる意識を表し、自分自身の最も純粋な意識の状態です。20のカードは、自分の中の聖なる意識が目覚めたことを表しています。空にいる天使は別次元からの使者であり、ラッパを吹いているのは、新しい波動を地上に降ろしている様子を表します。

高い波動が地上に満ちていくにつれて、神聖な自分が現れてきます。ハイヤーセルフとつながった状態で、努力して願いを叶える自分というよりも、ただ自分でいるだけで、願いが叶う状態に成長したことを伝えているのです。天とつながる自分を確信できた状態です。

21 世界

21 世界は月のリズムの月齢21日目を表します。もうすぐ下弦の月になる頃にゴールとなります。21 世界はプロセスの終わりを表し、ゴールに達した喜びの意識の状態です。

21のカードは、一通りのプロセスを終えて喜びに満ちている状態。達成感、充実感、喜びといったゴールで得られる感情を表します。裸の女性は宇宙の創造を表し、周りの輪と4つの守護存在に祝福されています。手に持つ瓶にはこのプロセスで得たものが入っており、バトンは1 魔術師から受け継いだ意志を表しています。初めの意志が最後まで受け渡されてゴールに達したのです。

21は、1の新月でスタートしたことの成果を受け取るタイミング。どんな成果が現れたでしょうか？　時期は多少前後するかもしれませんが、このような月のリズムで意識の成長が進んでいきます。

21 世界のカードの女性を囲む月桂樹の輪はゼロを表し、0 愚者が旅を終えて、21 世界に到達した様子を表しています。22日間のプロセスで得たものが意識の中に取り入れられたことを表しています。ひとつのプロセスが終わり、新たなプロセスが始まっていきます。

＊＊＊

0から21の流れをまとめます。0から21の流れが意識の成長とイメージが形になるプログラムです。このプログラムは月のリズムと連動して、日々私たちの意識に影響を与えているのです。

0 愚者　原初の衝動がやってくる。宇宙の叡智に後押しされて、ただ未来へと進んでいく

1 魔術師　意志を持って準備を始める。身体は進もうとするけれど、意識は元へ戻ろうと葛藤する

2 斎王　心を鎮めて宇宙の叡智に耳をすませる。これからのプロセスに備えて自分を整えるが、意識は元へ戻ろうとする

3 女帝 内側でイメージを膨らませる。青写真をつくり、ビジョンを持って、未来へと意識を動かす

4 皇帝 女帝のビジョンを形にする。過去のパターンの行動をとろうとするが、女帝と協力できれば、新しい意識が育っていく

5 法皇 皇帝の行動を外の世界へと広げていく。信じるものに従って、内側の意識を外の世界へと発信し広げていく

6 恋人 法皇で広がった意識を未来に向かって方向づける。手放すもの、取り入れるものを決め、より生産性のある方向へ舵を切る

7 戦車 ひとつの成果が表れる。意識に形が与えられ、今までよりも速く遠くへと加速して進み出す

8 正義 いったん立ち止まって中心を整える。0の時の初心に返り、ピン！と来たものとチューニングを合わせる

9　隠者　心の奥深くを見つめ、魂と対話する。過去を癒し、心の置き忘れを統合することで願いが叶った自分とつながる

10　運命の輪　運命の輪が回る。自分の人生は自分が主人公だと自覚して、責任を持って行動する時、運命が大きく動く

11　力　運命の輪が回ったことで、宇宙の力が自分に流れ込んでくる。受容の状態によって、宇宙の力とひとつになる

12　吊るし　宇宙の力とひとつになったことで、違った視点で世界を見ることができる。意識の変容が起こり、ゴールに向かって意識が広がる

13　死（名前のないカード）　広がった意識は、自分に不要なものをはぎ取っていく。自分ではないものがどんどん無くなり、さらに自由に進んでいく

14　節制　天使の助けによって、未来のエッセンスが流れ込んでくる。癒しが起こり、より高次の意識とつながる

15　悪魔　現実を直視する。現れてきたことを受け止める。プロセスの真実と向き合うこ

とになる

16 塔(神の家)　啓示を受け取る。準備が整っていれば、自分を超えた世界から何かがやってきて、意識が大きく変容する

17 星　創造の源とつながる。安らぎと希望を見いだす。これでいいと自分につながる喜びを得られる

18 月　心の奥深くを見つめ、過去を統合する。心の浄化、受け取る器のお掃除をしてゴールへ向かう準備をする

19 太陽　心が解放されて喜びを味わう。自信を得て自分らしくいられる。自分の居場所や仲間に出会い、楽しく活動できる。ここから先はゴールの流れに突入する

20 審判　神聖な自分が目覚める。最も純粋な意識の状態であり、ハイヤーセルフとひとつになる。そのままで願いが叶う自分に成長する

21 世界　プロセスのゴール。達成感、充実感、喜びで満たされた状態。新しく得たものを吸収し、次のプロセスへ向かう

受け取りの生命の樹と22日間のステップ

受け取りの生命の樹のワークは、22日間のステップをたどり、進めていきます。約3週間のステップですが、1週間ごとに進め方のポイントがあります。

第1週は、現実的なことに取り組みます。目の前のことに集中して具体的に行動します。

第2週は、新しい方法を試してみたり、普段やらないことに挑戦したり、他者の助けを求めてみます。自分を超えた何かが起こってくるように、いろいろと工夫します。

第3週は、受け取ることを意識して、起こってくることやハートで感じることに従います。自分のコントロールを手放して、宇宙の流れに委ねます。

22日間、「受け取る」ことを意識してください。
心を開いて、頭を柔らかくして過ごしましょう。
向こうからやってくるものに、もっと気づいて、もっと受け取ってみるのです。
純粋で繊細な女性的な感性を開いていきましょう。

あなたが未来へ向かって進んでいるのと同じように、宇宙もあなたに向かって進んでいます。あなたが思うように、宇宙もあなたを思っています。あなたが一歩動いたら、宇宙も一歩動きます。宇宙の動きはとても大きく、あなたの想像を遥かに超えた働きをしています。思っている以上にたくさんのことをしてくれているのです。

もっともっと心を開いて、受け取っていきましょう。22日間は、日常に起こるどんな小さなことも兆しです。初めは気づきにくいかもしれませんが、月のリズムに乗ってきたら、どんどん受け取れるようになり、降りてくるのを実感するようになるでしょう。

もうすでにあなたの未来は上の世界に「在る」のですから、「受け取る」という受容の姿勢が大事です。「在る」という前提なのですから、あなたのやることは「受け取る」な

のです。受け取りの生命の樹は、上の世界とチューニングを合わせることを助けてくれます。上の世界とピタリと波動が合った時、「もうすでに在る」ものが、下の世界に降りてきます。それを喜んで受け取りましょう！

ここで2つの注意点があります。

①「受け取る」ことには3段階のプロセスがあります

多くの人が誤解しているのが、何もかもを「受け取る」と思っていることです。「受け取る」ことは、**第1段階に、「受け止める」**があります。最初は、受け止める段階です。自分に来たものをまずはキャッチします。否定したり拒絶しないで受け止めます。

第2段階が、「受け入れる」です。次に、受け入れる段階です。先ほど受け止めたことを受け入れるかどうかを決めます。受け入れるかどうか、自分で選択するのです。

第3段階で、「受け取る」です。最後に、受け取る段階です。受け入れたことを味わって受け取ります。自分のものとして吸収するのが受け取ることです。

判断の力と受容の力と両方使って、**①受け止める**、**②受け入れる**、そして、最後に③**「受け取る」**のです。

②下の世界で「受け取る」には、「行動する」が含まれます

ただじっと座って待っていても受け取ることはできません。下の世界では、行動を通して受け取っていくのです。ここでも、能動の力（自ら動く）と受動の力（してもらう）をうまく使うことが大切です。

カバラの奥義には「受け取る」と「錬金術」があります。あらゆるものを混ぜ合わせて、組み合わせて、変容させて、工夫してください。これは錬金術のことです。

自分にちょうどよいものをつくること（能動の力）と、自分を超えた何かが起こってくるように準備すること（受動の力）をうまく進めていきましょう。これも2つの力を組み合わせるという錬金術のことなのです。

22日間のステップ／日々のガイドライン

生命の樹のワークは、月のリズムを意識して、22日間のステップをたどっていきます。次の日々のガイドラインを参考にして22日間のワークに取り組んでみてください。起こってきたことや受け取ったことを記録すると、さらに受け取る力がついていきます。

準備の日―0 愚者……新月前夜

《始まりの始まり》

受け取りの生命の樹を書き始めます。生命の樹のワークでは、ヴォイドタイム（月を経由する惑星からのエネルギーが遮断されている時間）や新月前に願いを書くのは良くないということは気にしません。ただし、気になる人はヴォイドタイムや新月前を外して書くといいでしょう。自分の心がしっくりくる行動が一番です。

1日目——1 魔術師……新月

《始める準備》

前日書いた受け取りの生命の樹をもう一度見直してみましょう。言葉を書き換えたり、色を塗ったり、絵を書いたり、楽しく工夫して、この日までに完成させましょう。

1日目は、準備を整えます。ワークに必要なものがあれば用意します。ワーク1週間目は現実的なことに取り組む期間です。自分の意志で自ら行動していきます。

2日目——2 斎王……月齢2日

《直感につながる》

2日目は、心静かに自分を整えます。宇宙や自分とつながって、上の世界に「在る」ものに意識を合わせます。直感を受け取れるようにリラックスして過ごします。

3日目——3 女帝……月齢3日

《アイデアを育てる》

3日目は、イメージを膨らませます。内側で青写真をつくります。未来をイメージしたり、アイデアを膨らませます。

4日目——4 皇帝……月齢4日

《形にする第一歩》

4日目は、具体的な行動をします。イメージや青写真に従って、初めの一歩を踏み出します。実際に始めていく段階です。

5日目——5 法皇……月齢5日

《外側へ広げる》

5日目は、外側へと行動を広げます。友人知人に話をしたり、発信したり、イメージを外の世界へ広げていきます。信じる心に従って、伝えていきましょう。

6日目——6 恋人……月齢6日

《フォーカスする》

6日目は、効率のよいやり方を考えてみます。やめること、続けること、新しくやってみることを考えて、やり方を工夫します。自分の気持ちを大切にして、やりたいことをやってみましょう。

7日目――7 戦車……月齢7日

《成果を出す》

7日目は、ワーク開始から1週間目。ひとつの成果が出るタイミングです。その成果は大きなことではなく、小さな兆しかもしれませんが、ここまでの成果を受け取って、成長を喜びましょう。ピンと来たことがあれば、すぐに行動してみましょう。

8日目――8 正義……月齢8日

《バランスを取る》

8日目は、自分の中心を整えます。受け取りの生命の樹を確認して、ここまでのプロセスを整理します。ワーク2週間目は、自分を超えた何かを受け取れるように工夫する期間です。行動することと受け取ることのバランスを取ります。

9日目――9 隠者……月齢9日

《内面を見つめる》

9日目は、自分の内面を見つめます。ここまで進んできて、自分がどんなふうに成長したか確認します。自分に向き合って癒しや浄化のワークをするのもいいでしょう。

10日目――10 運命の輪・・・月齢10日

《運命の輪を回す》

10日目は、自分の人生をつくることを決断します。運命は自分でつくると決めて行動します。運命を感じる人や機会を、見逃さずに行動しましょう。

11日目――11 力・・・・・・・・月齢11日

《身を委ねる》

11日目は、宇宙に身を委ねます。力を抜いて、宇宙からやってくることを受け取ってみましょう。頭をからっぽにして、ハートが感じることに集中します。

12日目――12 吊るし・・・・月齢12日

《概念を外す》

12日目は、視点を変えてみます。自分の小さな頭を外して、より大きな視点で物事を捉えてみます。もっと受け取れるように違う考え方をしてみましょう。

13日目――13 死（名前のないカード）： 月齢13日

《古いエネルギーを断捨離》

13日目は、必要のないものを手放します。古いもの、役に立たないものはすべて解放します。執着を手放して、自分の中にスペースをつくります。

14日目――14 節制……月齢14日

《サポートを受け取る》

14日目は、ワーク開始から2週間目。宇宙の働きにもっと意識を向けて、神聖さや美しさに心を開きます。天使のような人や宇宙のサポートを感じたら、喜んで受け取ってください。自分を癒したり、整えたりして、感じる力を高めましょう。

15日目――15 悪魔……月齢15日

《コントロールを手放す》

15日目は、現実を直視します。満月の前後3日間は、起こってくることを注意深く洞察します。動機が不純だったり、エゴによってプロセスがズレていたら、軌道修正します。ワーク開始から3週間目は、自分のコントロールを手放して、宇宙の流れに委ねる期間です。宇宙の意識に従って、受け取ることを主体にして進みます。

16日目——16 塔(神の家)・月齢16日

《啓示を受け取る》

16日目は、宇宙の働きに集中します。啓示が来る準備を整えてください。向こうからやってくることを受け取れるように、心を解放して過ごしましょう。

17日目——17 星………月齢17日

《創造の源とひとつになる》

17日目は、謙虚さや素直さを大切にします。宇宙や自分に意識を向けて、インスピレーションにつながります。柔らかく軽く、受容の姿勢で宇宙の流れに身を委ねます。

18日目——18 月………月齢18日

《浄化と統合》

18日目は、心を浄化します。内面から浮上するものを浄化し、自分を癒します。心の奥深くに潜む抵抗や執着を手放すワークをしてみましょう。

19日目——19 太陽……月齢19日

《喜びを味わう》

19日目は、喜びを味わいます。自分がいる場所、関わる人、今在るすべてに感謝します。嬉しい気持ち、楽しい気持ち、幸せな気持ちを充分に味わって、自分を満たします。

20日目——20 審判……月齢20日

《ハイヤーセルフとひとつになる》

20日目は、ハイヤーセルフとひとつになり安らぎの気持ちにつながります。自分の中の聖なる意識とつながって、高い波動を受け取ります。願いが叶った自分になって、未来と今をひとつにします。

21日目——21 世界……月齢21日

《最高のゴール！》

21日目は、ゴールの日です。成長した自分を感じましょう。願いが叶ったことを心から喜んで、お祝いしましょう！　あらゆるものに感謝します。愛と喜びを発信して、世界を祝福してください。

「受け取りの法則」22日間のステップと感情の22段階

このワークをした人は、どんどん受け取ることがうまくなりました。たくさんの人が数回のワークで月のリズムにつながって、未来の流れに進んでいきました。その変化を目にした私は、うまくいった理由をみなさんに尋ねてみたところ、次のことがわかりました。みなさんからお聞きしたうまくいった理由とは、欲しい気持ちを大切にしたこと、日々、月のリズムや受け取ることに意識を向けたことでした。特に、自分の気持ちに意識を向けたことが一番良かったそうです。やはり、欲しい気持ちを大切にする生命の樹のワークは、意識を変化させることができるのだなあと思いました。自分の感情に向き合うと、波動を変えて、現実を変えることができるのですね。

数年間、自分や他の人の変化を見て、感情が大事だとわかっていくうちに、今度は「22

日間のステップとエイブラハムの説いている感情の22段階は関連がある」ように思えてきました。月は人の感情に影響を与えています。また、満ちては欠ける月のリズムは海の満ち引きや波の動きに影響を与えています。波動という言葉がありますが、感情（エネルギー）の波も、海の波も月と関連があるのです。

「感情の22段階」とは、「引き寄せの法則」のエイブラハムが提唱した、いろいろな感情を理解できる物差しです。一言で感情と言っても、低いレベルから高いレベルまでいろいろな感情があり、それが22の段階にまとめられています。自分を変えるワークをして、ネガティブな感情がポジティブな感情に変化して喜びに包まれたとしても、また何かのきっかけでネガティブな感情になってしまうことがあります。ようやく上がったなと思ったら、一気に下がって、元に戻ったように感じて、どーんと落ち込んでしまう経験をしたことがある人も多いのではないでしょうか？

しかし、感情の22段階で見てみれば、元に戻ってしまったように思っても、実はそうではなく、元々のネガティブな感情よりも上の段階に成長していることがわかるのです。確かにネガティブな感情ではあるけれど、それ以前よりずっと上がっていることを理解することができるわけです。

この感情の22段階という物差しを知れば、自分の波動の状態を理解することができます。他にも、モヤモヤの原因となっている感情や、意識の成長がどこまで進んでいるかなど、自分を知ることができるのです。

感情の22段階

参考：『「引き寄せの法則」のアメージング・パワー』エスター・ヒックス／ジェリー・ヒックス著（ナチュラルスピリット）

1	喜び、智恵、充実、自由、愛、感謝
2	情熱
3	熱意、やる気、幸福
4	肯定的な期待、信頼
5	楽観
6	希望
7	満足
8	退屈
9	悲観
10	不満、苛立ち、焦り
11	戸惑い
12	失望
13	疑い
14	心配
15	非難
16	落胆
17	怒り
18	復讐
19	憎しみ、激怒
20	嫉妬
21	危機感、罪悪感、自己卑下
22	恐れ、悲しみ、落ち込み、絶望、無力感

例えば、生命の樹のワークをやり始めた時、恐れや絶望を抱えていたとします。恐れや絶望は、感情の22段階では、一番下の22のレベルの感情です。

そして、ワークに取り組んで喜びや希望を感じられるようになった時、喜びは一番上の1のレベルの感情で、希望は6のレベルの感情です。22から6や1の段階の感情につながれるようになったわけです。

そうは言っても人は一気に変われません。潜在意識や感情はそう簡単には変えられないのです。上がったり下がったりして変化しながら少しずつ変わっていきます。そして、あるきっかけで怒りや落胆の気持ちを感じ、自分はやっぱりダメなんだ、どうせ私なんかと考えても落ち込むことはありません。そんな時は、すぐに感情の22段階で確認してみましょう。怒りは17、落胆は16となっていて、確実に一番初めより上がっていますね。このように、自分の感情が今どこにあるかが感情の22段階でわかります。感情がわかれば、自分の波動がわかり、自分が引き寄せているものがわかるのです。

なかなかイメージを形にできない人は、22日間のステップ（月のプログラム）で、少しずつ感情をスライドさせていきましょう。硬くて重たい低いレベルの感情を一気に変えるのは難しいですが、22日間のステップに取り組むことで、少しずつ低い感情を上の段階に変えることができます。感情をコントロールできれば、思うように現実をつくれます。

22日間のステップと感情の22段階の組み合わせでは、私は23という数を意識しました。数秘術では、22は基礎や型や集合意識を表す数とされています。古い世界の基礎や型や集合意識を超えていくことを意識して23という数にこだわりました。22日間のステップと感情の22段階は、足すとどれも23になるように組み合わせています。

22日間のステップは思考のワークで、感情の22段階は感情のワークです。この2つを組み合わせてみたら、ひとつひとつに思考と感情のつながりがありました。22日間のステップをたどることで、思考と感情を調和させることができると思います。私がやってきたワークが何かのヒントになれば、嬉しいです。

新月前夜 ―― 0 愚者

◎ただ在るがままに進む…………1 喜び、智恵、充実、自由、愛、感謝

0 愚者のただ在るがままに進むエネルギーは、1の段階の感情とつながっています。生命の樹のワークは、新月前夜に受け取りの生命の樹をつくることから始まります。月のリズムは0 愚者のエネルギーで、一番初めのスタートをする日です。受け取りの生命の樹をつくる時に、感情を1の段階の喜び、智恵、充実、自由、愛、感謝に合わせることで、満ちた意識でスタートできます。

1日目 新月――― 1 魔術師

◎準備する、計画する…………22 恐れ、悲しみ、落ち込み、絶望、無力感

1日目の準備する、計画するステップは、22の段階の感情を動かして、新しい方向へ向かわせます。1日目の月のリズムは1 魔術師のエネルギーで、受け取りの生命の樹を元に計画したり準備したりする日です。自分らしい人生を送ろうとする時に、どんなに22の段階の恐れ、悲しみ、落ち込み、絶望、無力感といった感情があっても、ステップ1の計画や準備をすることは、その段階の感情から別の段階の感情へと進むきっかけをつくります。

2日目――― 2 斎王

◎自分自身や宇宙とつながる……21 危機感、罪悪感、自己卑下

2日目の自分自身や宇宙とつながるステップは、21の段階の感情を解放する力へと変化させます。2日目の月のリズムは2 斎王のエネルギーで、いったんここで自分自身や宇

宙とつながり、今後のプロセスを受け取る準備を整えます。瞑想や好きなワークや学びなどで見えないエネルギーとつながることで、21の段階の危機感、罪悪感、自己卑下といった感情が穏やかに解放されていきます。

3日目——3 女帝

◎内側でイメージをつくる………20 嫉妬

3日目の内側でイメージをつくるステップは、20の段階の感情を反対の祝福へと変容させる力となります。3日目の月のリズムは3 女帝のエネルギーで、内側でイメージを広げます。繰り返し考えたり、紙に書いたりしながらイメージを大きく膨らませていきます。楽しみながら青写真をつくっていると、20の段階の嫉妬の感情もほぐれてきて、周りを祝福できるようになっていきます。嫉妬は、人が自分よりも優れていて、自分は劣っていると感じる時に出てきます。競争から出てくるのですが、3日目のステップでイメージすることを楽しめば、競争ではなく、創造のエネルギーにつながって、嫉妬の感情がほぐれていきます。

4日目――――4 皇帝

◎具体的に行動する……………19 憎しみ、激怒

4日目の具体的に行動するステップは、19の段階の感情をエネルギーとして使います。4日目の月のリズムは4 皇帝のエネルギーで、イメージしたことを具体的な行動に移します。頭であれこれ考えるのではなく、実際の行動に集中することで、19の段階の憎しみ、激怒の感情を行動のエネルギーとして使えるようになります。

5日目――――5 法皇

◎外側へ発信する、広げる………18 復讐

5日目の外側へ発信する、広げるステップは、18の段階の感情をやわらげます。5日目の月のリズムは5 法皇のエネルギーで、行動をさらに広げて、外側の世界へと発信して

いきます。また、自分が信じるものに従うことも大事になります。信じるものに向かって外側の世界へ進む時、18の段階の復讐の感情の執着が取れて、より高い流れにつながっていきます。

6日目 ―――― 6 恋人

◎未来へ進む方法を選択する……… 17 怒り

6日目の未来へ進む方法を選択するステップは、17の段階の感情を喜びで包みます。6日目の月のリズムは6 恋人のエネルギーで、ここまでのプロセスを整理して、効率のよい方法を選択します。やめるか、続けるか、新しいことをやるかを工夫してみます。この創意工夫するプロセスが自分のエネルギーを高めてくれて、17の段階の怒りの感情を解放して、許しを受け取れるように助けてくれます。

7日目〈1週間目〉― 7 戦車

◎成果が出る……………… 16 落胆

7日目の成果が出るステップは、16の段階の感情を成功の気持ちに変容させます。7日目の月のリズムは7 戦車のエネルギーで、ひとつの成果が表れてくる日です。22日間のステップの1週間目の行動の成果がなんらかの形で出てきます。ここまでは、自分の意志で、現実的なことに取り組むプロセスですが、新しいやり方は、必死にがんばるのではなく、自分を超えたものに意識を合わせながら進むのです。新しいやり方をしてきた1週間目は「OKですよ」という宇宙からのお知らせがあるものです。成果を受け取ることができると、16の段階の落胆の感情がすーっと自然に消えていくのです。

8日目――――8 正義

◎自分の中心軸を整える…………15 非難

8日目の自分の中心軸を整えるステップは、15の段階の感情を賞賛の気持ちに変容させます。8日目の月のリズムは8 正義のエネルギー。自分の中心を意識してちょうどよい状態に整えます。今ここに意識を合わせて、中心からそれているものを判断してクリアにするプロセスは、次の段階に進むための準備となります。自分をクリアにすることで、15の段階の非難の感情が、賞賛や肯定のエネルギーに変容していきます。

9日目————9 隠者

◎自分の内面を見つめる…………14 心配

9日目の自分の内面を見つめるステップは、14の段階の感情を安心の気持ちに変容させます。9日目の月のリズムは9 隠者のエネルギーで、自分の内面深くを見つめて、答えを取り出したり、知恵を得たり、自分自身を統合します。内面に取り組むことによって、14の段階の心配の感情が、安心感へとつながっていきます。

10日目————10 運命の輪

◎自分の人生の舵をとる…………13 疑い

10日目の自分の人生の舵をとるステップは、13の段階の感情を解き放ちます。10日目の月のリズムは10 運命の輪のエネルギー。自分を信じて、人生を自分でつくることを決意します。その決意は13の段階の疑いの感情を解放して、信じる道へ進ませてくれます。

11日目――11 力

◎宇宙の力に身を任せる…………12 失望

11日目の宇宙の力に身を任せるステップは、12の段階の感情を優しく癒して先に進ませます。11日目の月のリズムは11 力のエネルギーで、宇宙の力を受容することに集中します。宇宙の力に身を任せて、自分の小さな頭を解き放って、自分自身を回路として開きます。このプロセスを経ると、宇宙が自分に何かをしてくれる受動の力が引き出されて、受け取ることがもっとできるようになります。受け取ることは、12の段階の失望の感情を癒し、宇宙に対して純粋に希望や期待を持つことを後押ししてくれるのです。

12日目――12 吊るし

◎世界を別の角度から見る……………11 戸惑い

12日目の世界を別の角度から見るステップは、11の段階の感情を落ち着かせます。12日目の月のリズムは12 吊るしのエネルギーで、今までの考え方を変えて、世界を別の角度から見てみます。主観ではなく客観から考えたり、ハイヤーセルフの視点で自分を見てみることで、新しいことに気づくものです。その気づきが自分に自信をもたらしてくれて、11の段階の戸惑いの感情から解放して、等身大の自分になることを助けてくれます。

13日目――13 死（名前のないカード）

◎不要なものを手放す……………10 不満、苛立ち、焦り

13日目の不要なものを手放すステップは、10の段階の感情を手放します。13日目の月のリズムは13 死（名前のないカード）のエネルギーで、自分に必要のないすべてのものを手放します。自分にスペースができると、もっと高いエネルギーを受け取れるようになり

ます。この変容するプロセスでは、あきらめるということを体験するかもしれません。宇宙の計らいによって変容することで、10の段階の不満、苛立ち、焦りの感情も変容して、もっと自分につながり、宇宙にもつながっていくのです。

14日目〈2週間〉――14 節制

◎癒しを受け入れる……………9 悲観

14日目の癒しを受け入れるステップは、9の段階の感情を癒します。14日目の月のリズムは14 節制のエネルギーで、癒しを受け入れ、宇宙の助けを受け取ります。自分が癒されると、宇宙とのつながりが深まります。宇宙の助けを受け取ることで、9の段階の悲観の感情が解放されて、ポジティブな流れにつながっていきます。積極的に動いては受け取ることをして、意識を合わせてきた2週間目は、自分と宇宙とのつながりがさらに深くなり始めます。

15日目〈満月の頃〉―― 15 悪魔

◎現実を直視して軌道修正する……8 退屈

15日目の現実を直視して軌道修正するステップは、8の段階の感情をワクワク感へと高めます。15日目の月のリズムは15 悪魔のエネルギーで、起こってきたことを直視して、プロセスを分析します。この頃は満月のタイミングで、自分がつくってきたものが形として見えてくる頃です。どんな種を蒔いて、どのように育てたかが出てきます。好ましいものでなければ、動機がズレているということですし、好ましいものであれば、宇宙の意思と合っているということです。ズレていれば、心や行動を軌道修正することが必要です。表面上のことではなく、根底にあるものを知ることは自分を知ることでもあります。ズレを整えたり、ズレていないことを確認したりして、プロセスの分析をすると、だんだん自分を活かす知恵と力がついていきます。自分に集中すると、8の段階の退屈の感情がワクワクを感じる感情へと変化していきます。

16日目 ―― 16 塔（神の家）

◎宇宙の働きを受け取る…………7 満足

16日目の宇宙の働きを受け取るステップは、7の段階の感情とつなげてくれます。16日目の月のリズムは16 塔（神の家）のエネルギーで、高い次元のエネルギーを受け取ることを意識します。順調に進んできた場合、向こうから何かがやってくるタイミングです。意識ががらっと変わってしまうような奇跡と魔法の体験がやってくるかもしれません。宇宙と意識を合わせて、その体験を受け取る準備を許可しましょう。今までになかった出来事は、意識を変えてステージを上げてくれます。感情の段階もここからポジティブなものへと変わります。奇跡と魔法の体験が、驚きと感動で心をいっぱいに満たしてくれて、7の段階の満足の感情にしっかりつなげてくれるのです。

17日目 ――――― 17 星

◎宇宙に対して謙虚になる………6 希望

17日目の宇宙に対して謙虚になるステップは、6の段階の感情をもたらしてくれます。

17日目の月のリズムは17星のエネルギーで、宇宙に対して受容の姿勢で向き合います。謙虚に素直に自分を明け渡すことができた時、尽きることのないインスピレーションが通り抜けます。宇宙とつながっている自分自身をはっきりと感じることができ、喜びでいっぱいになります。元々いた源に存在していることを思い出し、豊かに流れている感情とつながることでしょう。このプロセスで6の段階の希望の感情とつながります。

18日目——18月

◎心を浄化する……………5 楽観

18日目の心を浄化するステップは、5の段階の感情をもたらしてくれます。18日目の月のリズムは18月のエネルギーで、自分の内面奥深くにあるものを浄化します。感情が流れ出したことで浮き上がってきた古い記憶やネガティブなエネルギーがあれば解放します。今までプログラムしてきた解釈や思い込みを外す最後のプロセスです。心や身体を浄化し、最後の段階に進む準備を整えます。ここから先は、何かを得るとかやるとかいうよりも、ただ存在するという段階です。ここまで成長してきたら、より大きな視点で物事を見られるようになり、感情が揺らいでがくんと落ちるということもなくなります。すべてを学びの知恵とすることができるので、５の段階の楽観の感情で満たされています。

19日目――19 太陽

◎心が満たされる……………４ 肯定的な期待、信頼

19日目の心が満たされるステップは、４の段階の感情とひとつになります。19日目の月のリズムは19 太陽のエネルギーで、喜びいっぱいで日々を過ごします。願いが叶ってくるタイミングです。自分の居場所が見つかったり、ワクワクするような流れに乗ったり、仲間ができたりして、毎日が楽しいという状態になります。喜びや楽しいエネルギーは宇宙を拡大させて、周りの人も世界も良くしていきます。喜んで楽しく生きるために生まれたことを理解した人がこれからの時代のリーダーです。リーダーとなって生きる人は、４の段階の肯定的な期待、信頼の感情で満ちています。

20日目――――20 審判

◎ハイヤーセルフとひとつになる…3熱意、やる気、幸福

20日目のハイヤーセルフとひとつになるステップは、3の段階の感情とつながります。20日目の月のリズムは20 審判のエネルギーで、ハイヤーセルフとひとつになり、望んだ未来が現実になっているでしょう。意識の世界でつくったものの中に自分が存在している感じです。大きく成長して、神聖で純粋な自分となって、ステージが上がります。得られた成果は、自分がつくったとも言えるし、宇宙がしてくれたことを受け取ったとも言えます。そのどちらも正解で、自分と宇宙との共同創造と言えるのです。意識を形あるものに変容させたのは、3の段階の熱意、やる気、幸福の感情に満ちている自分です。

21日目――――21 世界

◎喜びいっぱいのゴール…………2情熱

21日目の喜びいっぱいのゴールのステップでは、2の段階の感情とひとつです。

21日目の月のリズムは21 世界のエネルギーでゴールの日です。充分な成果を受け取って、最高の喜びの状態です。欲しい気持ちを得て充分に満たされていることでしょう。ゴールで成果を受け取った喜びを充分に味わってお祝いします。そして、22日間のプロセスをまとめておきます。自分のデータを記録して今後のワークに活かします。お祝いの後は、次の新月に備えてゆっくり休みます。

スタートの時の「充分に在る、もうすでに在る」という意識が、ゴールで形となって表れます。「足りない、何もない」という意識でスタートしては何も形になりません。あるいは、「在るはずがない」という意識も形になりません。いかに「充分に在る、もうすでに在る」という意識で自分を満たせるかによって、自分の人生を変えることができます。それを可能にできるのが、生命の樹のワークです。

最高の喜びの状態、充分に満たされている状態とは、2の段階の、情熱の感情で満ちている状態のことなのです。情熱はワクワク感とも言えますよね。やはり大事なことは、ワクワクすることなのですね！

私が意識してきた、22日間のステップと感情の22段階の組み合わせはいかがでしたか？

絶対にこうなっているとは言えませんが、自分らしく生きようとする初めの段階では、何をどうしていいかわからず、思うように進むこともできず、行き詰まってしまうことが多いので、何か指針となる方法を持つことが必要だと思います。その方法は、自分に合ったものが一番ですし、いずれは自分で生み出していくことが望ましいことです。しかし、初めの段階でつまずいてしまっている人や、納得しないと変われないという人には、生命の樹のワークが合うのではないかと思います。

生命の樹のワークでは、次のことに取り組みます。

> ① 生命の樹の10の丸に書いて埋める
> ② つくった後の22日間のステップを終える
> ③ ステップをたどって、思考と感情を調和させる

やることとは明確でシンプルです。また、しっかりした型はありますが、使い方に厳格な決まりはありません。型にそって、自由にやって、自由に感じて受け取っていけばいいのです。毎日の月のリズムも一日一日ピタリと切り替わるわけでもありません。前後3日間

はエネルギーが混ざり合っていると考えて、柔軟に捉えてくださいね。

スタートとゴールと、22日間のステップさえ押さえれば、プロセスはまったく自由です。ぜひ、「充分に在る、もうすでに在る」という意識でスタートしてください。スタートとゴールの意識を合わせたら、22日間のプロセスを楽しんで受け取っていきましょう。その一日一日には、あなたへの贈り物がいっぱいあります！


終わった後は、22日間のまとめをしておきましょう。そのデータは、あなたのオリジナルの「願いを叶える方法」となります。詳しいまとめ方は6章にありますので、そちらを参考にしてください。22日間が終わったら、次のワークまでの間ゆっくり休みましょう。願いが叶った喜びや22日間のプロセスをよく味わってください。

受け取りの生命の樹のワークは、1ヶ月に一度ずつやっていくのが基本です。心の中に、毎月小さな木を1本植えるようなイメージです。その他に、3つのやり方があります。

① 毎年春分に、1年間の取り組みを書いた受け取りの生命の樹をつくります
1年かけて願いを叶える大きな木になります

② 春分、夏至、秋分、冬至に、年４回つくります
これは、３ヶ月で願いを叶える中くらいの木です
③ 自分の誕生日や特別な日につくります
つくる日や期間は自由です。１年でも３年でも10年でも設定できます

私は、４年に一度めぐってくる２月29日のうるう日につくりました。４年後にそれを見るのを楽しみにとっておいています。このように、毎月の22日間のワークだけではなく、年間通して実現させたいこと、３ヶ月で実現させたいことを受け取りの生命の樹で設定できます。書いた受け取りの生命の樹をデータとしてとっておくと、どのような流れで進んでいるのかが見えてきて、とても役に立ちますよ。

【この章で受け取った３つのことは何ですか？】
①
②
③

第6章　生命の樹で意識を変える

過去と未来が重なるスペースに
閃きが降りてくる

生命の樹で意識を変える

「受け取りの法則」は、高い次元（上の世界、宇宙、波動の高い意識の世界）に在るものを「受け取る」ための方法です。高い次元とつながって、そちらの世界の意図や導きやメッセージを「受け取る」準備をする方法なのです。高い次元は、愛や喜び、豊かさや美しさに満ちているすべてが調和している世界です。そして、すべての生命を育むエネルギーに満ちています。

「受け取りの法則」は、このような高い次元とつながる女性性の受動の力を目覚めさせます。受け取る力がついてくると、ハートで感じたり、目には見えないものに気づくスピリチュアルな感性が豊かになっていきます。受け取る力は、女性性の力を活かして、高い次元とつながる回路を開きます。

高い次元は、あらゆるものがつながって調和している高い波動の世界です。必要なことがすべて満たされる世界なのです。受け取る力がついて、高い次元とつながるようになると、分離感や孤独感が無くなっていきます。そして、不安や恐れ、焦りや怒りなどの否定的な感情から解放されていきます。無理してがんばったり、修行をしなくても、高い次元につながれば、その高い波動によって、意識が変わっていくのです。

受け取る力がついてくると、だんだん高い次元の意図や導きやメッセージに気づくようになり、それに動かされるようになっていきます。

高い次元とつながるとか、宇宙とつながるとか、降りてくるということに、啓示が来るとか劇的な何かをイメージする人がいるかもしれませんが、実は、とてもシンプルで些細なことです。心の中のささやき声とか、同じ数字を何度も目にするとか、ある人をフッと思ったらその人と会ったとか……。受け取る力がついてきたら、こうしたシンクロニシティの流れにつながることができるのです。

最近は、望む自分になることを伝える本に、「受け取る」という言葉や「引き出す」という言葉をたくさん見かけるようになりました。「受け取りの法則」を感じている人が増えてきたのかもしれません。「引き寄せの法則」が充分に満ちて、ここ数年で、多くの人が自分の真実に生き始めています。頭ではなく、ハートに従って生きる人が増えてきて、どんどん波動が上がっています。この世界が愛や調和に満ちたハートの世界になってきたのですね。まさに高い次元が地上に降りてきているのを感じています。

「受け取りの法則」は、「準備ができたら、受け取る」というものです。受け取る準備が整ったら、上の世界から降りてきます。今、目の前に在るものすべてが、準備ができて受け取ったものなのです。今、準備ができた多くの人が、高い次元から受け取ったエネルギーを、地上で物質化しながら、新しい時代をつくっています。今の流れでは、準備ができた人がある一定数を超えるのもそう遠い未来ではないように思います。

「受け取りの法則」は、高い次元とつながる上と下のエネルギーのラインを表しています。生命の樹はその上下のエネルギーラインを表しています。

「受け取りの法則」は、上からすっと降りてくるような、高い所から低い所へ物が落ちる重力のイメージです。ピンと感じる閃きやフッと湧いた思いを受け取る方法です。また、感じることなどの非言語コミュニケーションを受け取る方法です。「受け取りの法則」のイメージは、自分を器にして、上下に流れる縦のエネルギーラインです。

「受け取りの法則」は、上の世界と下の世界をつなげていきます。

こちらのポストカードは、縦のエネルギーラインのイメージです。

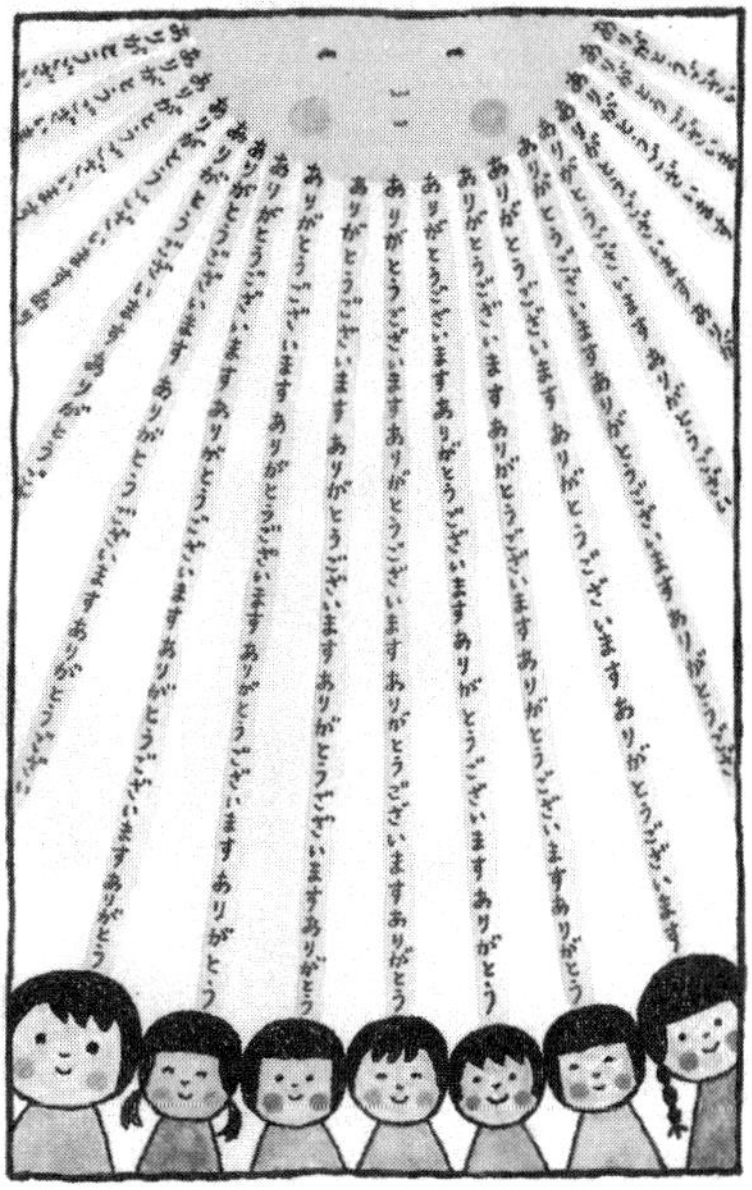

山下めぐむ作ポストカード / 題：杉山開知
「一人に一つの宇宙（そら）があり、この銀河（うず）の中で、太陽（ひと）として生きる」

「引き寄せの法則」は、自分の内側と外側をつなげる内と外のエネルギーのラインを表しています。**「引き寄せの法則」は、空間からぐっと引き寄せるような、磁石に吸い付いてくるようなイメージです。空間から自分の意識したことを引き寄せる方法です。自分を中心とした放射線状に広がる内と外を結ぶ横のエネルギーのラインです。**

こちらのポストカードは、横のエネルギーラインのイメージです。

引き寄せと受け取りの「横と縦のライン」が交わると、その中心からエネルギーが生まれて、縦糸と横糸が織られて生地ができるように、見えないものが形になっていきます。

縦と横のラインが交わった中心で、自分が受け取る器になるのです。

引き寄せがうまくできない人は、受け取る器に穴が空いていたり、小さかったり、器の準備ができていません。そして、受け取る力が弱いのです。

引き寄せたものが器の穴から漏れていたり、引き寄せていることに気がつかず、引き寄せたものを受け取れないのです。望んでいることを引き寄せるためには、受け取る力が必要なのです。

山下めぐむ作　「ありがとうのしくみ」

「受け取りの法則」の縦のラインは、宇宙とつながる回路です。「受け取る」とは、上の世界に在るものが、この回路を通って下の世界に現れることです。この回路をどんどん開いていきましょう。回路が閉じていれば、「受け取る」ことができません。下の世界では「受け取る」ことが必要です。女性性の受動の力を使って、感じたり気づいたりしたことをどんどん受け取っていきましょう。

ハートの感覚やスピリチュアルな感性で感じることは、高い次元から来たものです。それに従っていくと、高い次元や宇宙とつながることができます。高い次元や宇宙とつながると、あらゆるものとのつながりや調和を感じられるようになります。宇宙と自分が調和して、安心感に満たされていき、どんどん引き寄せられるようになります。そして、それを受け取ることができるのです。閃いたり、ハートで感じたり、フッと湧いてきたことを受け取っていきましょう。それは、小さな頭を超えた高い次元のメッセージかもしれません。

なかなか引き寄せられない人は、受け取ることを意識してみてください。受け取ることを意識するのに、生命の樹がとても役に立ちます。

生命の樹は、受け取りの縦のラインを表しています。生命の樹は、見えないラインを意識できるように助けてくれる図形です。生命の樹の❶ケテルは天や精神を表し、❿マルクトは地や身体を表します。❶ケテルから❿マルクトまでは、上から下へ降りていく流れを表し、❿マルクトから❶ケテルまでは、下から上へ昇っていく流れを表しています。高い次元から受け取ったものは、❶ケテルから❿マルクトまでの流れを通って下の世界に降りてきます。一番下の❿マルクトが受け取る器になっています。この回路の流れが受け取るということです。

生命の樹は「受け取りの法則」を表す図形です。この図形には「受け取る」仕組みがあるのです。毎月の生命の樹のワークは、「受け取る」練習です。毎月のワークで、望む未来を考えたり、受け取りたいことをイメージして、生命の樹に書いてみましょう。

初めに書く作業では、「考える力やデザインする力」を身につけます。

次に、「書いたことを受け取りながら、過ごします」。

「起こってくることを受け取る＝気づく」のです。この受け取る作業では、「受け取る力やしてもらう力」を身につけます。考えることと受け取ることを調和させていきましょう。

生命の樹は図形なので、視覚で捉えやすく潜在意識に入りやすいのです。宝地図では、イメージを常に目にすることで、そのイメージが現実になると言います。生命の樹も宝地図と同じ効果があります。望む未来を書いた生命の樹を目にすれば、未来のイメージを目にすることができるので、ワークでつくった「受け取りの生命の樹」は、部屋の壁に貼ったり朝晩見たりして、未来のイメージを潜在意識にインプットしていきましょう。

生命の樹を使うことで得られる効果は、私たちの意識の中に根付いている、足りない、無いという欠乏感や不安感を、充分に在る、満ちているという充足感と安心感に変えられることです。

多くの人が「足りない、無い」という意識から物事をスタートさせています。足りない、無いから、なんとか手に入れよう、手に入れなくてはと、がんばってつかみ取ろうとするのです。しかし、足りない、無い意識からは結局同じ、足りない、無い状態が生まれます。その根底には、欠乏感、不安感があるのです。

生命の樹のワークでは、「物事のスタートを充分に在る、満ちているから始める」ことを練習します。受け取りの生命の樹で、望む未来をつくり、22日間、月のリズムと受け取ることを意識して過ごしていくと、どんどん「充分に在る意識」へと変わっていきます。

それは、受け取るという意識がたくさんのことに気づかせて、充分に在る状態を体験させてくれるからです。その体験から、たくさんのものを与えられていることに気づかせてくれて、感謝が湧いてくるでしょう。また、溢れんばかりの喜びや深い安らぎも受け取ることができます。そうして、必死にがんばって追い求めなくても、受け取る意識が、「充分に在る状態」をつくっていきます。その体験を繰り返していくことで、無理なく自然に、「充分に在る、満たされた意識」へと変わっていくのです。いつしか安らぎに満ちて、満足感と安心感から物事をスタートできるようになるでしょう。

充分に在るという満ち足りた意識と安らぎの状態が、私たちの本来の在り方です。この状態が私たちの本質なのです。受け取りの生命の樹で望む未来に意識を合わせる22日間は、私たちを本来の在り方に戻してくれるプロセスです。生命の樹で受け取ることを練習すれば、無理なく自然に満たされていきます。生命の樹で青写真を明確につくること、22日間のステップをたどることをマスターすれば、どんどん望む未来とつながります。それは、上の世界（宇宙、見えない世界）とつながるからであり、未来の時間に入っていくからなのです。生命の樹は、「受け取ること」を表しています。生命の樹を使うことで、「受け取りの法則」をマスターできるのです。

受け取ることができるともっと楽に生きられる

みなさんは受け取ることをどのように思っていますか?

私はみなさんにもっと受け取ることを味わって欲しいと思っています。

私は、受け取ることが苦手でした。ほっと休んだり、のんびりとくつろいだりすることができなくて、いつもがんばっていて、緊張していました。その緊張を麻痺させるかのように、ますますがむしゃらにがんばるといったことを繰り返していたのです。とにかく何もしないということがまったくできず、常に何かをしてがんばっていました。

当時の私は、人に何かをしてもらうことがとても苦手でした。人の好意を受け取ることができませんでした。人から何かをしてもらうことに罪悪感さえ感じていたのです。その根底にあったのは、自己肯定感の低さと自分には価値がないという思いです。何かをしてもらう価値がないと思っていたのですね。だから、がんばってがんばって、自分の価値を証明しようとしていたのです。一生懸命がんばれば認めてもらえると思って、努力、根性、忍耐を美徳として生きていました。がんばって結果を出した時だけ自分を認めることができましたが、それも一瞬で過ぎ去って、常にもっともっとと思っていました。今思えばよく病気にならなかったと思いますが、心は確実に蝕まれていたと思います。当時の私の中のセルフトークは、とても厳しいものだったと思います。

受け取るなんて、誰かに何かをしてもらうなんて、なんだか拒否反応が起こってしまって、自分に許すことができませんでした。でも本心では、本当は認めて欲しくてわかって欲しくて仕方がありませんでした。

受け取ることができなかった私は、何かを頂いたり、好意を受けた時に、申し訳ない、という気持ちになっていました。ありがとうございます！　と言うよりも、すみません、と言ってしまうのです。そして、すぐにお返しをしなくては！　と焦ってしまいました。してくれた人に対して、嬉しい！　ありがとう！　という喜びや感謝ではなく、すみません、こんなことをして頂いて申し訳ありません、という罪悪感や自己否定の気持ちをお返ししていたのですね。こうしたセルフイメージの低さが生きづらさの原因だったのです。そして、セルフイメージが低いから、受け取ることができなかったのです。

とはいえ、運命とは本当に不思議なものです。その生きづらさがあったから、生命の樹につながることができたのですから。

カバラには「受け取る」という意味があります。この意味は、散歩中に受け取った閃きによってわかりました。散歩中に、突然私の頭の中で「言葉に注目せよ！」という声が聞こえてきました。私の意識にまったく別の意識が入り込んできた感じでした。その声は続けて「ヘブライ語！　旧約聖書！　カバラ！」と3つの言葉を送り込んできました。まさに「受け取る」体験をしたのです。私は、その3つの言葉の意味がすぐにわかりました。以下の3つがその意味です。大事な部分なので繰り返します。

①ヘブライ語！

旧約聖書はヘブライ語で書かれていること

②旧約聖書！

生命の樹の原点は旧約聖書のアダムとイブのお話であること

③ カバラ！

旧約聖書はユダヤ神秘学の源流であり、カバラにつながること

この時、カバラという言葉がヘブライ語であることにハッと気づき、すぐに帰って調べてみました。すると、カバラの語源は「キャッバーラ」というヘブライ語であること、「受け取る」という意味があることがわかりました。カバラの「受け取る」という意味と数分前の出来事が私の中でつながって、ひっくり返るほどの衝撃を受けました。私は、頭の中に聞こえた声を受け取ったことで、カバラの意味を知ったのです。しかも、カバラの意味は、「受け取る」――自分ではない働きを強く感じました。その体験は生命の樹を探求して3年後に起こったことです。宇宙は突然、驚くような形で答えをくれたのです。カバラの「受け取る」という方法で……。

この体験で、私は「受け取る」という意味がわかりました。受け取るとは、自分を超えた所からやってくるものに気がつく体験です。自分でコントロールしていないことが、向こうからやってくる体験なのです。それは「準備ができて、降りてくる」出来事です。私は気づかぬうちに準備が整っていたのでしょう。生命の樹をなんとしても知りたい！　知

る！　という思いで毎日過ごしていましたから。

そして、受け取るとは、機が熟した時に起こるのです。向こうから一方的にやってくるように感じますが、実は受け取る準備ができたからやってくるのです。準備ができていなければ、気づくことも受け取ることもできません。自発的な受け取る意図や覚悟（受け取る姿勢）がなければ、自覚することはできないのです。

受け取るとは、準備が整って、受け取る姿勢ができた時に、必要なことが自分に向かってやってくる体験です。準備が整った時に、下の世界と上の世界がつながることなのです。上と下、あるいは、内と外がピタリとつながった時、「受け取る」体験がやってきます。もうすでに上の世界に在るものが、下の世界で形となるべくやってくるのです。自分のコントロールを超えたことが起こるのが、受け取る力の働きです。

受け取る力がついてきたら、溢れんばかりに与えられているものに気づきます。日々の気づきで感謝と喜びが湧いてくるでしょう。だんだん毎日が生き生きと豊かになっていきます。

そして、受け取ることとは、ピンと来たことやフッと感じたことを行動に移して、自分のものにすることです。受け取ったものを生かすと、その体験が味わい深いものになります。それはとても幸せで楽しいことです。受け取ることは喜びや幸せを感じさせて、未来へ向かう希望と力を与えてくれます。いつしか罪悪感や低い自己価値からあなたを解放してくれるでしょう。目の前の出来事や日常にあるものをハートを開いて受け取ることで、人生がどんどん豊かになっていきます。

受け取る力がついてくると、宇宙とのつながりを実感できるようになります。すべての生命とのつながりを感じて、安らぎで満たされていくのです。受け取る意識によって、だんだんと不安が安心に変わっていきます。こうした安らぎの気持ちは、「充分に在る、無い、足りないという意識を大きく変化させてくれます。安らぎの気持ちは、「充分に在る、満たされている状態」にしてくれるからです。大いなるものに守られて、愛されて、許されていることを感じるようになり、不安からじたばたと動かなくなります。どっしりとして動じなくなり、「必要なものは来る」と宇宙や自分を信じられるようになるのです。

安らぎは受け取る器の穴を修復します。どんなに喜びをつくったとしても、受け取る器に穴が空いていたら、最終的にその喜びを受け取ることができません。安らぎと喜びの両方揃って、宇宙や自分とつながることができるのです。

受け取る力は、自分という存在を満たしていきます。自分という存在にどんどん力がみなぎって、「I AM THAT I AM ＝私は私で在る」という意識が満ちていきます。満ちれば満ちるほど、罪悪感や低い自己価値のかわりに、尊厳や高い自己価値が目覚めてきます。相手の好意を素直に受け取ることができるようになり、喜びや感謝をもっと深く感じるようになります。受け取ることができればもっと楽に生きられるのです。うまくいっている人はみんな、受け取る力をしっかり使えています。

受け取る力がある人は、外側の世界に翻弄されることなく、宇宙や自分としっかりつながって生きています。うまくいっている人は、宇宙とつながっているように感じませんか？　本人の後ろに大きく広がるものや、何か偉大なもの、揺るがぬものを感じます。本人たちも「宇宙が私を導いている」とか「私ではありません」ということを言います。揺るぎない信念を持って進む人を見ると、偉大なものを感じて感動します。そのエネルギーに吸い寄せられて、心から応援したい気持ちになります。

受け取る力がついて器ができた人は、必要なことがどんどんやってくるようになります。それは、上の世界とのつながりが強く太くなり、自分に力が戻ってくるからです。焦ったり不安になることなく、常に安らぎの境地で、起こってくることを信頼できます。そして、向こうから来る働きを最高のタイミングで受け取って、自分にしかできないことを成し遂げていくのです。

◎なぜ、多くの人は引き寄せができないか？

引き寄せでは得られないものがあるのです。それが「受け取りの法則」で得られる安らぎ、信頼と、宇宙や自分との揺らぐことのないつながりです。引き寄せは、喜びをつくることを教えてくれました。良い気分でいること、ほっとすること、ワクワクや喜びにフォーカスすること、こうした教えで多くの人が喜びをつくり出せるようになったと思います。しかし、なかなか引き寄せができないのは、まだ足りない何かがあるからなのです。喜んで良い気分でいたとしても、心の奥でどうにも何かが欠けていると感じているのです。

◎それは一体何なのか？

その欠けているものとは、**「安らぎ」**です。安らぎの状態を実感できていないのです。心の奥深くで、足りない、欠けていると感じるものとは何か？　それは、「宇宙や自分、すべての生命とつながっている安心感」なのです。

人はこの「安らぎの気持ち」が欲しいのだと思います。「宇宙や自分とのつながり、すべての生命とつながっている安心感」を多くの人が求めていると思います。

「受け取りの法則」が身につくと、安らぎで満たされていきます。自分の中の上下の回路が開いて、宇宙や自分とのつながりを実感できるようになります。この安らぎを得られるようになると、どんどん引き寄せられるようになるのです。足りないと感じていたのは、宇宙や自分とつながっている安らぎだったのです。**引き寄せがうまくできる人は、すべての生命とつながっている感覚があり、宇宙や自分とつながって、安らぎで満たされています。宇宙や自分とのつながりを感じられず、不安でいっぱいだとうまく引き寄せることができないのです。**

「受け取りの法則」は、優しく育む女性性の力を引き出して、不安を安らぎに変え、信頼の心を強くさせ、望む結果を受け取れる自分に成長させてくれます。

このプロセスで得られるものは、信頼する心です。それは、静かにゆっくりと育っていくものなので、がんばって一時的に獲得したものとは違い、時間が経っても消えて無くなることはありません。ゆっくり育んだ信頼する心はその後もずっと育っていきます。こうして、自分を信じられるようになり、自信が出てくるのです。

信頼する心は、とても強い「望む結果を受け取る力」です。この受け取る力こそが、「もうすでにそうなっている自分」を信じさせてくれる最強の力なのです。そして、この力は安らぎによって育っていきます。すると、もうひとつの、信頼する心とセットの最強の力が出てきます。それは、「許す心」です。この「望み通りの自分になることを許す心」「プロセスの進行を許す心」は望む結果を受け取る強い力になるのです。

「受け取りの法則」のプロセスを植物の成長で表してみます。

①願いを持つ～種を蒔く

↓

②受け取ることを意識する、行動する～太陽の光、水、土などの環境を整える

↓

③宇宙や自分とのつながりを実感する～根っこが育つ

④不安が安らぎで満たされる～幹が伸びる
↓
⑤信頼する心が育っていく＋許す心が出てくる～葉が茂る
↓
⑥自信がついていく～花が咲く
↓
⑦豊かさを受け取る力がつく～実がなる
↓
⑧自分にしかできないことで人のお役に立てる～収穫を分かち合う

受け取る力の最も高いレベルは、人からしてもらえる力です。してもらえる力とは、他人を強制したり、コントロールすることなく、自然に周りから応援してもらえる受動の力です。

例えば、私があなたを応援したいと思ったとします。私があなたのために応援するということは、私にコントロール権があり、何をするかを選択できます。しかし、あなたが私を応援したいと思ってくれたり、私のために何かをしてくれることはあなたの選択なので、私は何のコントロールもできません。私は、あなたの選択を受け取ることしかできません。しかし、私に受動の力があるとします。すると、私は何も強制したり、コントロールしなくても、あなたは私を応援したいと思い、私のために何かをしてくれるのです。そして、会う人会う人が応援してくれるのです。最高の受け取る力とは、強制したりコントロールしなくても、関わる人の好意や応援を引き出すことができる宇宙から頂いた力なのです。この力を育てていけば、自然に周りの人が応援して助けてくれるようになり、もっと楽に生きていくことができるのです。

22日間のステップをたどるワークは、あなたの受け取る力を目覚めさせ、足りない意識を満ち足りた意識へと変容させます。満たされれば満たされるほど充実してくるので、不安（無い意識）が安心（在る意識）に変わり、自分に価値があると思えるようになります。自己価値感が高くなれば、豊かさを実感し、それに見合った現実があなたに向かってどんどんやってくることになります。あなたの内面の豊かさが磁力となって、現実面でもあらゆる豊かさを受け取ることができるのです！

◎受け取る力をつけるワーク

このワークで気づくことを練習してみましょう。一日の終わりに、①〜③の答えを書きます。全部で9個の質問があります。①〜③のうち、どれかひとつだけでもかまいません。生命の樹のワークの22日間に一緒にやると効果倍増です。

①今日一日、「受け取った」3つのこと

1 起こった出来事（事実）

2 ピンと来た閃きやフッと湧いてきた想いなど（アイデアや気持ち）

3 感謝すること（感謝）

②今日一日、「自分について」受け取った3つのこと

1 自分の素敵な所　自分を好きになる練習です

2 感謝されたり喜ばれたこと　今日はどんなことで感謝されましたか？

3 強く心に残ったこと　自分を知るヒントです

③今日一日、「自分の小さな頭を超えた」３つのこと

１　不思議だなと感じたこと

２　今までになかった新しいこと

３　明日の自分のイメージ　寝る直前の５分を使うと、寝ている間に潜在意識に浸透します。

※毎日書くことで、どんどん気づき、受け取れます

自信を持つにはどうしたらいいか

多くの人が自信が無いと言います。現代の人にとって、自信はとても重要なテーマだと思います。子どもの頃はのびのびと自分を表現して、自信が無いなんて思いもしなかったと思います。しかし、多くの人が大人になるとすっかり自信が無くなってしまいます。

◎なぜ自信が無くなるのか?

私もずっと自信が無く、新しいことに挑戦できない、思っていることをなかなか言えない、人前に出るのが恐いといった気持ちを持っていました。しかし、普段の生活ではそのような気持ちを抑え込んで、その場に合わせていたのです。

そうしているうちに、自分の本当の気持ちがどんどんわからなくなっていき、いつしか不安に襲われるようになりました。自信がなくて、不安でしかたがないのに、表面上では、何の問題もない自分を見せて、がんばって生きていたのですね。

そうして気づかぬうちに、本当の気持ちと現実の自分が大きく離れてしまいました。大きく離れてしまったこの差は自分に対するウソなのです。差が大きくなればなるほど、自分とのつながりが薄れて、自信が無くなってしまうのです。

大人になるにつれ、社会に合わせるために自分を抑えてしまうので、自分の気持ちを隠して生きていくようになります。自分にウソをついて、周りの環境に適応しようと努力します。そうして、自分でも気づかぬうちに、自分と大きく離れてしまうのです。これは、子どもの頃から始まっています。私たちは、子どもの頃から自分の気持ちを大切にすることよりも、他者を優先すること、周りに合わせること、個性を出してはいけない、と言われて育っていきます。良い子でいると安全かもしれませんが、気づいた時には、自分がわからない、自信が無い状態になっています。

自信が無いのは、自分を信じられないからです。子どもの頃から知らないうちに自分にウソをついてきて、大人になってからも周りにうまく合わせるために自分にウソをついているから、自分を信じられないのです。

私自身、自分へのウソに気づくにはずいぶん長い時間がかかりました。30代の頃のことです。私はどうにもならないほどに苦しくなって、ようやく自分と向き合うことに取り組みました。がんばることに力尽きて、力が抜けてしまったことも良かったのかもしれません。その頃の私は、何をしたいかも何が好きかもまったくわからず、頭に雲がかかったように何もかもがわかりませんでした。先が見えない日々は苦しく辛いもので、毎日毎日、脳がちぎれるくらい考えました。何がしたいか何年も自分の中に答えを探し続けていたのです。

ある時フッと、自分の心の声を感じました。

それは、「自信が無いよ。すごく不安で恐いよ。私は本当は弱いんだよ」と言っていました。ずっと抑え込んできた気持ちに気づいてしまったのです。悲しく辛い、不安な気持ちは、どこにも行き場がなく、真っ黒に渦巻いていたのでした。しかし、私はその気持ちを受け入れることができませんでした。

……その気持ちをすっと受け入れることができなかったのです。頑固でひねくれて、何でも複雑に考えるクセがあったこともあり、長い間置き去りにしてきた気持ちをなかなか受け入れることができませんでした。ずいぶん長い間、無きものとして蓋をしてきたので、素直に認めることができなかったのです。

弱い自分を認めると、自分が自分でなくなるようで恐かったのです。変わってしまうことが恐いから、見ないように、感じないようにと、古い自分が邪魔をしました。しかし、本当の私は変わりたい……頭と心が完全にバラバラでした。この葛藤から抜け出すことができたのは、生命の樹のワークをしたからです。時間はかかりましたが、生命の樹のワークで受け取る力が育っていき、抑えていた気持ちを素直に受け入れることができました。そして、頭と心がつながっただけではなく、自信もついていったのです。

自信が無い。その原因は2つあります。

ひとつは、自分へのウソです。自分の気持ちにウソをついているから自分を信じることができないのです。ウソをつかれた自分がヘソを曲げているのです。これ以上置き去りにされたくなくて、先へ進むことを許せません。ヘソが曲がっていると、まっすぐに進めないのです。また、あの人のことは信じられない、嫌いと思うように、自分のことが信じられない、嫌いという気持ちが自信を持てない原因です。ウソつきは誰でも嫌ですよね。表と裏の顔が違う人を好きになれるでしょうか？　自分の中でもそれと同じことが起こっているのが自信が無い状態です。この状態が慢性化すると、どうせ私なんかと自己否定が強くなり、自己価値が低くなります。そして、ますます自分が嫌いになってしまうのです。

ですので、自信を持つには自分の本当の気持ちを素直に認めることが必要です。自分にウソをつくことをやめて、置き去りにしてきた気持ちを受け入れて、自分を信じられるように変わらなくてはいけません。

2つ目は、未知なこと。未知なことは、白紙でまったくわからないのですから、自信が無いと思うのは当然なことです。経験、記憶といったデータが無いのですから自信が無いのは問題でもなんでもないのです。この場合は、新しいデータをつくっていけばいいのです。新しい経験をし、記憶を新たにしていくことで解決できます。自信が無いと、新しいことに挑戦するのが恐くて、なかなか先に進めません。これは大きな問題ですが、次の3つの取り組みで解決できます。

①自分へのウソをやめて、置き去りにした気持ちを受け入れること
②新しい経験を自分でつくっていくこと
③自分を信じて、好きになること

私は、生命の樹のワークで、この3つを解決していきました。数年前までの私は、まっ

たく自信が無く、自分が好きではありませんでした。でも今は、心から自分を信じているし、自分が大好きです。

◎なぜ生命の樹のワークで変わることができたのか？

自信を持つためには、次の２つの取り組みが必要です。

①　自分との約束を守ること
②　新しいことをどんどんやること

生命の樹のワークは、まさに、自分との約束に取り組む22日間のプロセスです。ワークでは受け取ることを意識しますが、この時に自分を信じることも意識するといいのです。自信を持つためには、自分にウソをつかないで本当の気持ちを大切にすること。たとえ自信が無くてもどんどん新しいことをしていけばいいのです。

生命の樹のワークでは、22日間かけて自分で決めたことに取り組むことができます。自信を持つために、次の３つのことを練習できます。

①自分との約束を守る練習ができます
毎月自分で決めたことに取り組むのは、自分との約束を守る練習です

②自分の本当の気持ちを大切にすることができます
一番初めに**1**ケテルに欲しい気持ちを書いて、この欲しい気持ちにフォーカスして進めていきます。22日間、自分の本当の気持ちを大切にすることができるのです

③新しい経験ができます
起こることを受け取っていく22日間のプロセスで、新鮮な気持ちで新しい経験をすることができます

生命の樹のワークを続けた私は、自分が成長していることを実感でき、ワークをすることが楽しくなっていきました。楽しいことはどんどんやりたくなるものです。楽しいことは続きますし、良い結果をもたらします。初めは努力していましたが、毎月のワークがとても楽しくなり、習慣になった頃、私は、自分との約束を守り、自分の本当の気持ちを大

切にして、新しい経験をする毎日がすっかり当たり前になったことに気づきました。このプロセスはとても優しく、穏やかに私を成長させてくれたのです。

こうして1年もしないうちに自信を持つことができ、自分が好きになりました。自信が無かったのがウソのように、自信に溢れる自分に成長したのです。自分を応援する気持ちが出てきて、前へ進むことに抵抗が無くなったのは驚きでした。ハードルが高いような取り組みも、「私にはできる」と思えるようになったのです。これは、「受け取る」意識によって、自分への肯定感、信頼感が育まれたからだと思います。先が見えず、苦しく辛い毎日だったのが、信じられないくらい楽しく新鮮な毎日へと、すっかり変わってしまいました。

自分を信じられるようになると、あんなに自信が無かったのが不思議なくらいに思えました。難しいことや大変な修行をしたわけでもなく、ただ毎月コツコツと自分を大切にするワークをしただけで、意識を変えることができました。シンプルで小さなことを繰り返すことは潜在意識を変えるのに効果がある方法だと言われていますが、生命の樹のワークはまさにその方法だったのです。

自信を持つのは難しいことでも大変なことでもありません。自分との約束を守り、自分の本当の気持ちを大切にして、日々新しい経験をする、そんなシンプルで小さな行動の積み重ねで自信を持つことができるのです。

生命の樹のワークは、マイナスをプラスで満たすことができます。自信の無い自分が自信のある自分へ、不安が安心の気持ちへ、足りない、無いという意識が、満ちている、充分に在る、へと変えることができるのです。このワークで、自分の中の頑固でひねくれて、何でも複雑に考えるクセがすっかりクリアになりました。ずいぶん悩まされていたクセが取れて、本当に楽になりました。素直になることができ、自分を好きになれたのです。

生命の樹のワークが習慣になると、特に意識しなくても、22日間のプロセスが植物の成長のように自然な流れで進みます。起こることを受け取っていくと、望んでいることが実現したり、感謝や喜びの気持ちなど、豊かなものを得られます。毎月少しずつ成長し、自分のバランスが取れていき人生が好転していきます。なによりも、自分の本当の気持ちを大切にできて、自分を好きになれるって素敵なことだと思うのです。

◎ 自信を持つワーク

このワークで、自分を信じることを練習してみましょう。生命の樹のワークの22日間で練習してください。

①自分との約束を守ります

受け取りの生命の樹に書いた、❶ケテルの欲しい気持ち、❻ティファレトの願いごとを毎朝目にします。朝と夜に、意識を合わせてみましょう

そして、❽ホドの日々のｔｏ ｄｏをやります

日々自分の気持ちを大切にしてください

※自分にウソをつかないで、自分との約束を守りましょう

②ピン！と来たらすぐやります

ピン！と来たことをすぐにやると、潜在意識に、自分の直感や宇宙の力を信じていることをインプットできます。日々、閃いたことがあれば、すぐにやりましょう。「ピッと来たら、パッとやる！」「ビビッサクッ」とか、イメージが立ち上がるような面白い音声を考えてみてください。音声でインプットすると頭に入りやすいかもしれませ

ん。閃きはナマモノだと思って、腐る前にすぐにやりましょう。すぐにできない時はメモしておきます。このメモが溜まってしまうのは、いろいろ抱えているサインですので、次のことに取り組んでみてください

①断捨離したり

②ホ・オポノポノなどで意識をクリーニングしたり

③自分の癒しに取り組みます

※閃きが新しいうちに、どんどんやりましょう

※閃いたらすぐやるイメージを音声で表現してみてください

インプットする音声を考えてみましょう

③どんな小さなことでもやってみます

受け取りの生命の樹の8ホドの日々のto do（決めたこと）、日々閃いたこと（新しいこと）を、どんな小さなことでも実行します。日々積み重ねることが大事です。やってみて何か気づいたことがあれば、メモしておきましょう

※毎日小さな達成感を受け取って、自分の力にしていきましょう

自分で自分を育てていく

人は誰でも、役割、使命を持って生まれています。誰でも自分にしかできないことがあるのです。それは、自分の本質、才能を発揮することです。最近では、本質、才能のことを強みとも言い、強みを発掘するセミナーやワークショップなどもたくさんありますね。しかし、実際に自分の強みを理解して、充分に発揮している！　と自信を持って言える人は少ないのではないでしょうか。

強みとは持って生まれた本質、才能です。**強みはもうすでに持っているもので、「無自覚、無意識で当たり前にうまくできること」です**。当たり前にうまくできることなので、はっきりとわからないのです。また、強みはたいしたことのない取るに足らないことだと思っていたり、人から褒められてもまったくピンと来なかったりするのです。

はっきりとわからないので、多く人が、自分の才能は何か？　自分には何ができるのか？　と、外へ外へと答えを探しています。自分らしく生きようとする初めの段階は自分探し、答え探しから始まると思いますが、外へ外へと向かっていくうちに、いろいろな情報、知識が入ってきて、何が何だかわからなくなり、彷徨ったり、余計に焦ってきたりするのです。そして、さらに答えを求めては、確信や安心を得られずに、また外へと向かってしまう……そうしたループに陥ってしまうのです。何かがおかしい、苦しいと感じてようやく、自分から遠く離れてしまったことに気づくのです。

外への答え探しはそこが終わりのタイミングです。私は、みなさんにそのループから抜け出て、内に向かい、自分とつながって頂きたいと思っています。多くの人が私は誰？ここはどこ？　私は何をしたらいいのだろうか？　と彷徨っています。一生懸命がんばって真面目に生きてきたけれど、なんだか生きづらい、答えを探してあちこち行ってはみるもののわかったようで何もわからず、また元の状態に戻ってしまう。そしてまた答えを探しに外へ行く。そんな終わりのないループの中でもがいています。その状態では、どんなに答えを探しても確信は得られず、ますます不安になっていきます。どうにもならない焦りや苛立ちが日に日に大きくなっていくのです。

生命の樹のワークは、そのループから出るのを助けてくれます。ワークをすると意識が内側に向き、自分とつながることができるのです。このワークは受け取ることを意識するので、自分や目の前のこと、日々の現実に向き合わざるを得ないのですね。ぼんやりしていたら、何も受け取れません。今日受け取ったことは何か？　と日々自問自答するうちに、頭がしっかりしてくるのです（笑）。そんなまさか、こんなことで？　本当かなあ？　と思うかもしれませんが、ぜひ「実験」してみてください。まずは、気軽に「実験」です！　どんなことが起こるか、子どもの頃の自由研究だと思って、「生命の樹の実験」を試してみてください。

受け取るとは、目の前のこと、自分がやってみたことから何かを見つけることです。自分にとっての意味を見いだすことなのです。誰かの価値観や社会のルールではなく、自分ならではの何かを、ほんの些細な日常から見つけることは、発明発見に値すると思います！（そして楽しいのです！）

生命の樹のワークは、最初にテーマ、ゴール、気持ち、やることなど、10個の項目を明確にする設計図（受け取りの生命の樹）をつくるので、受け取る準備がばっちりなのです。受け取りの生命の樹で見える化されたプロセス（22日間のイメージ）は、見えない世界で張り巡らされたネットのように広がっています。そして、その中心にはあなたがいます。受け取ることを意識すればするほど、そのネットに、あなたにとって意味ある何かがどんどん入ってくるのです。これが引き寄せの仕組みです。そして、さらにもう一歩進んで、ネットに入ったものを自覚して受け取るのが、受け取りの仕組みです。引き寄せても受け取らなければ、ネットからこぼれ落ちていきます。受け取る力が弱い人は、器に穴が空いているのです。もっともっと！　受け取ってください！　受け取る意識は穴を修復します。**素直に受け取る、喜んで受け取る、信頼して受け取ること！　宇宙が自分にしてくれることを受け取る許可を自分に与えてください。宇宙はあなたを幸せにしたくてしかたがないのです。親の気持ちと同じです。その愛を受け取ることを許すのです。それは自分しかしてあげられません。自分以外の他の人ではできないのです。受け取ることができるようになれば、自分にしかできないことに向かって運ばれていきます。**

見えないエネルギーに運ばれていくことを、ぜひ、ワークで試してみて頂きたいと思います。

自分にしかできないことをやると、本当に人生が豊かになります。自分の持って生まれた強み（本質、才能）を発揮すると、心の満足、経済の豊かさ、人間関係の喜び、魂の成長など、たくさんの豊かさが得られます。自分にしかできないことをやっている人は、キラキラ輝いていて、とても魅力がありますよね。魅力のある人から溢れる喜びと豊かさは、周りの人も豊かに幸せにしていきます。そして、広がっていった喜びと豊かさは何倍にも膨らんで、またその人を輝かせて、魅力的にして、喜びと豊かさの溢れる現実をもたらしていきます。答えを探して彷徨う苦しいループと違って、こちらのループはとても素敵です。

◎自分の強みを発揮して、自分にしかできないことをやるにはどうしたらいいのか？

自分にしかできないことをやるためには、自分の強みを見つけなくてはなりません。強みはもうすでに自分の中にあります。自分の外にはありません。どんなセミナーやワークショップに行っても、スピリチュアルなセッションを受けたとしても、必ず、あなたの中に答えがあると言われませんか？　そう、**強みとはあなたが持って生まれたもの、つまり、もうすでに内側に在るものなのです。ですから、あなたは自分の中に強みを見つけ出さなくてはなりません。強みとは、探すものではなく見つけるもの。**強みを生かすためには、青い鳥のお話のように、外へ向かって探すのではなく、自分の中に入って見つけなくてはならないのです。

強みとは、「持って生まれた自分らしさのこと」なのです。

強みとは、もうすでに充分やっている、「無自覚、無意識で当たり前にうまくできること」です。意識したり、がんばらなくても当たり前にできてしまう自分らしさでもあります。あまりにも当たり前すぎて、気づいていない魅力なのです。たとえうっすらと気づいていたとしても、たいしたことがないと思っていたり、まったく価値を感じていなかったりするのです。しかし、強みは、もうすでに自分の中に在ります。

自分にしかできないこととは、眠っている強みを発揮することです。強みを見つけて、自分のものとして磨きをかけ、価値あるものにして、世の中に役立てるために、「自分で自分を育てていく」のです。

強みは、がんばらなくても当たり前にできてしまうことですが、誤解しないで欲しいのは、がんばらないとは、努力しない、成長しないことではありません。がんばらなくてもできるとは、自然に無理なくできる努力であって、必死にがんばる苦しい努力ではありません。強みは気づかなければ無きに等しいものですが、それに気づくことで、自分の内側からどんどん湧いてくるのです。

自分で自分を育てていくと、強みがどんどん引き出され、価値あるものに育っていきます。育てることは、女性性の優しい力です。子育てをするように自分で自分を育てていくことで、持っている強みがどんどん価値あるものになり、世の中に役に立つものへと成長します。自分が世の中に役に立つ存在に成長するのです。自分らしさを充分に育て上げ、魅力を引き出した自分育てのプロセスこそが、自分にしかできないことなのです。

自分にしかできないことをやっていると、日々が充実して、生きている喜びでいっぱいになります。この状態が幸せな成功で、ここまで自分が成長したら、何をしても、しなくても、常に自分を承認することができるでしょう。他人の評価がなくても、自分に価値を感じることができる成長のステージです。自分で自分を育てていくと、自分にしかできないことをやれるようになり、自己価値が高い、満たされたステージに進むのです。自己価値が高い人は与える力も受け取る力もあり、他人の手助けもできます。

強みを発揮するために、強みと能力の違いを知ることが大切です。

人は強みの他に、能力という力を持っています。強みが持って生まれた自分らしさだとしたら、能力は後天的にがんばって身につけた力です。

実は、自分にしかできないことをやれていないと感じるのは、強みではなく、能力を使っているからなのです。持って生まれた強みは、天から授かった自分らしさという力です。気づこうが気づくまいが、自然に湧いてくる力なのです。それは、天分＝天から分けてもらった自分のことです。

それに対して能力は、生まれた後にがんばって身につけた力で、努力して、鍛錬して習得した能力です。あるいは、身につけた動機が自己否定から始まっていれば、承認や評価を求めてがんばって獲得した力となります。現代社会では、比較、競争の中で評価されるのが、能力とも言えるでしょう。

能力は、物事を達成するためにがんばる重要な力ではありますが、内側から自然に湧いてくる自分らしさではありません。能力を発揮していると、がんばっている自分を実感でき、自分を承認できます。物事を達成することに充実感ややりがいを感じ、能力自体に価値があると思えます。能力に対する価値観が強いと、がんばっている自分は承認でき、がんばっていない自分は承認できません。


自分にしかできないことをやれていないように感じる、がんばっているけれど充実感を感じられない、何か満たされない、不安を感じるというのは、強み（自分らしさ）が生かされていないのです。能力（がんばる力）だけを使っているから、何だかしっくり来ないのです。

うまくいっていないように感じる時は、使っている能力を見つめることが必要です。どんな意識で身につけた能力を使っているのか、自分を見つめましょう。

正直に以下の問いに答えてみてください。

①その能力は、自己否定や不安を埋めるために身につけたものですか？
②その能力は、他人や社会に承認してもらいたくて身につけたものですか？
③その能力は、好きなことをやりたいと思って身につけたものですか？

良い悪いではなく、自分を知るための問いですので、正直に答えてくださいね。また、自分でも気づかぬうちに学習して身につけた場合もありますので、気づくことが大切です。答える時に、痛みを感じたり、うっと詰まるようならば、その能力は強みとつながっていません。愛ではなく、がんばって自分じゃない者になろうとするパワーの可能性があります。

最後の質問をします。

④ その能力を使うとうまくいきますか？　心地よい感情を得られますか？

YESなら幸せに成功できる能力です。NOならば、その能力を手放すなり、強みとつなげる必要があります。

能力は、がんばることに価値を置くので、物事を達成しても、その達成感は一時的なもので終わります。がんばっていないと自分を承認できないので、またがんばる状態に自分を追い込み、リラックスしてくつろぐことができません。やればやるほどがんばらなくてはならない状態になったり、苦しくなったりするのです。

まだまだ現代の社会では、その人らしさよりも、能力に重きが置かれています。能力重視の社会では、他者と比較され評価されるので、他者よりも上に立つために、競争して能力を獲得しよう、発揮しようとしてしまうのです。いつしか、がんばることが当たり前となり、自分らしさが隠れていきます。これは、自分の価値を感じるのに他者の評価を必要とし、自分で自分を満たすことができない成長のステージです。他人の評価や承認を得ようとして必死でがんばっている状態です。

今までは、がんばれば幸せになれると教えられてきた時代です。そのがんばるやり方も時代の変化と共に古くなってきました。がんばって結果を出せば承認され、自分に価値を感じられ、そうでなければ承認されず自分に価値を感じられない、と言うことはもう古くて幸せになれない考え方です。今はもう、古い社会の基準で評価される時代ではないのです。今、変化の波が押し寄せています。新しい時代は、自分らしさを充分に発揮して生きていることが承認されて、価値を見いだされるのです。このままの能力重視の社会で結果を出すことばかりを求められ、自分らしく生きられないのであれば、このステージにいる人たちの未来はないと思います。

自分で自分を育てるとは、「自分を愛すること」です。

強みと能力の違いがわかったでしょうか?

強みは自然に湧いてくる自分らしさで、能力はがんばって使っている自分の力です。自家発電と外側から取り入れる電力に似た違いがあります。誰もが気づいていないだけで、生まれた時から強みを持っています。自家発電してもうすでに輝いているのです。足りない、無いと思う意識を、満ちている、在るに変えるだけで、本来の自家発電の状態に戻ります。自家発電しているような強みを発揮した状態で能力を使えば、さらに輝きが増していきます。強みを主体に能力を使えば、私たちは自分にしかできないことをやれるのです！

① 自分にしかできないことをやるために、まず、意識を内側に向けて、自分の強みを見つけましょう

ありのままの自分らしさ、魅力を見つけて、自覚するのです。自覚できれば、発揮できます。もうすでに持っている強みを見つけて、ありのままの自分でいることに喜びや豊かさを感じましょう。当たり前だと思っていることを、もっと意識して受け取りましょう。自分で自分を育てて、自分らしく生きるようにすれば、内側から湧いている強みをもっと使えるようになるのです。

② 次に、見つけた強みを磨きます。自分らしさや魅力にもっと気づき、どんどん発揮するの

です
この時に、能力をうまく使いましょう。能力は、身につけた時の動機によって、自分を幸せにするかしないかが変わります。身につけた能力を知り、それを使う動機を幸せな意識に合わせましょう。能力は、強みを発揮するためのツールです。自分にしかできないことをするために、ツール＝身につけた能力をうまく使うのです。

自分にしかできないことをやれていないと感じるのは、ツール＝能力を使ってはいるけれど、肝心のそれを使う自分＝強みがすっぽり抜け落ちているからです。ツールが一人歩きして、使う主人がいないのです。能力と強みがつながっていないと、自分にしかできないことが形になりません。ツールを使う自分とつながっていなければ、どんなにがんばっても、自分にしかできないことをやっていると感じることができません。

能力は、強みを発揮して、自分にしかできないことをするために使うのです。ツールは主人の幸せのために使われるものなのです。主人は早く目覚めて、ツールをうまく使いましょう！

先ほどの能力に対する問いの角度を変えてみます。今度は想像しながら以下の問いに答えてみてください。

①その能力を使って、どのように自分の価値を高めますか？
②その能力を使って、他人や社会に何を与えますか？
③その能力を使って、満たされるものは何ですか？
④その能力を使って、他人の強みを引き出したり、応援するにはどうしたらいいですか？
⑤その能力を、好きなこと、やりたいことのためにどう使いますか？

答えはいかがでしょうか。明るい未来が見えてきませんか？

最後の質問です。

⑥その能力を使うと、うまくいくことは何ですか？　得られる心地よい感情は何でしょう？

ワクワクする答えが出ましたか？

③愛情を持って、自分で自分を育てていきましょう

自分で自分を育てるとは、自分を愛することです。自分で自分をプロデュースして、表

舞台に上げてあげましょう。自分で自分を育てて、魅力を引き出して、美しく輝かせてあげるのです。魅力いっぱいの憧れの存在になりましょう！

ここまでできたら、あなたは自分にしかできないことをやっているはずです。自分にしかできないことをやっているあなたは、次のことをやって、幸せに成功できたのです。

> ①自分の強みを見つけることができた
> ②自分を育てて、強みと能力をうまく使った
> ③強みを発揮して、自分らしく生きることができた

次は、あなたが、他人の強みを発揮するお手伝いをする番です。自分にしかできないことを通して、他の人が自分で自分を育てるためのサポートをするのです。出会った人が強みを見つけて、強みと能力をうまく使って、強みを発揮して幸せに成功するために、自分自身を育てた方法を分かち合っていきましょう。

持って生まれた強み＝**「自分らしさこそが、自分にしかできないことであり、この世に**

存在する理由」です。

当たり前にできることをたいしたことがないと思ってはいけません。それが天から分けてもらった天分なのです。自然にうまくできるなんて、素晴らしいことだと思いませんか？　当たり前のこと、目の前のこと、自分のことをもっと見て、価値を感じて、輝かせていきましょう。それが受け取るということなのです。自然な自分らしさこそが自分だけの価値なのです。価値あるものにするために、自分で自分を育てていきましょう！

あなたという存在は、世界でたったひとりです。あなたの代わりは他にいません。何かができるという能力は、あなたという存在の価値があってのものなのです。それは世界でたったひとりの生命の輝きです。

◎自分で自分を育てるワーク

このワークで、自分で自分を育てることを練習しましょう。生命の樹のワークの22日間を終えたら、以下のことについてまとめてみましょう。

①強みを見つけてみましょう

Q　22日間の中で、自然にうまくできたことは何でしたか？

②強みと能力をつなげましょう

Q　22日間で努力してみたこと、新しくやれるようになったことは何ですか？

Q　それを今後どのように活かしていきますか？

③自分で自分を育てましょう

Q　22日間のワークをした自分を褒めてください。温かい応援のメッセージを書きましょう

育てることは時間がかかります。すぐに結果を出そうとせずに、成長のプロセスを味わってください。自分を育てていくと、待つ、見守る、応援するなど女性的な受動の力を身につけることができます。

自分を知ることで前進できる

生命の樹は、思いを形にするために使うことができるツールです。自分の意志や気持ちを主体にして、自分に合ったプロセスをつくることができます。生命の樹を使うと、プロセスをつくる力が身について、実現するまでの細かなことが見えるようになり、何が必要なのかわかるようになります。実現するまでの準備が整うので、もっといろいろなことを受け取れるようになるのです。生命の樹を使って、感じたり考えたりしながら自分と向き合っていくと、無理をしなくても、自然な流れで意識を変えることができます。自分と向き合い、共に進むこと、それこそが、植物が自然の力によって成長するように、安らぎと満たされた意識へ優しく温かく成長させてくれる自然（宇宙）の働きです。そうして自分が成長すると共に、自然と自信を持つようになり、もっと自分を育てられるようになります。

とはいえ、ここまで成長するまでには、思うように進めない時があるものです。いろいろ勉強をして、技術も身につけて、いざ何かを始めようと思ってもなかなか進めない、あるいはやってはいるけれど物事がうまく進まない時は、とても苦しく焦りが出ます。

また、ある程度成長したとしても、思うように進めない時にぶつかるものです。そうして一歩一歩成長していくのですが、思うように進めない時というのは、自分を知る時なのです。進めなくなった時は、自分の未知なる部分を知り、知恵と力にして変化する時です。そうしてまた新しいステージへ前進していきます。

自信を持つ、自分で自分を育てると共に、自分を知ることは前進するために必要なことです。自分を知るとは、自分が感じていることや考えていることを知ることです。感情や思考を知って、自分の在り方（波動、状態）を知るのです。自分がわかれば、モヤモヤから抜け出して、どうしたらいいか考えられるようになります。


成長するために大切なことは次の3つです。

① 自信を持つこと＝自分を信じる
② 自分を育てること＝自分の応援をする
③ 自分を知ること＝自分の感じていることや考えていることを意識する

思うように進めない時は、③の自分を知ることに取り組む必要があります。

私もずいぶん長い間、思うように進めない状態を経験しました。過去にも戻れず、先にも進めず、いろいろやってはみるもののなかなかうまくいかない時間はとても長くて、希望を失っていきました。生命の樹のワークは、なんとかそこから抜け出ようとして、日々試行錯誤している中で形になったワークです。このワークは、安らぎと満たされた意識のステージへの移行を助けます。必死にがんばったり、修行をしなくても、「受け取る」ことに意識を合わせることで意識が変わっていきます。

私は、この移行のプロセスで、思うように進めない3つの原因がわかりました。原因がわかると、どうしたらいいか落ち着いて考えられるようになります。それまでは、混乱して、焦って、うまくいかないパターンにはまっていましたが、3つの原因がわかると、具体的に考えて行動したり、工夫することができました。そして、最終的にはどうしたらいいのかを見つけることができたのです。その3つの原因と、どうしたらいいのかについて見ていきましょう。

◎なぜ前進できないのか？　～前進できない３つの原因

① 思うように進めないのは、自信が無い＝頭と心がバラバラになっているからです

自分を信じられないので、不安で進むことができないのです。自分にウソをついていると、真の安らぎを得られません。不安が恐怖となって前進することができないのです。

② 取り組んでいるけれど物事がうまく進まないのは、自分で自分を育てることがうまくできていない（応援できていない）からです

自分で自分を育てるとは、自分の面倒をよく見て成長を助けるということです。自分に優しく寄り添って、自分に合った手助けができていなければ、物事はうまく進みません。子育てと同じで、自分の成長をうまく助けることができなければ、スムーズに進めないのです。

③ モヤモヤして進めないのは、自分がわからないことが原因です

自分がわからないのは、自分の感じていることや考えていることがわからずに混乱しているからです。暗闇に閉じ込められたように何も見えない状態では、自分とつながることができません。ハートで感じることも、頭を使って考えることもできないので前進するこ

とはできません。

思うように進めない時は、この3つの原因を見つめてください。

①自信が無い＝頭と心がバラバラになっている

自分を信じることができない。自分にウソをついていて、本当は心の中は不安でいっぱい

②自分で自分を育てていない（応援できていない）＝自分に合った手助けができていない

自分の面倒を見ていなくて、成長を助けていない。自分に優しく寄り添っていないので、自分に合った手助けができない

③自分がわからない＝感じていることや考えていることがわからない

何もわからず混乱している。自分とつながっていないので、ハートで感じることも頭で考えることもできない

◎どうしたら前進できるのか？　～３つの原因を解決する方法

原因と解決する方法はコインの裏表のようにひとつです。なかなか思うように進めない時は、マイナスになっている原因をプラスに変えればいいのです。

①自信を持つ

解決する方法　～自信を持つにはどうしたらいいかの項（３７７頁）

自分にウソをつくのをやめると、心の中から不安が無くなり、真の安らぎを得られます。自分との約束を守ると自分を信じられるようになり、頭と心がつながって、自分に力が出てきます。自然な成長の流れで身につけた自信は本物です。自分にウソをついて無理してつけた自信は不安や恐怖の前で無力ですが、本物の自信には大いなるものとつながっているという真の安らぎと信念があります。それは不安や恐怖に立ち向かう勇気となって、前進することを促すのです。

②自分で自分を育てる（自分の応援をする）

解決する方法　～自分で自分を育てていくの項（３８８頁）

自分で自分を育てられるようになると、自分への否定が無くなって、自分に合った手助けができるようになります。自分に温かく寄り添うことができ、無理の無いやり方で物事を進められます。

自分が自分の一番の応援者であり理解者なので、自分に一番良いプロセスや段取りをつくることができます。準備を整えるのがうまくなり、スムーズに前進できるようになります。自分を育てることができる人は、自分や宇宙への信頼があるので、自然な流れに身を任せられるのです。自分を信じることと、自分で自分を育てることはつながっています。どちらか一方に取り組めば、もう一方もできるようになります。

③自分を知る

解決する方法 ~自分を知ることで前進できるの項（４０５頁）

思うように進めない時や物事がうまくいかない時は、落ち込んだり、焦ったり、いらいらしてきて、混乱してしまうものです。行き詰まった時は、自分の感じていることや考えていることがよくわからなくなり、自分とつながることができません。自分とのつながりが弱くなるほど、ますます混乱して、何をやってもうまくいかない状況に陥ってしまいます。そんな時こそ、原因と解決方法を冷静に考えなくてはなりません。また、その状況を静かに見つめ、もがいたり戦うのではなく、受け入れるなりじっと待つことも混乱から抜け出す方法のひとつです。

うまくいかない原因と解決方法を見つけるためには、物事を俯瞰的に見る力と、どうしたらいいかを考える知恵が必要です。その力と知恵は自分の中に在ります。うまくいかない時というのは、その力と知恵を引き出すための成長の時なのです。

そんな時こそ、ぜひ生命の樹のワークで自分に取り組んでみてください。

それまでのやり方が通用しなくなった時に、思うように進めなくなったり、物事がうまくいかなくなります。自分がわからなくなり、つながりが切れたように感じて混乱します。しかし、この混乱は、新しい視点を開いて、新しいやり方を見つけるためのカオスなのです。飛行機が離陸して安全圏に落ち着くまでの間に揺れるようなものです。

実は、行き詰まった時というのは、ネガティブな要素よりも、新しい自分に成長して、次のステージに進むというポジティブな要素があるのです。自分の未知なる部分を知り、可能性が開かれるというギフトがその状況の中に潜んでいます。

思うように進めない時は、自分を知る時です。自分自身についてもっと深く知ることができる素晴らしいタイミングです。自分を知ることに取り組めば、うまくいかない原因と解決方法が明かされていきます。自分を知るとは、自分が感じていることや考えていることに意識を向けることです。5章の22日間のステップや、感情の22段階も参考にしてみてください。そうして自分に注目すればするほど、自分の在り方（波動、状態）や可能性が見えるようになり、どうしたいかがわかるようになります。自分が何者かがわかるようになり、自分としっかりつながります。つまり、自分を受け取ることができるのです！

自分を知ることとは、次のステージの自分に成長することです。成長した分だけ思うように進めるようになり、物事がうまくいくようになります。

前進するために、自分の何を知ったらいいか、3つのポイントをお伝えします。この3つのポイントは思うように進めない時だけではなく、常に意識することで、より自分とつながります。自分の在り方（波動、状態）を知れば、それを調整できるようになるので、物事がうまくいくようになるのです。

① 自分の「気持ち」を知ること

シンプルに好きなこと、嫌いなことを知りましょう。人は好きなことをやりたいと思い、嫌いなことはしたくありません。自分を知るということは、何が好きで何が嫌いか、どんなことが嬉しくて、どんなことに腹が立つのか、そうした気持ちを知ることなのです。

正しいか間違っているかではなく、好きか嫌いかで物事を選んだり決めたりすると、もっと楽に進めるようになります。これは頭ではなく、ハートの声を聞く練習にもなります。好きなことがわからない人は、嫌いなことをどんどん出してください。その反対があなたの好きなことです。

② 自分の「価値観」を知ること

どんなことを大事だと思っているか、何を理想と思うのかを知りましょう。自分が価値を感じることを知るのです。価値があると思うことは、自分がやりたいことであり、使命です。多くの人が使命を探していますが、使命のヒントは、大事だと思うことや価値を感じることです。その中にあなたの使命があります。大事だと思うことや価値を感じることがわからない人は、理想の人物を見つけてください。その人はあなたの価値観を表し、使命を教えてくれています。

③「物事を始めた時の動機」を知ること

カバラには、「物事のスタートとゴールは同じもの」という奥義があります。これは、何かを始めた時の意識の在り方が、プロセスの最後で受け取るものということです。多くの人は、無意識で物事を始めては、結果に一喜一憂しています。「原因と結果の法則」にあるように、始めた時と終わる時はひとつにつながっています。これを知ると、始めと終わりの関係を意図することができ、望む結果を出すためのプロセスを再現できるようになります。

自分を知るポイントの3つ目は、物事を始めた時の動機を知ることです。どうしてそれをやりたいのか、なぜそれを始めようと思ったのか、始める時にどんな意識の状態であったのかをしっかり理解してください。そして、始めた時の動機を抱くに至った自分をよく知るのです。無い、足りないと何かを獲得しようとして始めたのでしょうか、それとも充分に在る、満ち足りた意識で始めたのでしょうか？　始めた時の意識の在り方を知るようになると、ゴールで何を受け取るかわかるようになります。始めた時の意識の在り方が望む結果と調和していて、動機も美しいものならば、幸せな結果を受け取ることができるでしょう。幸せな結果ではなかった場合は、始めた時の意識や動機が望むものと調和していないのです。これが同じ波動が引き寄せ合うということであり、蒔いた種を刈り取るということです。

物事を始めた時の動機、そして、その時の自分はどんな意識でいたのかをよく知りましょう。自分の在り方（波動、状態）を知り、物事を始める時と終わりの結果の間でどんなプロセスをたどるのか理解してください。自分の在り方やプロセスのたどり方を理解すれば、どうしたらうまくいくかを明確に考えられるようになります。

以上の3つのポイントを押さえて自分を知れば、自分自身の未知なる部分が開かれて、力と知恵にできるでしょう。そして、次のステージに成長して、もっと宇宙や自分を信じられるようになります。

成長すると、良い流れに乗って、思うように進めるようになり、物事がうまくいくようになります。良い流れは、シンクロニシティの波で満ちています。この流れに乗っている人は、ちょうどよいタイミングを受け取れます。それは、普段から自分の感じていることや考えていることがわかっていて、自分を知っているからなのです。

また、自分を知っている人は、ベストな流れで進まない時は、今がタイミングではないとわかります。自分を知れば、思うように進めない時や物事がうまくいかない時に、いろいろ調整して進むのがベストなのか、進むのをやめるのがベストなのか、時を待つのがベストなのか、自分にとってのベストな流れがわかるようになるのです。自分を知れば知るほど、最高の流れにつながっていきます。最高にワクワクする人生の流れに乗れるように、自分の思考や感情を知って、自分とのつながりを深めましょう。

生命の樹のワークは、自分を知ることにも役立ちます。このワークは、生命の樹の10個の丸に10の思考を書きます。10通りに分ける考え方を練習して、ひとつひとつの思考を整理していきます。

「わかるの語源は分ける」です。頭の中が混乱している時は、何が何だかわかりませんが、ひとつひとつ仕分けして整理をすれば、いろいろなことが見えてきます。生命の樹で10通りに分けてみることで、自分の考えていることが見えてくるようになります。頭の曇りが

取れていくと、自分が感じていることや考えていることがわかるようになります。頭がスッキリして思考が流れると、現実でも流れに運ばれるようになるのです。

こうして自分に意識を向けて、自分を知ることで物事がうまくいくようになります。人のことではなく自分に意識を向けると、いろいろなことを発見して驚くでしょう。誰もが自分の内側に、たくさんの可能性、才能、知恵や力などの宝物をいっぱい持っているのです。さあ！　自分を知って、自分の中に在る宝物を受け取りながら、次のステージへと進んでいきましょう！

◎自分を知って前進するワーク

このワークで、自分を知るポイントを練習しましょう。

自分の在り方（波動、状態）を知って、それを調整できるようになりましょう。生命の樹のワークの「0の日に受け取りの生命の樹をつくる時」に練習してください。

①自分の「気持ち」を知ること

受け取りの生命の樹に一番初めに書くのは、❶ケテルの欲しい気持ちです。❶ケテルを常に意識すれば、自分の気持ちを大切にすること、欲しい気持ちを常に心に定めることが身につきます。好きなこと嫌いなこと、嬉しいこと嫌なことをはっきり知ると、自分の気持ちがわかるようになります。感じていることやハートの声がわかるようになると、自分がどうなりたいか、何をやりたいかがはっきりわかるようになるのです。

Q 受け取りの生命の樹の❶ケテルに書いた欲しい気持ちは何ですか？

② 自分の「価値観」を知ること

受け取りの生命の樹をつくる時に、大事だと思う丸を見つけてください。価値を感じるのはどの丸でしょうか？ ❶ケテルの欲しい気持ちですか？ ❽ホドの日々のｔｏ ｄｏが大事だと思いますか？ 生命の樹の10の丸に書く時に自分の心をよく見て、大事だと思うことや価値観を知る練習をしましょう。

受け取りの生命の樹には価値観を書く場所はないのですが、ヒントになるのは、❹ケセドのメリットです。望みが実現した時に得られるメリットに、あなたが価値を感じるヒントがあるかもしれません。

Q　受け取りの生命の樹のどの丸が大事だと感じますか？　どんなことを大事だと思いましたか？

③「物事を始めた時の動機」を知ること

受け取りの生命の樹では、**7**ネツァクに動機を書きます。ワークはどんな動機から始まっていますか？　動機を考えることで、物事を始めた時の意識を知る練習ができます。何かをやろうと思った時の動機や意識（心の状態）を知ることは、望む結果を受け取るための力と知恵になります。

始めた時の意識が終わりで受け取るもの、というカバラの奥義とは「原因と結果の法則」のことです。うまくいっている人は、無意識だろうが意識していようがこの奥義をマスターしています。始まりと終わりの間にうまくいくプロセスを持っていて、何度も再現できるのです。うまくいかない人は、この奥義を知らず、始まりと終わりの間にうまくいくプロセスを持っていません。

物事を始めた時の動機や意識をよく見て、もっと自分を知りましょう。生命の樹のワークでカバラの奥義をマスターして、うまくいくプロセスをつくってください。あなたには無限の可能性があるのです！

Q 受け取りの生命の樹の**7**ネツァクに書いた動機は何ですか？

気持ち、価値観、動機は、自分を知る3つのポイントです。何かを始める時には、この3つを見てください。自分の在り方（波動、状態）を知ることは、物事がうまくいく流れにつながる力と知恵になります。

奴隷の意識から王の意識へ

世の中は今、引き寄せブームが起こっていますね。新しい時代の波がどんどん押し寄せてきていると思います。あっという間に過ぎていく時間の中で、新しいものがどんどん出てきては、古いものが次々と無くなっています。大きな会社が潰れたかと思えば、個人にどんどん光が当たって、フリーランスで活躍している素敵な人がたくさんいます。こうした変化は数年前からありましたが、年々激しくなっていると感じているのは私だけではないと思います。時間の流れが加速して、心に在るものがすぐに実現することを感じています。

私は今の時代を、明るい未来につながっていると感じています。混沌とした世の中ではありますが、隠れていたものがどんどん表に現れてくる面白い時代になってきたと思います。私は今の時代をとても素晴らしいと思います。みなさんはいかがでしょうか？

世の中に役立つ活動をしてきた人が世間に知られたり、ものすごい才能を持った子どもがいたり、たくさんの人が自分にしかできないことをして活躍しているのを見るのはとても嬉しく、個人的には世界が進化しているのを感じています。しかし、世界全体を見れば、私が感じていることを、確かな現実にしなくてはならないなと思っています。

そのために、まずは自分が自立をして豊かになること。そして、家族や周りの人を幸せにする。日常に世界平和につながる活動を取り入れること。例えば、環境に配慮した製品を買うとか、家の中を整えるとか、友人を応援するとか小さなことでいいのです。そして、具体的なプロジェクトがあれば関わっていく。こうした個人から社会へ広がる活動に貢献したいと思っています。ひとりひとりが持って生まれた使命を果たせるように、応援し合っていきたいと思い、生命の樹の活動をしています。

今こそ、古い世界から新しい世界へ変容する時です。芋虫が蝶になるように、私たちの意識も大きく拡大し、それに伴って現実世界も大きな変化を遂げていくことでしょう。そのプロセスでは破壊と創造が起こるかもしれません。実際どうなるかはわかりませんが、今、「意識が現実をつくっていることを実際に体験している人」が急速に増えています。ニューエイジ思想や精神世界、スピリチュアル、自己啓発や引き寄せ、量子力学や波動などの知識が広がるにつれて、たくさんの人がその知識を実践しています。そして、経験者は語ります。力強く確信に満ちて、「意識が現実をつくっている」と。言葉に生命が吹き込まれているのです。生命ある言葉を放ち、知識を知恵にした人が、ある一定の数を超えた時、全体の集合意識ががらりと変わることでしょう。潜在意識が新しいプログラムに書き換えられるタイミングがすぐそこまで来ていると感じます。

この変容のタイミングは、降って湧いたような話でもおとぎ話でもなく、宇宙全体のプログラムに基づいた必然の流れなのだと思います。神が描いたシナリオが刻々と展開して、その中にいる私たちが気づいてなかろうが、抵抗しようが、その流れに運ばれていくのだと思います。そして、「自分がつくった世界に存在する」ことになるのでしょう。

あなたもそれを感じているかもしれませんね。

「自分が自分の世界をつくっている」という意識はものすごいスピードで広がっています。パソコンのアップデートのように、人々の意識が進化し拡大しています。古い意識の上に新しい意識が書き換えられているのです。その新しい意識に、またどんどん新しいものが引き寄せられるという大きな引き寄せの波を感じています。

私は生命の樹の研究家なので、「受け取りの法則」の視点から言いますと、受け取る準備が整ったら、上の世界から新しいものが降りてくるのです。そのイメージは、パソコンのダウンロードです。今、準備が整った人には、どんどん新しいものが降りてきています。しかし、「受け取りの法則」では、受け取る準備ができていなければ、降りてくることができません。これは「引き寄せの法則」の、同じ波動でなければ引き寄せられないと同じ意味です。

受け取る器に穴が空いていたり、受け取る器の容量を超えたものは受け取ることができないのです。小さなコップにバケツの水が入らないように、入る容量の分だけ受け取ることができるのです。普段から受け取る器を大きくしましょう。人としての器を大きくすること。小さな頭を外すこと。自分が知っていると思っていること、正しいと思っていることは古くて役に立たないものかもしれません。正しい正しくないで考えると何が何だかわからなくなります。好きか嫌いか、心地よいのか悪いのか、それで進んでいきましょう。それがハートを開く方法です。そして、受け取りたいことを明確にして、「それを受け取る！」とハートを開いて、いつでも受け取れるように準備していきましょう。

そして、自分に対する制限を外すのです。自己否定をやめて、自分の価値を感じます。自分に感じる価値が受け取る容量を決めています。宇宙には無限の豊かさがあり、何の制限もありません。その大きさ広さは無限大で、有り余る豊かさに満ちています。その宇宙とひとつになれば、有り余る豊かさを手にします。本来私たちは、もともと宇宙とひとつなので、私たちには無限の豊かさが在ります。実際に豊かでないとしたら、それは無い、足りない、欠けているという自分の意識がその状態をつくっています。本来の意識を取り戻せば、在る、充分に満ちている、完全である、という有り余る豊かさとひとつになります。魔法のように一瞬で、とはいきませんが、生命の樹を使うと、少しずつ自然な流れで、本来の意識の状態に戻っていきます。自分を取り戻すことができるのです。

生命の樹は、もともとひとつだった宇宙に還れるように導いていきます。その道のりを明るく照らし、宝物をいっぱい受け取れるように導いているのです。生命の樹が天国へ還る地図と言われる理由は、その働きがあるからかもしれません。

本来の自分に還る道を歩いている私たちですが、今までは地図もなく、コンパスもなく、自分がどこにいるのかもわからずにいました。無明と無知の中で、誰かが言ったことに従って進んできたのですね。それが今までの常識やルールや宗教でした。他にも、親や先祖や社会から、集合意識やDNA、宇宙のプログラムまで、たくさんの基準の枠内で、自分以外の存在に影響されて生きてきたのです。なかには独立心旺盛で、自分の意志で自分で決めて生きてきた人もいるかもしれません。しかし、多くの目覚めた人がいる一方で、自分を見失っている人も多いのです。自分がわからないという人もまだまだたくさんいます。

残念なことですが、古くなった集合意識に刷り込まれてしまった奴隷の意識で生きている人も多いのです。古い体制の社会で、自分の価値もわからずにただ漠然と生きている人もいると思います。

私もずっと奴隷の意識で生きてきました。

生命の樹のワークに取り組んだ頃の私は、まだまだ奴隷の意識で生きていたのです。私は生い立ちにもいろいろあり、中学卒業後から働き始めました。正規雇用で働いた経験もなく、お金は誰かに使われることで得られるものだとずっと思って生きていました。それ以外のことを何も知らなかったのです。

30代になってもまだ時給で働く生き方をしていたので、とてもお金に困りました。困ったところで、私には学歴も資格も技術もなく、たとえどんなに役に立ちたいという思いがあったとしても社会には通用しませんでした。年齢的なことや不景気というのも重なって、思うような働く場所もなく、不安と焦りでいっぱいになりました。後悔したり、絶望したり、怒ったり、いろいろな感情が湧き出てきてとても苦しかったのです。そして自分の生い立ちや社会に対する犠牲者意識、被害者意識を抱えながら、何とか誰かに使ってもらおうと、奴隷の意識で生きていたのです。

奴隷の意識は労力として使われるレベルの意識で、自分で考えたり、自分の意志で行動することはできません。生産するための力とはなりますが、本当の意味での生産者ではなく、実際は消費者として生きるしかない意識です。このような意識だった私は、自分で何かをするなんて、ましてや自分の仕事でお金を得るなんて考えたこともありませんでした。自分の仕事でお金を得るという可能性を知ってからも、そんなことはできるはずがないと思いましたし、自分には無理だと思いました。自立したいと思っても、かなり長い間、その方向に進むことを許可することができませんでした。

とうとう行き詰まり、自分を変えようとして生命の樹に取り組みました。生命の樹のワークで、自分でどうしたいか考えて、自分の意志で行動することを練習して、自分を取り戻していったのです。

生命の樹の1は、ケテルという丸です。❶ケテルの意味は、王の場です。ケテルが表す意識は、大いなる志、目的意識、貢献意識です。これは王の意識を意味します。1は、一番であり、一番上の高い場所を表します。生命の樹のワークでは、王の意識を意味する❶ケテルにフォーカスして22日間のプロセスをたどります。

こうした練習を毎月やるうちに、自分の意識が王の意識へと変わっていったのです。意図や覚悟をして決めたことをやる自分へと成長することができました。「受け取りの法則」の女性性の優しい力で、無理なく自然に成長できたのです。

あなたは、王の意識をどのように思いますか？　あなたが王ならどんなことを考え行動するでしょうか？　自分が王となって生きるのが、奴隷の意識から王の意識への成長です。王であるならば、自分の言動に責任を持ち、国を良くしたり、国民を幸せにするために自覚を持って、誠意を尽くす生き方をするのではないでしょうか。そんなおおげさなことでなくても、自分の置かれた環境の中で、王の意識で生きる人は奴隷の意識で生きる人よりも多くのことを成し遂げていくのです。

奴隷の意識から自分を解放しようと立ち上がり、自分を取り戻すことに取り組んでいる人のために生命の樹があります。生命の樹を使った多くの人が、受け取る意識が与えてくれるプロセスを経て、自分を取り戻しています。「受け取る」意識は、あなたに必要なものを与えてくれます。生命の樹につながって、自分を取り戻すとひとたび決めて、このワークをするならば、受け取るものはすべて、あなたの望む未来につながっていきます。

自分を取り戻す初めの一歩は、まずは自分の現在地を知ることです。どんな意識の状態にあるかが現実に表れています。人生のプロセスを大きく3つに分けて見ていくと、現在地を確認できます。あなたが今、人生のプロセスのどこにいるのか、現在地を確認してみましょう。

①0から1の段階 ~芋虫のプロセス

このプロセスは、自分のことがまったくわかりません。苦しく辛く、自己否定でいっぱいです。頭が曇っていて、暗闇の中にいるようです。心も重たく生きづらさを感じています。

そんな自分を何とかしようと意識が立ち上がってくる段階です。この段階ではついついがんばってしまうかもしれません。それは、無い、足りない、欠けている意識が強く、宇宙や自分とつながっていないので、不安と焦りがあるからです。自分とつながっていなければ、自分が持っている強みや、知恵や力を見つけることはできません。どんなにもがいても、なかなか自由になれないのです。

人の役に立ちたいという思いがどんなに強くても、自分の持つ足りない意識が、足りない現実をつくるので、人のことより自分のことで大変な状況になるのです。意識の中にうまくいかないパターンが根強くあります。それは、抑圧された感情とつながっています。

0から1の段階は、感情を解放すること、自分を癒すこと、そして、自分を見つめることが必要です。器の中にたまった役に立たない古いものを取り除かなくてはいけません。そうでなければ、どんなに外から新しいものを入れても受け取ることはできません。

生命の樹を使う場合は、感情の解放や自分の癒しも進めながら、外側に向いた意識を自分の内側に戻していくことを練習します。自分の中に在るものを「受け取る」ように意識します。

この段階では、しっかり「受け取る」ことが大事です。物事を始める動機を「自分のため」にして、自分を満たしていくことがとても必要です。ここで言う「自分のため」とは、自分さえ良ければいいという自分勝手な意識ではなく、自立のためのものなので、何もおかしなことはありません。自分の自立を願うのは最も重要なことなのです。そして、自分以外の物差しで自分の価値を評価したり、古い頭で判断するのをやめなくてはいけません。固まった頭を外して、自分を知ることが大事なのです。

ピンチはチャンスと言います。どのプロセスでも、起こることには両面があります。どんなにマイナスに思う出来事でも、その裏にプラスがあるし、プラスの出来事の中にはマイナス要因があるものです。今がどんな状況だとしても解決策はシンプル。それは意識を、在る、充分に満ちている、完全である、に変容させていくこと。生命の樹でその練習ができるのです。

② 1から10の段階 ～さなぎのプロセス

このプロセスでは、0から1の段階を卒業し、自分の意識が立ち上がっています。何かやることを見つけて、それに取り組んでいる人もいるでしょう。ここは錬金術に取り組む段階で、変容のプロセスになります。

0から1も苦しいのですが、1から10もなかなか苦しいプロセスです。それは、一歩超えたはいいけれど、先に進む道がまったく開かず、後にも戻れず先にも進めない状態の中で進んでいかなくてはいけないからです。自分でコントロールできない未知の可能性に向かって進んでいかなくてはいけません。特に初期の段階は不安で混乱してきて、元に戻る人も多いのです。

いよいよ変わってしまう時には、潜在意識が必死に抵抗してきたり、宇宙から本気度を試されるようなことが起こってきたりします。「大きく変わる」は大変と書きます。大変なことが起こるのは、大きく変わる時なのです。

さなぎのプロセスは、変容のプロセスに身を任せる段階です。芋虫はさなぎの中で、一度どろどろになって蝶の身体をつくるのだそうです。これを見ると、古いものから新しいものへの変容とは、死と再生のプロセスです。古い自分、自我が死んで、新しい自分に生まれ変わることを表しているのですね。高次の意識に目覚めていくのが、この段階のプロセスです。

1から10の段階は、自分を知ることに加えて、自分で自分を育てることが必要です。自分との約束を守り、自信をつけていくこと、自分が自分の応援者になって、育てていくことが大事なのです。

この段階でも、意識を内側に向けて、自分の中に在るものを見つけます。外側ではなく、自分の中に在るものや、自分の人生にすでに現れているものに意識を合わせていくのです。「受け取る」ことに意識を合わせて、自分を超えたところから来るものを受け取る準備を整えることが大事なのです。自分で自分を育てながら、「信じる心」と「許す心」を育んでいってください。この2つは、物事を実現させる大きな力となるものです。この自分で自分を育てるプロセスでも、生命の樹を役立てて頂きたいと思います。成長のプロセスが進んでいけば、自分にしかできないことをやれるようになります。自分に力が出てきて、思うように人生を生きていけるようになるのです。

生命の樹は「受け取る力」を引き出します。

生命の樹を使っていくと、目にするたびに、「受け取る、受け取る」と意識するようになります。すると、どんどん「受け取り出す」のです。受け取る、受け取ると意識するようになると、自分でも気づかぬうちに、マインドセットがどんどん「在る」に変わっていくからです。

言葉の力は、とても偉大です。受け取るという言葉には、「在るから受け取れる」というイメージがあります。無いものは受け取れませんから、受け取る、受け取ると意識して

いるうちに、知らない間に、「在る」という意識がインプットされていくのです。これは本当に、意識して何度も唱えてインプットするアファメーションとは違って、なんの努力もなくすんなりと潜在意識を変えることができる素晴らしい方法です。

また、受け取るという言葉には、「頂きます」という意味があります。受け取るとは、食事を感謝して頂きますというように、受け取らせて頂くことを意味します。受け取る力がついてくると、感謝の心も豊かになっていくのです。また、受け取るという言葉は、「受動の姿勢」もイメージさせます。「受け取る」には、外へ外へと行動するのとは違った、一歩引いた受け身の姿勢があるのです。そのイメージによって、受け取る姿勢が整っていきます。

他にも生命の樹の図形を目にするだけで、身体と宇宙と意識がつながるイメージが立ち上がります。目に見える図形の働きは、思っている以上に潜在意識に大きな影響を与えていくのです。

③ 10から100の段階 ~蝶のプロセス

このプロセスは、10が100にも1000にも1万にも1億にもなる天文学的飛躍を秘めた段階です。成長が進み、宇宙や自分とつながって、自分にしかできないことで活躍している人も多いでしょう。あるいは、その状態の自分がもう見えているような段階です。足りない意識は、充分に満ちた、在る、の意識に変わっていて、今に集中することができています。そして、何かに向かって進む時には、周りからの応援や、宇宙のサポートが入ります。それを充分に受け取れる自分に成長しているのです。

10から100の段階は、いかに自分を超えたものを受け取って、その導きに従って行動できるかが大事です。思い切って挑戦することも必要になりますが、不安や焦りからではなく、宇宙や自分を信じて選択できるまでに至っています。自分を大きく開いて、思いもよらない出来事をどんどん受け取っていきましょう。この段階の最後の方では、向こうから次々とやってくる流れに乗って、驚くようなことが起こるでしょう。

ここまで成長した人は、他人を手助けしていくようになります。他人が自分を取り戻すのを手助けすることで、自分も成長していくのです。何かを得たいというよりも、目の前のことに充分感謝しています。意識が大きく拡大しているので、この意識で願ったことはどんどん形になります。制限ある意識は限界がありますが、大きく拡大した意識は、あらゆる望みを実現させます。それは、宇宙や自分としっかりつながって、上と下の回路が開いて、上の世界に在るものを下の世界でスムーズに受け取れるからです。そして、他人のために役に立ち、社会にも良い影響を与えていくので、ますます宇宙のサポートが降りてくるのです。この意識が王の意識です。自分で世界をつくる意識です。

私たちが目指すのは、この王の意識。宇宙とつながっている高次の意識なのです。物事をつくる意識を清らかで美しいものにすることが私たちのゴールです。ただ形を追い求めるのではなく、その始まりの動機を美しいものにするのです。王の意識は、「何のために」「誰のために」という目的や動機を明確に持っている意識です。これが世界をつくっている創造の意識なのです。

生命の樹は、一瞬の魔法や即効性はありませんが、自然なプロセスで自分の器をつくりながら、永遠の豊かさにつながっていく方法です。自然農法は初めに土づくりに取り組みますし、健康づくりでは自然治癒力を引き出すように生活習慣を整えます。これと同じように、生命の樹も、宇宙と一体の意識に戻していくのです。

このプロセスにいる人は、「元に戻る」プロセスを充分に体験してきたと思います。ここに来るまでの知恵も力も得ています。それを今度は他人のために生かすのが、この段階で取り組むことです。

私は、奴隷の意識から王の意識に成長するプロセスで、「良い流れ」がわかるようになりました。思考は風のように流れ、感情は水のように流れているのです。自分の意識だけでなく、社会現象やお金の流れ、人との関係、それらはすべて流れの中に在りました。何ひとつ留まることはなく、常に変化し、成長していきます。留まる流れは自然な状態ではないことの表れです。

私たちは、この流れの中で生かされている存在です。常に変化しながら、成長していきます。しかし、その中には変わらぬものが在ります。ただひとつの意識が、変わることなく私たちと共に在り、すべてを見ていることを感じています。この意識とは、私たち日本人なら誰でも子どもの頃に聞いたことがある「お天道さまは見てるから」です。もうひとりの自分が常に見ているのですね。

そして、現実世界は過去から未来に時間が流れ、高い世界の時間の流れは未来から過去に向かって流れています。この2つの時間が調和したら、流れに乗ることができます。「2つの時間の調和とは、未来を受け取り、今行動する」ということです。また、「自分の視点をお天道さまの視点と一致させた時」、心に描く世界をつくることができるのだと思います。

生命の樹に魔法があるとしたら、やはり「受け取る」という意識です。私の今は、自分に来たことを「喜んで受け取って、感謝して受け取って、信頼して受け取ってきた、プロセスの結果」です。すべてが良いことばかりではなく、喜べない時も、感謝できない時もありましたが、ただひたすらに受け取ることを意識してきました。そして、宇宙や自分とつながることに取り組みながら、どうするかを自分で決めて、行動することを練習してきました。そのプロセスで、自分を立ち上げることができたのです。今は、生命の樹の活動が運命であることを溢れんばかりに受け取っています。

ほんの数年前までは奴隷の意識で生きていた私でも、意識が変わり、現実を変えることができました。このプロセスでは、次のような意識の変容が起こっています。

受け取る力の最も高いレベルの「してもらえる力」とは、奴隷の意識がバージョンアップしたものなのです。犠牲者意識、被害者意識、依存の意識などの奴隷の意識は低いレベルの受動の力です。過去を引きずっている古くて重たい受け身の姿勢なのですね。被害者意識が強くて依存的な人は、女性的な受動の力が低い状態だということなのです。しかし、低い奴隷の意識が高い王の意識に成長すれば、自立してきて、受動の力がしてもらえる力に変わっていきます。してもらえる力がついてくると、周りがどんどん応援してくれます。意識を成長させて、この力を立ち上げていきましょう。

また、受動の力のペアには能動の力があります。与える意識、自立の意識などの男性的な力です。過去を引きずっている能動の力は、支配者意識、攻撃者意識などの低いレベルの王の意識です。古くて重たい行動の力です。しかし、こちらも本来の王の意識に成長すれば、古い男性性の意識がバージョンアップして、行動力や集中力になります。自立でき、与える意識が育っていきます。影響力が出てきたり、他人を引き上げて手助けすることができるのです。

能動の力も新しい時代に必要とされるものに高めていきましょう。

過去を引きずる低い意識を、成長のプロセスでバージョンアップさせるのです。奴隷の意識は、女性性の古くて低い受動の力が出てきたものです。それを王の意識へ成長させれば、力強い「してもらえる受動の力」になります。男性性の古くて低い能動の力は、支配したり、攻撃的な王の意識として出ます。それを本来の王の意識へ成長させると、力強い「他人を助ける行動の力」となります。

成長し、自立するには、受動の力も能動の力もどちらも大事です。生命の樹は、受け取る力を引き出して、宇宙の力と接続します。より高い次元の力を使って、プラスマイナスをちょうどよくしたり、プラスマイナスの両極から第3の新しいものをつくり出す錬金術の働きもします。この錬金術で、自分のバランスが取れて、宇宙と接続していきます。

今や、宇宙の法則（思考の力、引き寄せ、受け取り）は誰にでも開かれています。それを使って豊かになる権利を誰もが平等に与えられています。宇宙の法則は、電気や重力や磁気のように、自然界にある実際に使えるエネルギーなのです。生命の樹は、一瞬で変われるような魔法や小手先のテクニックではありません。日々の生活の中で自分を成長させるシンプルで具体的な方法です。身につければ、魔法や奇跡のようなことが起こってきますが、それは自然の力の原理によるものであって、誰もが使える法則なのです。

しっかり使えば、あなたも意識を変えることができます。ぜひその効果を体験して味わってみてください。新しい人生を受け取ることを許可して頂きたいと思います。そして、「自分の世界は自分がつくっている」「誰もが心に描くことを実現できる」、このメッセージを共に伝えていきましょう！

◎奴隷の意識から王の意識へ成長するワーク

奴隷の意識はあなたの中の足りない意識、王の意識は充分に在るという満たされた意識です。それらは互いに助け合うことで調和が取れて成長します。王は奴隷を解放し手助けができます。奴隷はその手助けを受け取ることで王の力を引き出します。王のしてあげる、奴隷のしてもらう、この2つの意識は互いに対して何ができるでしょうか？

2つの意識の交流によって、成長できることを考えてみましょう。

受け取りの生命の樹の❹ケセドのメリット、❺ゲブラーのデメリットをヒントにしながら、どんなことをしてあげられるか、どんなことをしてもらいたいか考えてみてください。

①奴隷の意識は、足りない、無い、欠けているという恐れの意識
これは、あなたの中の自由ではない意識を表します。
Qあなたがどうにもならないと思っていることは何ですか？

②王の意識は、満ちている、在る、完全であるという愛の意識
これはあなたの中の充分にできること、得意だという意識を表します。
Qあなたが充分にできること、得意だと思っていることは何ですか？

③①の奴隷の意識は、あなたの中の足りないこと、②の王の意識は、充分に在ることです
Q①は②に、どんな手助けを求めますか？
Q②は①に、どんな手助けができますか？
Q①と②の交流は、あなたをどのように成長させるでしょうか？

生命の樹は自立のための贈り物

生命の樹。この不思議な図形に心惹かれる人が世界中にいます。それは、生命の樹の原点が旧約聖書だからでしょうか。集合意識に刻まれた神話だからなのでしょうか。聖書は世界中に広がった永遠のベストセラーと言われています。これだけ広がったのは、聖書には人類の始まりが記されているからかもしれません。その始まりの物語の中に生命の樹が出てきます。

旧約聖書はユダヤ神秘学につながっていき、カバラ・生命の樹が生まれていきます。生命の樹という図形は、いつどこで誰が何のためにつくったのか、その詳細な意味は誰も知りません。**世界広しといえども、生命の樹の意味、仕組み、使い方を正確に把握している人は、私の知る限りでは誰もいません**でした。しかし、私はこの図形の意味を高い次元から「受け取って」使ってきました。そして、実際に自立することができました。自分の中の奴隷の意識を解放することができたのです。

私は「受け取りの法則」で、生命の樹の意味と仕組みと使い方を受け取りました。受け取ったひとつひとつが「強く感じる」ものでした。心にフッと浮かんだり、直感でやってきたり、他者との会話の中でピンと来たり、本のなかのひときわ色濃く見える言葉であったりと、それはパズルのピースのようでした。

その受け取ったものを大きなもの、小さなもの、同じもの、というように分けてみたり、順序立てて並べてみたり、あれこれ組み合わせたり、またバラバラにしてよく考えてみたりしました。ただただ「強く感じる」ものに向かって進んでいったのです。それは何か目標に向かって進むとか、明確な計画に従って、ということではなく、ただ感じるままに、受け取ったものに従って進んだという感じです。

夢中になって強く感じるものへと進んでいたら、いつしかそれとひとつになっていき、バラバラだった知識の断片がつながって全体像が見えたのです。まさにパズルですね。ピースを受け取るプロセスは、ワクワクして本当に楽しかったです。この経験で私は引き寄せのワクワクすること、心が感じる方へ行くという意味がわかりました。そして、宇宙にお任せすることや、ピンと来たことをやるなど、それまでに学んできたいろいろな知識が本当に腑に落ちました。知識は経験してやっと自分のものになるのですね。私にとって、この経験は億万長者の財産に匹敵する価値あるものだと思っています。

受け取ったピースを、今度はひも解いたり、まとめたりして体系化したわけですが、そのプロセスは完全に宇宙とのお遊びでした（このプロセスは笑えるお話でいっぱいで、セミナーで話をするたびにみなさんの笑顔が見られて嬉しくなります）。

ひも解くとは、バラバラにすること、分けることで、解き明かすことです。まとめるとは、組み合わせること、つなぐことで、意味を見つけたりつくっていくことです。このように、バラバラにしては組み合わせて、結んで開いてみたりして、夢中になって生命の樹の知識をまとめていきました。このプロセスに、収縮と拡大、呼吸、海の満ち引きのようなエネルギーを感じましたが、創造とは自然のリズムのことなのだと思ったものです。

今、私がセミナーで伝えている生命の樹の教えは、ただただ素直に、受け取ったことをまとめたものです。正しいかどうか、真実かどうかわかりませんし、証明することはできません。ただひとつ真実なのは、私は「受け取る」という方法でこの教えにつながったということです。

生命の樹の活動は、今年で4年目になりました。今では、全国に広がって、こうして本を書かせて頂くまでになりました。自分でも信じられないくらいの発展は、自分を超えた宇宙の流れに運ばれたからだと思います。私は、初めから生命の樹のセミナーをやる！とか、生命の樹カウンセラーになる！　と願っていたわけでも、目標を掲げていたわけでもありません。そうなるための計画を考えたこともありません。実は活動が始まった時も、まだ私は頭が曇っていて、自分のことがわからなかったのです。初めてのセミナーをやった時、それで終わると思っていましたし、まさかこんなに活動が広がるとは夢にも思っていませんでした。活動初期は、願いもなければ意図も計画もなかったのです。当時あったのは、恐れと抵抗と、嫌だなあと思う気持ちでした（笑）。

そんな気持ちをひとまず置いて、やらせて頂いた最初のセミナーがきっかけとなり、次々と活動が広がっていきました。最初はゆっくりでしたが、その年の夏からものすごい勢いで広がっていったのです。次々と扉が開いていく流れは、恐いくらい神秘的なものでした。どんどん来る流れに乗るのは最初は慣れなくて戸惑いましたが、恐い反面、なんとも言えない喜びも感じたのです。その流れは、宇宙とつながっている、大いなるものが導いているという安らぎで私を満たしていきました。導きに従っていくうちに、恐れと抵抗が溶けていき、頭の曇りが取れていきました。宇宙と自分を信じられるようになり、幸せな未来を受け取るようになったのです。

受け取ることができると、流れに乗る、導きに従う、信じることができるようになります。自分の小さな頭を超えてやってくるものを受け取り行動すれば、それまでの自分を超えることができます。どんなに頭で考えても到達できない次のステージに進むのです。

私は、生命の樹の活動は自分のものではないと思っています。いつも宇宙に使われているように感じています。聖書では、聖霊、神の息吹、生命、インスピレーションを「風」と表現しています。私がここまで来れたのは、この「風」の仕業だと思っています。上に在るものが、さわやかな風のように私の中を通り抜けて、下の世界に降りてきたのは、私に受け取る準備ができていたからだと思います。

今の生命の樹の活動は、大いなる存在の意図であったと思います。神道の教えに次のようなものがあります。

「神動く時人支え、人動く時神支える」

「神動く時人支え」とは、宇宙の働きを人が受け取ることです。大いなる存在の意図を受け取った人は、その働きを手伝うというメッセージです。神が表、陽で、人が裏、陰の働きです。そして、「人動く時神支える」とは、受け取ったものを行動して実現させるというメッセージです。人が働く時には、神が手伝っているのです。この時は、人が表、陽で、神が裏、陰の働きをしています。

この神道の教えは、神と人、天と地、宇宙と現実というように、上の世界と下の世界が互いに支え合い、助け合い、共に創造することを意味しています。

このように、「受け取る」とは、「宇宙の働きを手伝う」最初の行動にあたります。「受け取る」とは、頂くこと、授かることでもあります。子どもを授かったり、閃きが降りてきたりすることには、宇宙の意図があります（種をもらったというイメージです）。この意図を受け取ることが、持って生まれた天分を開く鍵です。受け取った意図を役立てようとするプロセスで、自分にしかできない使命の道が開いていきます。宇宙の意図は、誰の上にも降り注がれて常に与えられています。あなたがやることとは、受け取る準備をすることです。

ある人は、宇宙の意図を、自分が求める、求めないに拘らず、向こうから一方的にやってきたものとして感じるかもしれません。恐くなったり、信じられなかったり、自分なんておこがましいと思ってしまうこともあるでしょう。しかし、心に感じるものがあるならば、それは真実です。感じることは、観じること（心の目で観ているもの）です。心の奥でわかっていることなのです。向こうからやってくるものは、準備ができたから来るのです。あなたに受け取って欲しいから、やってくるのです。あなたがそれを受け取らなければ何も始まりません。ハートを開いて、上の世界に在るものを受け取って頂きたいと思います。

宇宙の意図を受け取りたいと願う人は、受け取る準備を整えましょう。「それを受け取る！」とハートを開いてください。そして、「受け取る意図を持って行動する」こと。ひとつひとつの行動がその準備を整えます。生命の樹を使った多くの人が、自立を果たして、自分の人生を生きています。自分の在り方が満ちていくと、器の穴が修復されるのですね。受け取る力がついて、自分や周りから応援されて、流れに乗っていきます。その流れに身を任せていけば、自分にしかできないことをやるステージに運ばれていくでしょう。

生命の樹は自立のための贈り物です。

生命の樹を使うことで、過去と未来に橋が架かります。過去に縛られているエネルギーを、未来へ向かって動かすことができるのです。変わるためには、過去のプロセスを繰り返すのではなく、プロセスを少しずつ変えていかなくてはいけません。過去の意味づけを入れない新しい経験が必要です。生命の樹のワークでは、22日間かけて、新しい経験をする練習ができます。いつ向こうからやってきてもいいように、準備を整えることができるのです。

生命の樹は私たちを望む未来に運んでくれる宇宙からの贈り物です。贈り物を受け取れば、新しい未来とつながることができるのです。

生命の樹を使って自立する3つのポイントをまとめます。

まとめ

①自分でデザインする　～自分で考えてプロセスをつくる

受け取りの生命の樹の10の丸に10通りの思考を書きます。
頭の中を整理して仕分けをしながら、明確にプロセスをつくります。
生命の樹に受け取りたいことをデザインします。
つくった生命の樹を毎日目にして確認し、潜在意識にインプットしましょう。
22日間のワークは自分との約束です。
❶ケテルの欲しい気持ちにフォーカスして、自分を大切にすることを練習しましょう。

②受け取る準備を整える　～降りてきたものを受け取る

受け取りの生命の樹をつくることは、受け取る準備を整える行動です。

準備をしたら、受け取ることを意識して過ごします。ここまでの準備ができたら、この先起こってくることは、上の世界から降りてきたものなのです。

小さな頭を外して、ハートを開いてください。
自分の内側の上下の回路を意識しましょう。
その回路を流れる「インスピレーションや風」を感じてみます。
降りてきたものを受け取る感覚を身体で覚えていきましょう。

③日々行動する ～分けたり組み合わせたり工夫する

具体的にやることは、**8**ホドに書いたｔｏ ｄｏです。ｔｏ ｄｏをいろいろ工夫してみましょう。閃きを受け取ったら組み合わせたり、やり方を変えてみたり、頭を柔らかくして楽しく実験してみるのです。

ワークをしたらデータを取って、うまくいくパターンやうまくいかないパターンを研究しましょう。ワークをするあなたは、科学者であり、錬金術師であり、スピリチュアルな存在です。「自分研究所」「自分設計株式会社」でも何でもいいですから、素敵な（笑）イメージをして、自分について知り、自分を育てて、自信をつけていくのです。自分研究や自分設計が世の中に貢献する事業として成功（自分にしかできないことで世の中に貢献する）すれば、いずれお金も稼げるようになるはずです。

ワークを何度も繰り返すことで、奴隷の意識が王の意識に成長します。神道の教えの「神動く時人支え、人動く時神支える」を意識してください。受け取ることと行動することの調和が大事です。

受動の力と能動の力をバージョンアップしましょう。受け取る器を整えていきましょう。

新しい時代の鍵は、女性性の力と日本人の目覚めだと言われています。

生命の樹には、受け取る力を引き出して、育てる働きがあります。この「受け取りの法則」は、アダムとイブの時代から細々と伝えられてきた「意識の女性的側面の受動の力」なのです。このことを、ある一説では、イエスがマグダラのマリアに授けた奥義として、神秘家たちが密かに伝承してきた創造原理としています。その一端はすでに「引き寄せの法則」として、日本中に浸透しています。

そして今。

「受け取りの法則」が日本に降ろされたことに、神道の教えの「神動く時人支え、人動く時神支える」のメッセージを感じます。特に「神動く時人支え」の部分です。私た

ち日本人は、充分に成長した精神性を以って、神と感応し、その意図を受け取る役目があるのではないかと思います。神の意図を受け取って行動して欲しい、そうすれば、神も一緒に働くことができるのだ、というメッセージがあるように感じています。

受け取ることを意識して行動すると、新しいことにどんどん気づいていきます。小さな頭が外れていくと、受け取る器が広がって、宇宙とのつながりが強くなります。準備ができた人は、大いなる存在の意図を受け取って、自分にしかできない使命に導かれていきます。

人々の意識が高くなって受け取る準備が整えば、より高い世界に在るものがどんどん降りてきます。そして、もっともっと古代の叡智が解き明かされていくでしょう。古代の叡智には驚くようなテクノロジーがあります。これからの時代は新しいものと古いものが組み合わされて、ワクワクするようなものが生まれてくることでしょう。

さあ！　私たちも「受け取りの法則」で、新しいものを受け取る準備をしていきましょう！

【この章で受け取った3つのことは何ですか?】

①

②

③

第7章　生命の樹の応用編

始まりと終わりはひとつ

生命の樹の応用編

生命の樹には、見えない世界と見える世界をつなげる、意味と仕組みと使い方があります。何層にも重なっている深い意味があるのです。その中には、言葉にできないエネルギーの流れもあります。また、受け取れていない知識もまだまだあるような感じがします。それを「受け取りの法則」で今後も受け取っていきたいと思っています。

そして、生命の樹は実際に使うもの。受け取る力を引き出すために使うことができるのです。使い方の基本は、4章の受け取りの生命の樹ですが、この他にも、意識を開く使い方がたくさんあります。

準備ができたら、いろいろなことがやってきます。宇宙に導かれ、他人から応援されるようになります。そうして流れに乗っていくと、あなたの人生は豊かになって幸せな未来につながっていきます。生命の樹で豊かさを受け取るようになったなら、今度はどんどん他人に与えてください。このような幸せな未来への道が、生命の樹と出会ったあなたに開かれています。

生命の樹にはいろいろな意味があり、目的によっていろいろな使い方ができます。生命の樹には、これが絶対という決まった使い方はありません。図形の意味と仕組みの基本を理解していれば、自分でアレンジして使うこともできます。

最後の章では、使い方の応用編を見ていきましょう。

生命の樹は意識の型魂（かただま）

20世紀建築、3大巨匠のひとりと言われるミース・ファン・デル・ローエが好んで用いたとされる「神は細部に宿る」という言葉。これは、建築を創造に例えた言葉ですが、「細部にまで行き届いた意識によって、大きな建築が成し遂げられる」ということだと思っています。

「神は細部に宿る」とは、神は果てしなく遠い宇宙から小さな細かい細胞にまで存在しているということです。大きなビジョンと隅々まで行き渡る具体的で細かい視点がなければ、物事を形にすることはできません。そして、物事を実現できるかどうかは、意識（神）がどれだけ鮮明に細部に宿っているかにかかっています。

意識を細部にまで行き渡らせるために、生命の樹が役に立ちます。生命の樹は、10の丸でできているので、10通りに分けて考えたり、組み立てたりすることができます。10の丸を意識すると、隅々まで意識をめぐらせることになり、イメージが立ち上がっていきます。この図形は、イメージを明確にしてくれる型なのです。

日本には、すべてのことに神が宿るという考え方があり、形をつくる5つの力には神が宿ると言われています。その5つの力とは、言霊、数霊、音霊、色霊、型霊です。それぞれ、言葉、数字、音、色、型で、これらに偉大な力があると信じている人も多いでしょう。特に言霊は、ほとんどの人がその力を重要視していると思います。その他の数霊や音霊や色霊もいろいろなメソッドがあり、その力が活用されています。そして、最後の型霊ですが、私はこの型霊にこそ、日本人の意識や育まれてきた感性を感じます。

「型から入る」、「型をつくる」、「型を極める」など、いろいろな表現がありますが、日本人は型を美しくつくり上げようとする意識がとても高いと言われてきました。どんなものにも神が宿ると信じている日本人にとって型の力は偉大です。型を通して、目には見えないものが表現されます。型を使って、思いやメッセージを伝えられますし、型ができて、物事は具現化することができるのです。

『願望物質化の『超』法則』ジュヌビエーブ・ベーレン著（ヒカルランド）、には「創造は、人間の『思いの鋳型』に宇宙のエネルギーが注がれて、物質世界で形になる」とあります。100年前の創造の法則に型が出てきます。この思いの鋳型がイメージや青写真のことで、建築で言えば設計図です。生命の樹で、こうした思いの鋳型をつくることができます。言葉を書いた生命の樹の10個の丸の型が、創造の働きが物質になるための思いの鋳型になります。生命の樹の特殊な図形は、視覚に入ってくるインパクトが大きく、イメージを強く揺さぶります。生命の樹を一目見れば、何度もその図形を思い出せるのは、この図形が意識の型霊であり、潜在意識に大きな影響を与えるからです。思いを形にするための型霊として、意識を細部まで行き渡らせることができるのです。

意識は光です。意識を細部まで行き渡らせるとは、隅々まで光で明るく照らすことです。明るい所では細かい部分までよく見えます。よく見えていることは、ありありと実現するのです。ですから、意識を細部まで行き渡らせるのは、物事を実現するためにとても重要なのです。

意識の光を遮るものが、恐れやエゴであり、ウソを隠そうとする曇った意識です。それらは明るい光で照らされると存在できません。無意識の中で心の曇りとなって潜んでいます。こうした曇りの掃除にも生命の樹が役に立ちます。生命の樹を使って、ありありとイメージしたり、考えたり、設計図をつくることは、意識を明晰にさせ光の量を増やします。光が増えると恐れやエゴや曇った意識が消えていきます。

気づきの生命の樹

気づきの生命の樹は、6章の【受け取る力をつけるワーク】の応用です。このワークをすると、受け取る力、気づく力がついていきます。22日間のワークの間毎日、一日の終わりに時間を取って、受け取ったことを書きましょう。毎晩、書き出すワークをすると、感性が磨かれます。見えないものを感じる純粋さと敏感さが身について、もっと受け取りやすくなるでしょう。

◎気づきの生命の樹のつくり方

気づきの生命の樹に、その日一日で印象的だったことを書いてください。

①❶ケテルに、今日起こった出来事を書きます。これは「事実」を書いてください

例）久しぶりに友人と会った
　　セミナーに行った
　　家でゆっくり過ごした

②

❷コクマーに、ピンと来た閃きやフッと湧いてきた思いなどを書きます

これは、「アイデアや気持ち」です。思い浮かぶことが無ければ空欄にしておきます。無

気づきの生命の樹

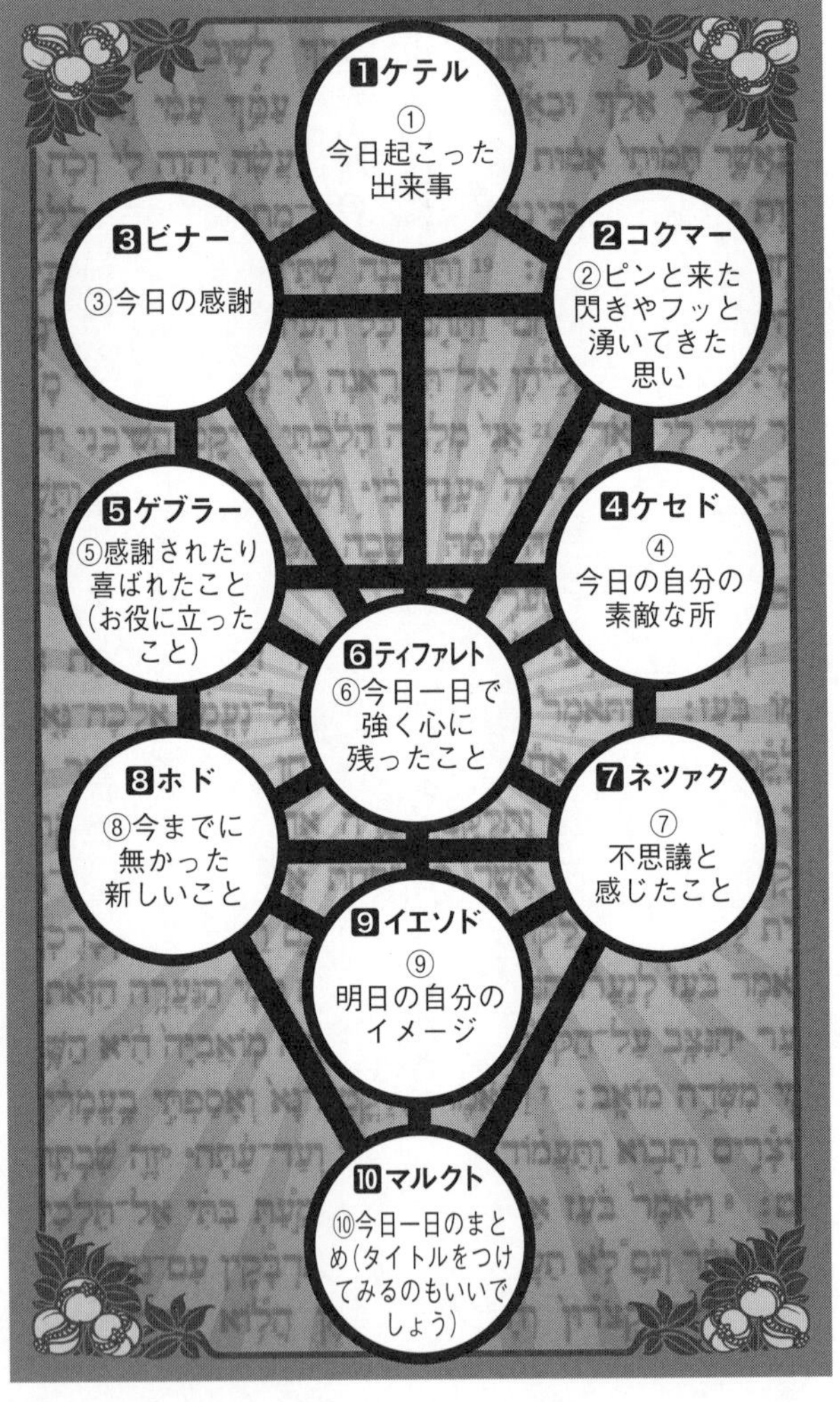

理することはありません。受け取る力がついてきたら、どんどん出てくるようになります。必要なことを受け取るようになり、望みを叶えるヒントがわかるようになります。

例）久しぶりにあの本を読もう！
〇〇さんにメールしてみよう
ブログを書いてみたいなあ……

③ **3ビナーに、今日の感謝を書きます**

ある特定の出来事に対する感謝でもいいし、その日一日に対する感謝でもいいです。感謝は「確かに受け取りました」と宇宙に伝える行動です。いつも感謝していると、潜在意識のプログラムが「たくさんのことを受け取れる自分」になります。感謝をしているとどんどんうまくいくようになるのは受け取る準備が整うからなのです。いつしか望んだことをすんなりと受け取れる自分になるでしょう。

④ **4ケセドに、今日の自分の素敵な所を書きます**

これは自分を好きになる練習です。自分の素敵だな、いいな、好きだなと思う所を毎日見つけてみましょう。だんだん自分の魅力がわかるようになり、どう輝かせたらいいかアイデアを受け取れるようになります。

自分を褒めることも練習しましょう。日本人は、自分を褒めることができず、自信が無くて、自分をアピールすることが苦手です。しかし、自分らしく輝いて生きるには、こういうことができなくてはなりません。慣れるまではあまり書けないかもしれませんが、毎日練習しましょう。書けない時は、無理せずに空欄にしておきます。

自分を温かく優しく見つめて、素敵な所を認めてみましょう。

例）私の笑顔はとても素敵

今日○○をやった私は素晴らしい

今日の私、心穏やかですごくいい感じだった

⑤ **5**ゲブラーに、感謝されたり喜ばれたこと（お役に立ったこと）を書きます

これを書くことはとても成長になります。ここに書くことを意識すると、受け取る力、気づく力がどんどん引き出されていきます。なぜなら、私たちは普段、自分が感謝したり、喜んだりしたことは意識できますが、相手に感謝されたり、喜んでもらったことはあまり

意識していません。自分がやったことに対する相手の反応を意識することは、自分が発信したものを受け取る練習になります。今日一日で、感謝されたことは何でしょうか？　どんなことを喜んでもらいましたか？　関わった人のお役に立てたでしょうか？　こうしたことを意識したり、実際に感謝されたり喜んでもらったりする経験は、自分の喜びや自信となります。

自分を見つめること以外に、相手の反応を受け取る、気づくことも自分を成長させてくれます。この意識が立ち上がっていくと、頼まれごとがどんどん来るようになり、お役に立つ機会がさらに増えていきます。受け取る力だけでなく、与える力、してあげる力もつくのです。

5 ゲブラーは、火星の場で変容の火を表す場です。キーワードは厳しく磨く愛です。**5** ゲブラーは、人間性が磨かれて、意識が変容する場。人を自立させ、お役に立つよう磨かれていく場なのです。

ずいぶん前になりますが、斎藤一人さんが「ありがとうゲーム」ということを言っていました。一日4回、他人にありがとうと言われましょう、それをゲームのようにやりましょうというものです。面白いなあと思ってやってみたら、これがなかなか難しいのです。やってみて、人からありがとうという言葉をもらうことの難しさを知りました。また、ついついありがとうと言われることを目的として、ゲームをやってしまうことが難しかったです。私は、人から自然にありがとうと言われる素敵な人になりたいと思って、よく取り組みましたが、受け取る力をつける良い練習になりました。

ここに書いたことを身につければ、人がして欲しいことがわかるようになります。そして、ありがとうと言われることを目的にしていないのに、自分がしてあげたことにありがとうと言われる素敵な自分に成長していきます。

ここも思い浮かばない場合は、空欄で大丈夫です。自分のペースで練習していきましょう。

例）スーパーで急いでいる人にレジの順番を替わってあげたら、感謝された
　今日の夕飯は、家族にとても喜んでもらえた
　友人のイベントのお手伝いをして、喜んでもらって、お役に立てた

⑥ **6ティファレトに、今日一日で強く心に残ったことを書きます**

一日を振り返って、強く受け取ったことは何でしょうか?

強く「気持ち」が揺さぶられたようなことはありましたか?

感動したこと、腹が立ったこと、嬉しかったこと、強く心に残ったことを書いてください。とはいえ、毎日ドラマチックなことが起こるわけでもないので、何もなければ空欄でもかまいません。空欄がある時は、いずれ書けるように、日々意識してみましょう。感性が磨かれて、もっと感じられるようになれば、日々の中にたくさんの感動を見つけることができるでしょう。ここに書いた「気持ち」は、自分を知るヒントになります。

⑦ **7ネツァクに、不思議と感じたことを書きます**

今日一日で、「自分の小さな頭を超えた」ことを書きます。不思議だなと思ったことやシンクロニシティなど、これは自分じゃないなと感じたことを書いてください。絵を描いたり、写真もいいと思います。

『センス・オブ・ワンダー』レイチェル・L・カーソン著(新潮社)、という本があります。この本には、「神秘さや不思議さに目をみはる感性」についての素敵な話がたくさんあります。子どもの頃は誰もが持っているこの力は、大人になっていくうちにどんどん失われていくということです。その力がなくなると自然と切り離されていき、自分を見失い、環境問題や心の問題につながっていくとありました。ここに書くことを意識して、どんどん受け取って、センス・オブ・ワンダーの感性を取り戻していきましょう！

⑧ **8ホドに、今までに無かった新しいことを書きます**

今日一日で、どんな新しいことに気づきましたか？

昨日までは無かった新しい何かが今日の一日に加わったでしょうか？

受け取ること、気づくことは、発明、発見、発掘です。神秘家のように、科学者のように、考古学者のように、そして錬金術師になって、日々の生活を探求してみましょう。何も無いと思い込んでいる日々に、新鮮な意味を見出だすのです。それはワクワクにつながって、退屈な日々から連れ出してくれるでしょう。毎日を新しい視点と新鮮なハートで見るのです。日々の小さな発見は、世紀の大発見になるかもしれません。

⑨ **9イエソドに、明日の自分のイメージを書きます**

明日のあなたはどんなあなたでしょうか？

最近、ふと目にした表現に「未来を思い出す」というものがあり、とても深いなあと思いました。未来の先取り、未来の予言、未来をイメージ、どれも自分が未来をつくる行動です。あなたが受け取りたいことは何ですか?

ここに書くことは、明日のあなたへ手渡すプレゼントだとイメージして、自分が受け取って喜ぶことを書いてみましょう。コツはあまり限定した出来事ではなくて、日常にちょっぴりプラスすることを考えてみてください。○○になるとか、○○が起こるというのもいいと思いますが、気持ちにフォーカスしたことや、限定されないイメージもいいと思います。形を限定してしまうと潜在意識の抵抗が生まれやすく、実現しないのが続くと潜在意識のプログラムが「実現しない」になってしまいます。軽い気持ちで、ちょっぴり背伸びした明日を創造してください。

ここを練習して、イメージする力がついてくると、明日のイメージがありありと来る時があります。その感覚ははっきりわかると思います。イメージを受け取った時は、自信を持ってそれを書いてください。そして、行動してみましょう。受け取ったイメージを実現してください。受け取ったイメージが実現するまでのコツをつかんでください。こうしたスピリチュアルなことも、スポーツや芸術や専門技術の習得と同じで身体で覚えていきましょう。実現のプロセスを身につけたら、何度でも再現できるようになります。それまでは、目に見えないことや気持ちにフォーカスしていきましょう。このように少しずつ段階を踏んで力をつけていくのです。

数多くある情報に振り回されずに、「自分のペース、自分のやり方」を確立していきます。「自分が感じるもの」に従って、コツコツ進むのが結局一番の近道なのです。その土台があって、魔法や奇跡のような出来事が起こります。

例）とっても幸せな気持ちで大満足！
久しぶりにガツンと来る気づきがありました〜！
最高に満たされることがあった今日に感謝でいっぱいです

⑩ **10マルクトに、今日一日のまとめを書きます**
今日は一言で言えば、どんな日だったでしょうか？　可能であれば、今日一日にタイトルをつけてみましょう。これを練習すれば、たくさんの情報をひとつにまとめる力がつき、

膨大な情報を一言で伝えられるようになります。伝えたいことが伝わるようになるのです。他にも、アファメーションを書いてみたり、誰にも言えない秘密を書いてみてもいいでしょう。辛い時には、正直な思いを書いて自分を慰めてあげましょう。10マルクトは楽しみながら自由に工夫してください。

気づきの生命の樹で、日々受け取る力をつけていきましょう！受け取ること、気づくことも、筋トレと同じです。練習あるのみです！

家系図の生命の樹

家系図の生命の樹は、自分の家系を書く生命の樹です。これを書く目的は、自分のルーツに意識を向けて、ご先祖さまや両親に感謝することです。先祖に感謝することは、自分を大切にすることにもつながります。つくるタイミングは、お盆やお彼岸、命日の時やふと思い立った時です。行き詰まった時や、不安に押しつぶされそうになった時に、家系図の生命の樹をつくって、先祖に助けを求めてみてください。自分が逆の立場であったら、生きていたとしても、霊になっていたとしても、子どもや孫を助けたいと思いませんか？それと同じで、力を貸してくれると思います。時には心静かに自分のルーツに思いを向けてみましょう。

エネルギーは上から下に流れます。家系のエネルギーも先祖から子孫へと流れています。この生命の樹は仏壇のように働きますので、仏壇の向こうの世界から、こちらへと光が流れるイメージをします。問題がある人は、家系図の生命の樹をつくった後に、上から下へ、それぞれの線に光を流すイメージをしてください。その光で不要なものは溶けていくか、流れていきます。イメージワークはとても効果があります。書いているうちに、先祖を感じたり、何かメッセージを受け取れるかもしれません。

◎家系図の生命の樹のつくり方

家系図の生命の樹

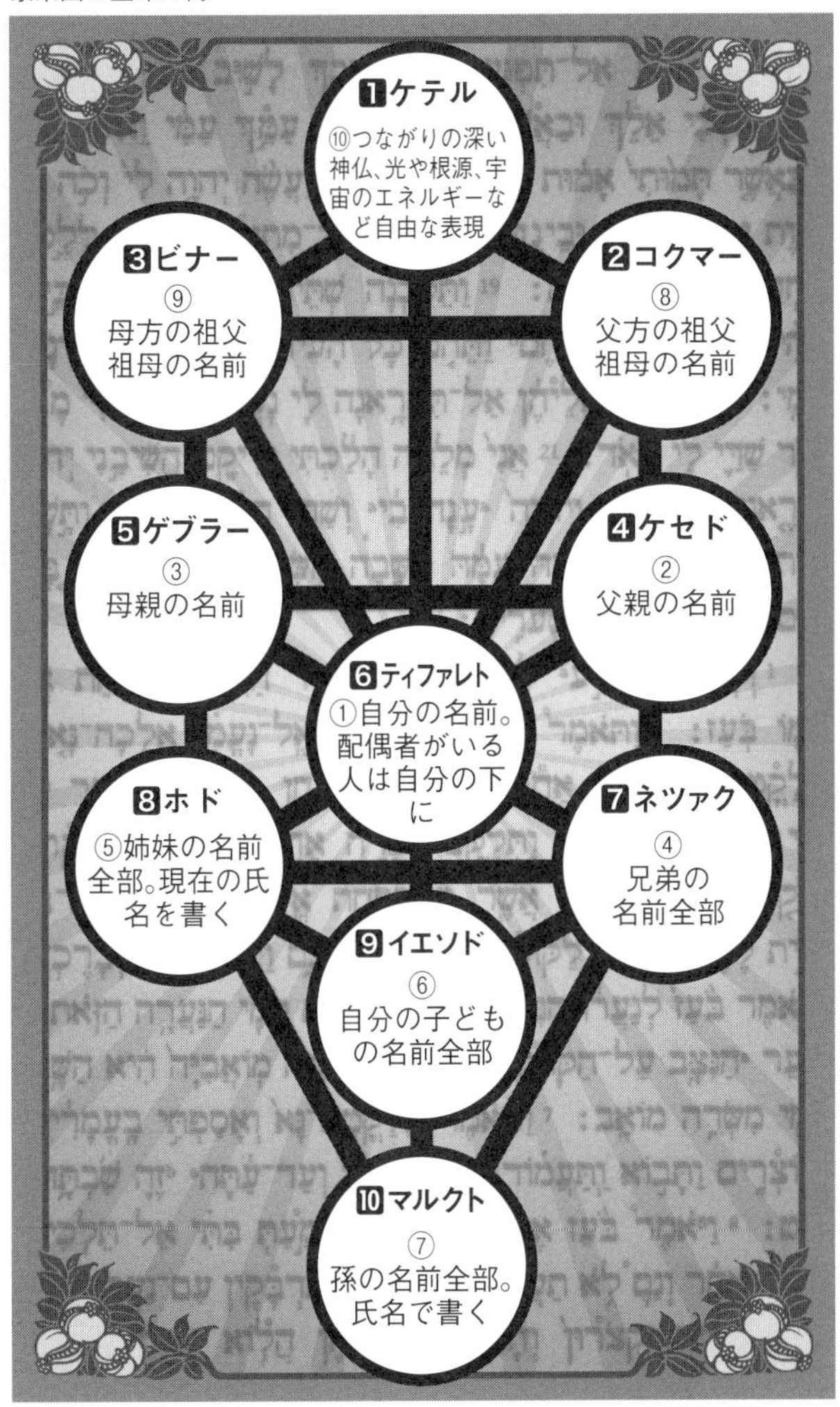

自分の親、兄弟、祖父、祖母、子ども、孫などを書いてください。ここに書く名前とは、

氏名のことです。

① 6ティファレトに、自分の名前を書きます。現在の名前を書いてください。配偶者がいる人は、自分の下に配偶者の名前を書きます

② 4ケセドに、父親の名前を書きます

③ 5ゲブラーに、母親の名前を書きます

④ 7ネツァクに、兄弟がいる人は名前を書きます。いない人は空欄です

⑤ 8ホドに、姉妹がいる人は名前を書きます。結婚している場合は、現在の名前を書きます。いない人は空欄です

⑥ 9イエソドに、自分の子どもがいる人は、子ども全員の名前を書きます。子どもの場合は、下の名前でいいでしょう。いない人は空欄です

⑦ 10マルクトに、自分の孫がいる人は、孫全員の名前を書きます。こちらは氏名を書きましょう。いない人は空欄です

⑧ ❷コクマーに、父方の祖父、祖母を書きます。知らない場合は、調べて書いてみましょう。思いを向けるとつながって喜ばれます

⑨ ❸ビナーに、母方の祖父、祖母を書きます。こちらも知らない場合は、調べて書いてみましょう。先祖に思いを向けると供養になります

⑩ ❶ケテルに、つながりの深い神仏を書きます。育った家でご縁があった神仏でも、今ご縁のある神仏でもキリストでもいいです。あるいは、光や根源、宇宙のエネルギーなど、特定しない表現でもかまいません。特に思い浮かばなければ空欄でもいいでしょう

日本には古事記という神話があり、日本中にたくさんの神社があり、たくさんの神々がいます。その神々は、役割を表しているそうです。学問の神、芸能の神、勇気の神、道案内の神、癒しの神など、自分にご縁のある神さまの役割が、自分の方向性のヒントなのだそうです。どんな神社や神さまが気になるか探ってみるのも、自分を知るヒントになると思います。

祈りの生命の樹

祈りの生命の樹は、神聖なエネルギーとつながるための生命の樹です。

祈りの生命の樹を書くことで、日常の慌ただしさから解放されて癒されることでしょう。心穏やかになりたい時、高次のエネルギーとつながりたい時、静けさの中で熟考したい時などにつくります。

生命の樹は、10個の丸という図形の基本の形がありますが、使い方に、これが絶対という特定の決まりはありません。使う目的に合わせて、いろいろと応用することができます。応用する場合は、目的にそった答えを生命の樹に入れてください。生命の樹に入れる言葉、その言葉の前提になっている意識によって、いろいろなエネルギーとつながることができます。

祈りの生命の樹は、聖なる存在の名前を書いたり、大切にしている言葉を書いたり、感謝を書く生命の樹です。書いた生命の樹には、軽くて高い、解放のエネルギーが流れています。祈りの生命の樹をつくること自体が祈りです。あなたの祈りで流れてくるエネルギーを感じてみてください。不要なものを流してくれる神聖なエネルギーとつながってみましょう。

◎祈りの生命の樹のつくり方

祈りの生命の樹

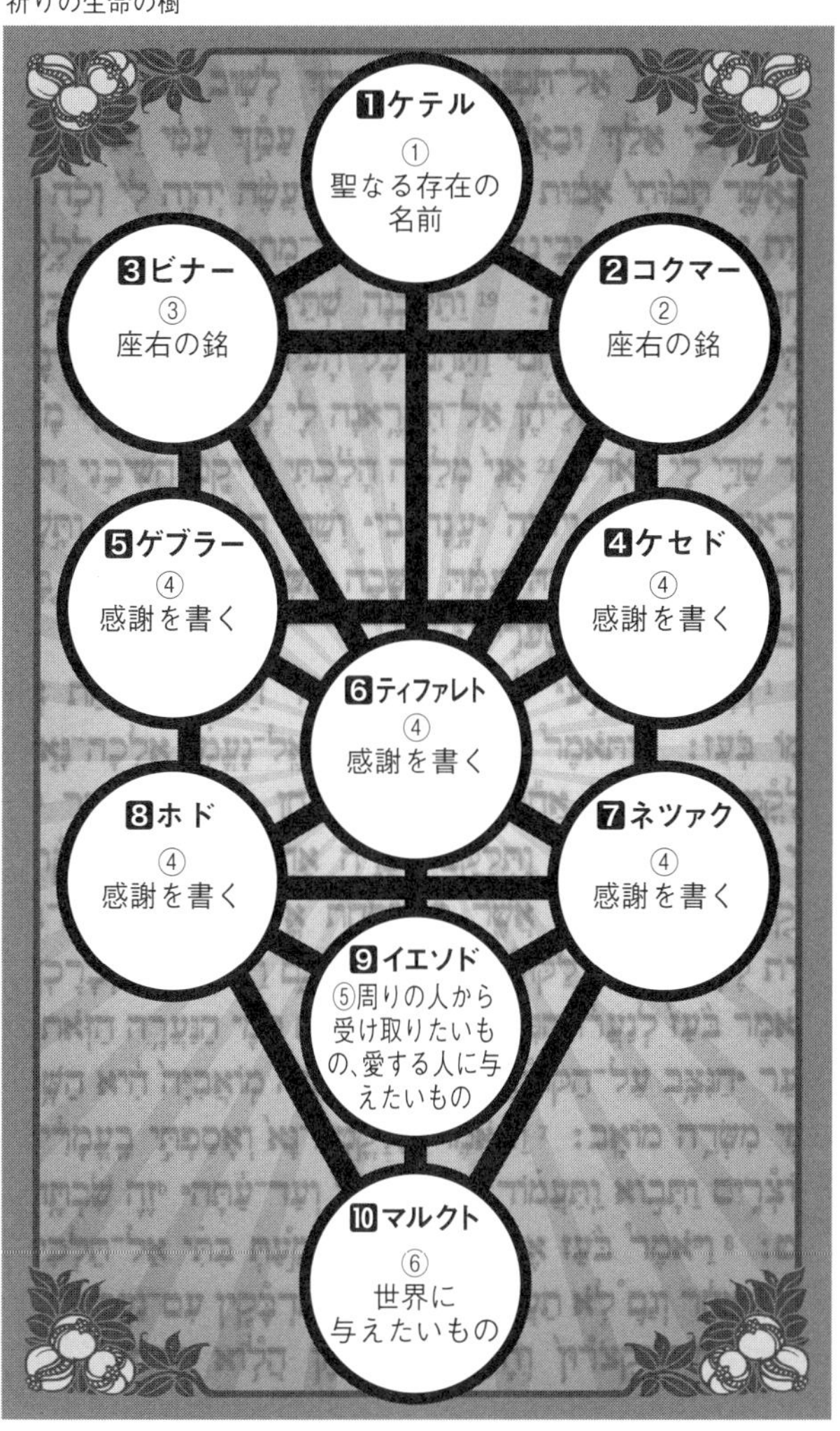

①

❶ケテルに、あなたにとって、聖なる存在の名前を書いてください

② **2**コクマーに、あなたの座右の銘を書きます。指針としている言葉を書いてみましょう

③ **3**ビナーにも、あなたの座右の銘を書きます。指針としているもうひとつの言葉を書いてみましょう（カバラでは、人には生まれた時から亡くなるまで、3人の天使がついていると言われています。カバラの知識がある場合は、この3人の天使を、1、2、3の丸に書くこともあります）

④ **4**ケセドから**8**ホドの丸（4、5、6、7、8の丸）に、それぞれ感謝のエピソードを書きます。5つの感謝を書いてください。感謝のエネルギーは、とても神聖なエネルギーです。白い光や天使などの聖なる存在を感じる人もいます

⑤ **9**イエソドに、あなたが周りの人から受け取りたいもの、愛する人に与えたいものを書きます。どんなものを受け取りたくて、どんなものを与えたいと思っていますか？　同じものなのかもしれませんね。漠然としているものを言語化して書いてみましょう

⑥ **10**マルクトに、世界に与えたいものを書きます。あなたは世界に何を与えたいと思っているのでしょうか？

祈りの生命の樹のすべての丸に聖なる言葉（マントラや座右の銘）を書いて、部屋に貼っている人もいます。それもとても素敵ですね。あなたらしく工夫して、神聖で美しいエネルギーとつながってください。

充電の生命の樹

充電の生命の樹は、自分を見つめるための生命の樹です。充電の生命の樹には、理想の人物や強みや好きなことなど、自分を知るヒントとなることを書きます。充電の生命の樹は、自分について言語化するので、自己分析ができます。自分に意識を向けるとエネルギーが集まってきて充電されたようになります。エネルギーが充電されて、もっと行動できるようになるでしょう。

充電の生命の樹には、先ほどの祈りの生命の樹とは違う濃密な集中のエネルギーが流れています。充電の生命の樹に集まってきたエネルギーは、自分に向けた意識です。このワークを、自分を知ることや自分を育てること、前進するきっかけにしてください。

自分にしかできないことは、自分でしか見つけることができません。自分自身に意識を向けて、内側にある答えを見つけましょう。あなたの中で、その答えが見つけられるのを待っています。

充電されたエネルギーは、見つけた答えを行動に移す力となります。その力を使って、あなたにしかできないことをやっていきましょう。

◎充電の生命の樹のつくり方

充電の生命の樹

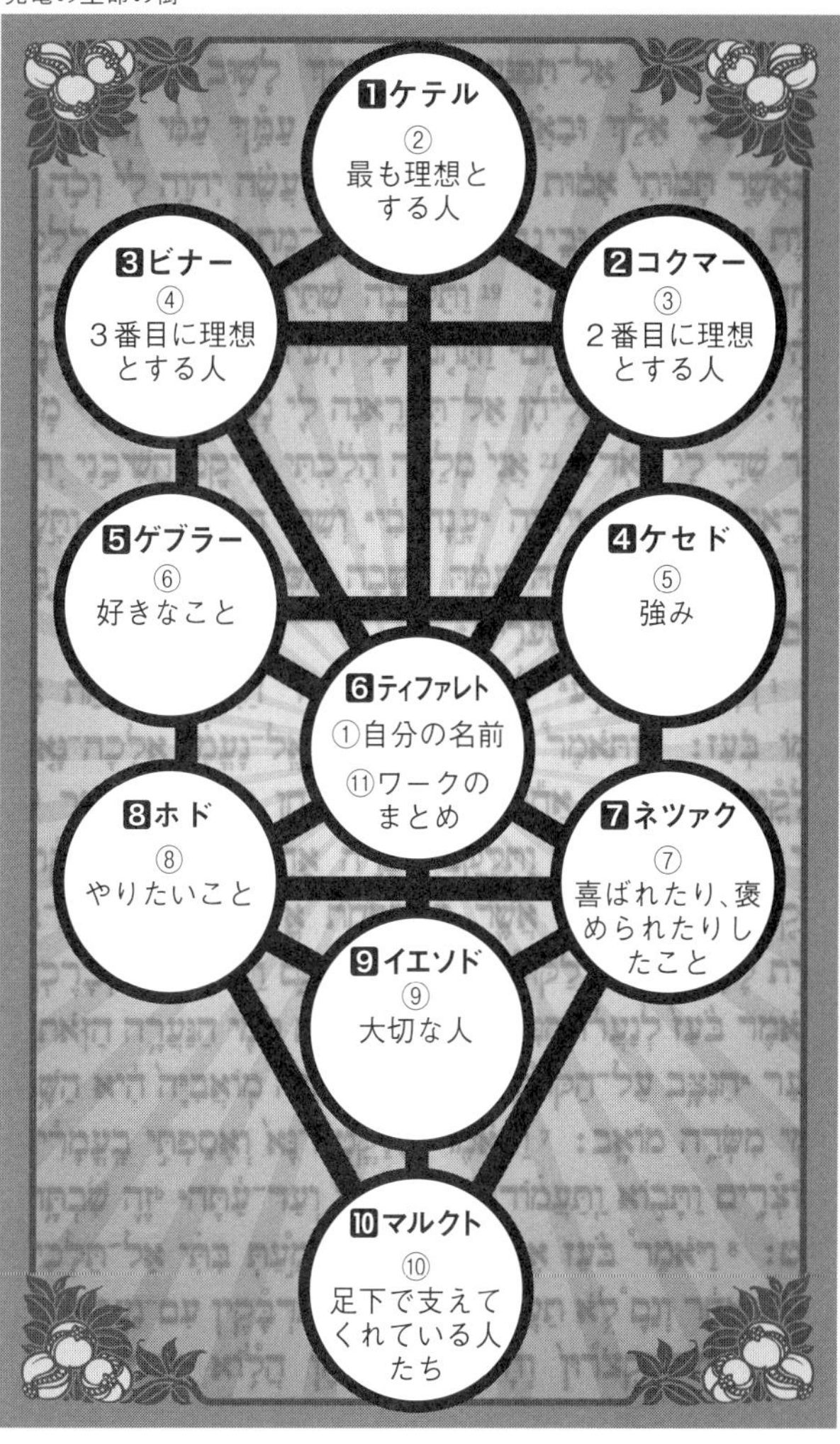

① 6ティファレトに、あなたの名前を書きます

最後に、ワークで受け取ったことを書くので、名前の下に余白を空けておきます。

②　**❶ケテルに、あなたが最も理想とする人を書きます**

歴史上の人物や神話の中の存在、映画や物語の人物でもいいです。武田信玄と書く人もいれば、マリアさまと書く人もいます。スター・ウォーズのマスター・ヨーダと書く人もいれば、アーサー王伝説の魔法使いマーリンを書く人もいます。ちなみに、今までに充電の生命の樹のワークで一番多かったのは、マザー・テレサです。ここに書く理想の人は身近な人でもいいのです。お母さんと書く人もいますし、友人の名前を書く人もいます。最近でしたら、ブログで知っている人や、世の中で活躍している著名な人を書く人も多いです。あなたが理想とする人、憧れの人や心に強く感じる人をひとり書いてください。

③　**❷コクマーには、２番目に理想とする人を書きます**

先ほどの❶ケテルと同じように書いてください。

④　**❸ビナーには、３番目に理想とする人を書きます**

❶ケテル、❷コクマーと同じように書いてください。

ここまでで、3人の理想の人物を見つけたと思います。その3人は、あなたを映し出しています。その3人を統合してみてください。イメージでかまいません。そこにはあなたにしかできないことのヒントがあります。また、3人を統合した人物Xには、あなたが使命を果たしている姿が映し出されています。

3人に共通するものを見つけてみてください。全員女性だったり、芸術家かもしれません。歴史を変えた人物かもしれませんし、全員身近な人を書いた人もいるかもしれませんね。または、3人を貫くテーマを見つけることも大きなヒントになります。教育だったり、優しさだったり、勇気だったり。美しいものをつくるというテーマが見えたり、人に寄り添い手助けするといったテーマもあると思います。

あなた自身を知るために、理想の3人をいろいろ分析してみてください。3人書けない場合は、書くことができた人数でかまいません。まったく思い浮かばない場合は、これを機にぜひ見つけてください。そうすれば、あなたにしかできない使命のヒントがわかるようになります。この人は素晴らしいな、この人が成し遂げたことをやりたいな、この人のようになりたいな、と思う人を見つけて書けるようにしてください。

生命の樹の1、2、3の三角形は、高い意識が宿る場です。ここに神の意識、目覚めた意識が降りてきます。充電の生命の樹の1、2、3に書いた3人を理解すれば、あなたも目覚めていくでしょう。

⑤ **4ケセドに、あなたの強みを書きます**

あなたが無理してがんばったり、他人に認めてもらおうとしなくても、自然にうまくやれることが持って生まれた強みです。強みはすでに持っているものであり、無意識無自覚のまま当たり前にできていることです。それを自覚してください。ヒントは、特にがんばっているわけでもないのにうまくできること、そして、当たり前だと思っていること。内側に目を向けて、見つけた強みを言語化して書いてみましょう。これができるようになると、もっと自分の素晴らしさがわかるようになり、自分を表現できるようになります。

⑥ **5ゲブラーに、あなたの好きなことを書きます**

好きなことがはっきりしていると、あまり迷わずに、物事の選択や決断ができます。好きなことは、元気の素です。心地よい方へまっすぐに連れていってくれます。充電の生命の樹で、好きなことを明確にしてみましょう。好きなことがよくわからない人は、嫌いなことを出してみてください。その反対が好きなことです。最初はこのように、嫌いなことから好きなことを見つけるのもいいでしょう。しかし、このような人は、自分の癒しや解放に取り組むことが必要です。自分の好きなことがわからなければ、なかなか前へ進めません。何が好きで、何が嫌いかがわかる自分になりましょう。それが自分軸となります。

⑦ **7ネツァクには、今までに喜ばれたことを書きます**

今までに喜んでもらえたのはどんなことでしたか？　褒められたことでもいいでしょう。それは、**4**ケセドに書いた強みにつながっています。普段から、自然にやっていることで喜ばれることは何か、を考えてみてください。ここがわかれば、もっと自分を生かすことができます。誰にも必ずありますので、それを見つけていきましょう。

⑧ **8ホドには、やりたいことを書きます**

素直にやりたいことを書いてください。何の制約もなければ、やってみたいことは何ですか？　自由に書いてみてください。遊び心いっぱいのワクワクするようなやりたいことがありますか？　やりたいことは、**5**ゲブラーの好きなことにつながっています。やりたいことがわからない人は、好きなこともわかりません。そういう人は、自分を癒したり解放したりしてください。親が厳しくてやりたいことがやれなかったり、やりたいことをやって失敗したというブロックがあると、やりたいことを素直に表現できなくなります。もっと自由に柔軟にやりたいことを表現できるようになりましょう。初めは、小さなことでいいので、ちょっとこれをやってみたいなあと思うことを書いてみましょう。どんどん書いてみると、やりたいことが出てきますし、やりたいことをやっていいと許可できるようになります。だんだんと、やりたいからやる！　と思えるようになります。

⑨ **❾イエソドに、あなたにとって大切な人を書きます**

何人書いてもいいです。なくてはならない大切な人はどんな人ですか？　家族やパートナーや親友や恩師など、親密な関係の人を書いたと思います。あなたは、その人たちからどんなことを受け取っているでしょうか？　影響を受けたことは何ですか？

ここに書いた人は、ただ純粋につながっている人たちです。あなたの強みを最も受け取っている人たちでもあります。この人たちは、あなたの強みを引き出しているのです。大切な人たちと分かち合っている強みを探ってみましょう。そして、宇宙は、❾イエソドの人たちを通してあなたにどんなことを教えてくれているのでしょうか？

⑩ **❿マルクトに、あなたを足下で支えてくれている人たちを書きます**

あの人がいたから今がある、といった過去のエピソードも含めて、陰で助けてくれている人たちを書いてみましょう。何か影響を受けたことはありましたか？　たくさんのご縁がつながって、今の自分があることを感じてみてください。人生の中で人を替えて繰り返し伝えられるメッセージや、影響のあった出会いにパターンはありますか？　**10**マルクトの人たちを通して、自分を生かすヒントが見えてくるかもしれません。

⑪最後に6ティファレトに書いたあなたの名前の下に、このワークで受け取ったことを書いてください

感謝の気持ちでもいいですし、自分へのメッセージでもいいです。あるいは「こうしていこう！」というアイデアを受け取ったかもしれません。ワーク後のまとめをしましょう。

充電の生命の樹は、自分に意識を向けて内側に在るものを見つける生命の樹です。自分に意識を向けるとエネルギーが集まってきます。望む未来をイメージしたり、やりたいことについて考える時も集中のエネルギーが流れています。ぜひ、そのエネルギーを感じてみてください。集中のエネルギーがわかるようになると、今度は意識して使えるようになります。集中のエネルギーは、自分を立ち上げて物事を実現させる力を引き出すのです。

意志発動の生命の樹

生命の樹の応用編の最後は、意志発動の生命の樹です。この生命の樹は、自分の意志を立ち上げたい時につくります。意志発動の生命の樹は、新しい流れに進みたい時、モヤモヤから抜け出したい時、大きな変化が起こった時など、現在地や方向性を明確にしたり、決めたりするためにつくる生命の樹です。

4章の受け取りの生命の樹は、望む未来を受け取るための生命の樹です。意志発動の生命の樹は、人生を変えたい時につくる生命の樹です。この生命の樹をつくると、現実的な取り組みが明確になり意志を強くすることができます。

意志発動の生命の樹は、イメージワークも組み合わせて、❿マルクトから、❶ケテルへ向かって書いていきます。

この生命の樹は神社をイメージしてください。神社の本殿に進むように、下の世界（世俗の世界）から上の世界（神域）へ進むイメージで書いていきます。

途中、３つの鳥居があります。

第1の鳥居は、7ネツァクと8ホドの2つの丸をつなぐ線です
第2の鳥居は、4ケセドと5ゲブラーの2つの丸をつなぐ線です
第3の鳥居は、2コクマーと3ビナーの2つの丸をつなぐ線です

それぞれの鳥居をくぐり、次の神域に進むごとに、どんどん軽く自由になっていくことをイメージしてください。第１の鳥居は世俗に近く、重たいのでくぐるのが大変に感じるかもしれません。しかし、第２の鳥居、第３の鳥居をくぐるたびに、高い波動領域につながって、本来の状態になることをイメージしてみてくださいね。

◎意志発動の生命の樹のつくり方

意志発動の生命の樹

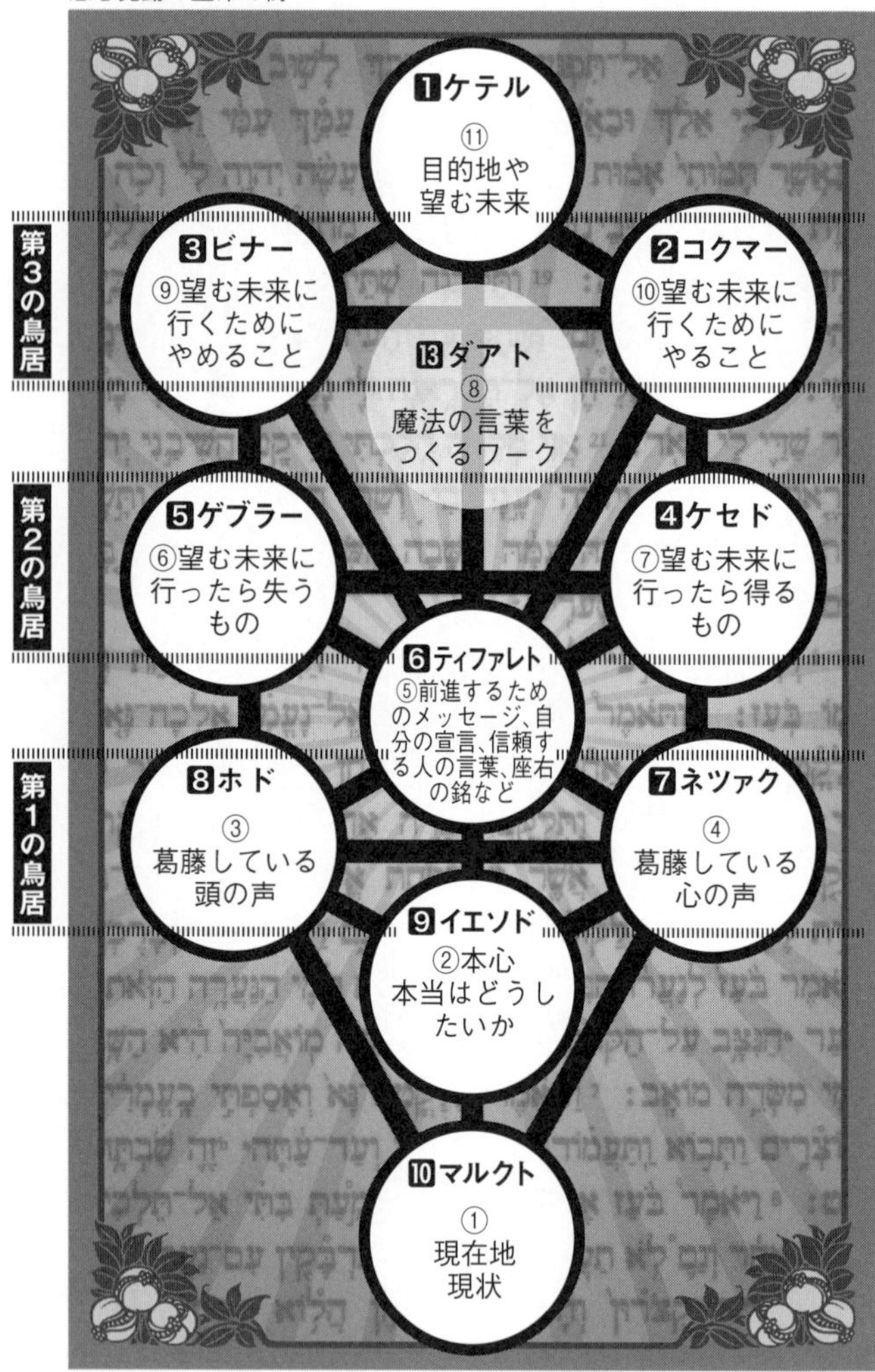

① ⑩マルクトに、現在地を書きます。あなたの現状を書いてください

例）モヤモヤしていてどう進んでいいかわからない
起業をしたが、ダブルワークの状態がずっと続いている
不安いっぱいで混乱している

② ⑨イエソドに、あなたの本心を書きます。現状はどうあれ、本当はどうしたいかを書いてください

ここに書くのは、誰にも言えないあなたの本心や心の声です。それはあなたを呼ぶ声です。心の奥でささやく声を聞いてみてください。素直に正直に本心を書いてください。なかなか言語化できない人は、セッションで受け取ったヒントや、カードのメッセージでもいいでしょう。ここに書く目的は、先に進むことです。先に進むためのメッセージを心を込めて書いてください。

⑨イエソドは生命の樹のポイントの場で、月や無意識の場です。ここは潜在意識とつながっています。うまくつながれば、変化を起こすきっかけをつくることができます。

例）経済的に自立して、自分らしく生きていきたい
もっと自由に好きなことをやりたい
自分を表現して、世の中に出て、活躍したい

——第1の鳥居——

7と8の丸をつないでいる線は、神社の第1の鳥居としてイメージしてください。第1の鳥居は、世俗と神域の境界線です。イメージの中でこの鳥居をくぐって、モヤモヤの先に進みましょう。

③ **8**ホドに、自分の中の頭の声を書きます。小さな頭であれこれと考えていることを書きます

なかなか思うように進めないのは、頭と心がバラバラになっているからです。ここでは、頭で考えていることを明確にしてみましょう。多くの場合、変化の妨げになっているのは、頭の中の声なのです。思考は未知の可能性を理解できません。過去のパターンに照らして判断するので、思うように進めなくなるのです。

例）好きなことをして経済的に自立できるなんて信じられない
自分にはできるはずがない
失敗したら大変なことになるからやってはいけない

④ **7** ネツァクに、自分の中の心の声を書きます。ここでは、心の中で感じていることを整理してみましょう

頭で考えていることと、心で感じていることがバラバラだと、先へ進むことができません。心の中にはどんな思いがありますか？　それは頭で考えていることと相反するものだと思います。思いを明確にして整理しましょう。**9** イエソドに書いたことと重なってもかまいません。何度も本心を書くことで、だんだん進む力が立ち上がってきます。9は、先に進むためのメッセージなので、○○したいという表現が出てくると思います。7は、感じることや気持ちを意識して書いてください。9と7が同じようなことでもかまいません。

例）好きなことをして経済的に自立したら、もっと幸せになる
達成感を味わいたい
もっと自分の可能性を信じてみたい

第1の鳥居では、7と8にそれぞれの答えを書いて、頭と心をしっかり分けます。わかるの語源は分けるです。相反する頭と心をしっかり分ければ調和が取れます。調和が取れると、先へ進むために必要なことがわかります。バラバラになっている頭と心を無理にひとつにしようとすると混乱します。モヤモヤから先に進むためには、それぞれを認めることです。頭の考えも心の思いもどちらも自分の一部です。生命の樹の図形を見ても、両方同じ大きさの丸であり、正しいとか間違っているではなく、プラスとマイナスのエネルギーなのです。ここを通過するには、2つをしっかり分けて両方を認めます。どちらも冷静に見てください。そして、少し先の❻ティファレトに意識を合わせます。バラバラに分かれているものは分かれたままにして、その間に立ち、未来に意識を向けるのです。これが、第3の新しいものをつくるというカバラのやり方です。

変化する時は、一番初めが大変なのです。また、下の世界（世俗の世界）は雑多なエネルギーがいっぱいで重たいのです。ここから上の世界に上がるごとに、軽く楽になっていきます。

変化の一番初めの時は、分けて認める、少し先の未来を意識する、別々のものから第3の新しいものをつくることを意識します。

――第1の間――

第1の鳥居をくぐった先には、調和の場があります。神社の拝殿（お祈りする場所）をイメージしてください。ここは、平安で穏やかな癒しの場です。イメージの中で、上から降り注ぐ光を受け取りましょう。先へ進む力強いメッセージや応援があなたに届けられているのを感じてください。

⑤ **6ティファレトには、もう一度、あなたを先に進ませるメッセージを書きます**

あなたの言葉でも、座右の銘や信頼する人の言葉でもかまいません。**9**イエソドをさらに上回る力強いメッセージを心を込めて書いてみましょう。第1の鳥居をくぐったら、あなたを導く力強い声を感じるかもしれません。その導きを受け取ってください。あなたがもっと先に進めるようにアファメーションを書いてみてもいいでしょう。先に進ませるメッセージは、意志の力を立ち上げます。

例）私が自立すると周りの人の自立を助けられる
　私は最高の可能性に満ちている
　私はもっと豊かになって、世の中に貢献する

――第2の鳥居――

4と5の丸をつないでいる線は、神社の第2の鳥居としてイメージしてください。第2の鳥居は中間地点です。この境界を超えると、次のステージに上がります。イメージの中でこの鳥居をくぐることで、次のステージの自分とつながりましょう。

⑥ **5**ゲブラーには、目的地（望む未来）に行った時、何を失うかを書きます

ここに書くことは、あなたにとってもう古いものです。その正体は、恐れやエゴです。あなたが今より上のステージに進んだ時に、消えて無くなっていくものなのです。これが、8の頭の声と同じく、変化に抵抗するものです。それは一体何でしょうか？　それを明らかにしてみましょう。明らかにすることで、恐れやエゴはその力を失って消えていきます。

例）他人に自分を表現する恐れ
　　自分に責任を取ること
　　今の人間関係

⑦ **4**ケセドには、目的地（望む未来）に行った時、何を得るかを書きます

ここに書くことは、拡大し発展していくあなたの豊かさや神聖さです。あなたは次のステージに進むことで、もっと神聖な存在に成長していくのです。次のステージに進んだあなたが手に入れるものを書いてください。

例）勇気と自信
　　ワクワク楽しい毎日
　　新しい人間関係

――第2の間――

第2の鳥居をくぐった先には秘密の場があります。神社の拝殿をイメージしてください。秘密の場は、宇宙（神）とつながる場です。イメージの中で、宇宙の中心とつながってください。あなたはひとりの人間であると同時に宇宙であることを感じましょう。

第2の間は、生命の樹では、⓭ダアトの場にあたります。ここで、変化を起こすワークをしましょう。

⑧生命の樹には隠された⓭ダアトの場があります

⓭ダアトは生命の樹には出ていませんが、神秘の扉として存在しています。⓭ダアトは

宇宙とつながる扉です。扉が開くことを意識してワークをすると、変化を起こすことができます。

ここでは、魔法の言葉をつくってみましょう。変化を起こす魔法の言葉を3パターンご紹介しますので、あなたが一番しっくりくるものを選んでください。

1　生命の樹アファメーション　基本系

これは、12の丸の生命の樹を使ったアファメーションです。12の丸の生命の樹は、⑩マルクトが、⑩マルクト、⑪マルクト、⑫マルクトの3つに分かれています。⑩マルクトは、個人が使命に立ち上がった視点、⑪マルクトは、身近な友人知人が自分を見ている視点、⑫マルクトは、社会の人たちが自分を見ている視点です。⑩マルクトは主観で、⑪マルクトと⑫マルクトは客観です。この3つの視点で3つのアファメーションをつくるのが、生命の樹アファメーションです。

⑩マルクトは、物質世界、現実世界を表し、普段私たちが生きている現実世界の場です。この物質世界、現実世界は、下の世界のことです。受け取る器の世界であり、人として生きる私たちを表します。生命の樹アファメーションは、この場を整えるための言葉です。

まずは、⑩マルクトのアファメーションのつくり方です。使命に立ち上がった自覚を持って意図しましょう。望む未来をつくるアファメーションを考えてみましょう。

私は、〇〇になりました

〇〇には、あなたが望む未来を書き、完了形の文章にしてください。

ここでポイントがあります。

完了形で書くことが大事なのは、言葉は現実をつくるからです。表現した言葉に相応しい現実が現れてくるのです。このことは、みなさん充分にご存知だと思います。しかし、言葉は思考だけではなく、感情にもつながっています。ですので、表現した言葉が感情にしっくりくる言葉でなければ、相応しい現実が現れてきません。感情が抵抗するからです。これが、頭ではわかっているのだけれど、心が言うことを聞いてくれない、という頭と心がバラバラな状態です。

完了形で書く場合、頭と心がつながっているアファメーションでなければ、意味がありません。かえって感情の抵抗が強くなって、もっと進めなくなります。完了形で書いた言葉に少しでも抵抗を感じる人は、言葉を工夫しなくてはなりません。その工夫は次のようにしてください。

私は、○○になりつつある
私は、○○になる準備をうまくやっている
私は、○○の基礎ができた

そして、とても効果があるアファメーションはこちらです。

なぜだかわからないけれど、私は○○になりました！　この「なぜだかわからないけれど」という言葉には、あらゆる抵抗を吹き飛ばす威力があります。このアファメーションで現実が変わった人がたくさんいます。ぜひ、試してみてください。

次に**11**マルクトのアファメーションをつくります。友人知人の視点で、客観の意識でつくります。友人知人が自分を見ているようにつくるのがコツです。あまり難しく考えずに、妄想でもいいので、他人の視点で自分を表現してください。他人をコントロールするわけではないので、何を書いてもいいのです。

○○さん（○○さんはあなたの名前）は、○○ですね
○○ちゃん（○○ちゃんはあなたの名前）は、○○になりました
○○（あなたのニックネーム）は、○○を達成しました！

友人知人があなたのことを見ているようにつくってください。他人の視点でつくると抵抗が外れます。思いっきり、望む未来を表現してみましょう。

最後に⓬マルクトのアファメーションをつくります。社会の人たちの視点で、客観の意識でつくります。望む未来のあなたになった時、社会の人たちはあなたをどのように見るかをイメージしてください。あなたが将来社会の人たちにどのように見られたいかを表現してみましょう。

○○さん（○○さんはあなたの名前）は、○○です
○○先生（○○先生はあなたの名前）は、○○の分野で活躍しています

自分の主観、友人知人の客観、社会の人たちの客観という3つのアファメーションが揃って、望む未来が明確になります。

2　解除のアファメーション　心の抵抗が強い人向け

解除のアファメーションは、心の抵抗が強い人に効果がある言葉です。

何をやっても進めない人は、何度も繰り返し起こってしまうネガティブなパターンがあり、進めなくなるのです。そのパターンを起こしているのが、「どうせ私なんて……」というネガティブなセルフトークです。どんなに希望を持って進もうとしても、勇気が湧いて一歩進んだとしても、すぐに「どうせ無理、どうせできっこない……」というセルフトークが邪魔をします。この変わりたくない自分の一部と戦ってもしかたがありません。抵抗の力は強いので、できればここにエネルギーをかけたくはありません。何とかしようともがくよりも、ちょっと賢くなって、抵抗のすき間をするするっと通り抜けてみません

か？　解除のアファメーションは、えっ？と拍子抜けしてしまうくらい、なんだかよくわからないうちに変化してしまう言葉です。「ああ、私は何をやってもダメだわ、私なんて変われるはずがない……、どうせ私なんて……」そう強く思い込んでいる人は、毎日ぶつぶつ唱えてみてください。私もとても重たかった時にやってみて、時間はかかりましたが、無理なく自然に変化できました。このアファメーションの素晴らしさは、自分でも気づかないうちに変化できることです。どんなに重たくても、よくわからないうちに、ポジティブなエネルギーにつながってしまうのです。不思議ですが、それが言葉の威力なのだと思います。

つくり方は簡単です。いつもと同じネガティブな調子でいて、結局ポジティブな言葉になっているところがポイントです！

どうせ私、幸せだし……
どうせ私、ツイてるし……
どうせ私なんて、どんどんうまくいっているし……

いかがですか？　いつもなら、どうせ私なんて…ダメだとか、ツイてないとか、幸せにはなれないとかになっていると思います。その調子を変えずに、（そうです！　逆に変えない方がいつものトークだと思って、心の抵抗が生まれません）ポジティブな言葉に置き換えてください。どんよりとした空が少しずつ少しずつ晴れてくるように、心も明るくなっていくでしょう。このままじゃいけない、変わりたいと思っていろいろやっているけれどなかなか変われない人は、心の抵抗が大きいのです。大きなブロックもあるかもしれません。そういう場合は、自分の解放や癒しに取り組みながら、抵抗の生まれない解除のアファメーションも試してみてください。セルフトークを変えれば、意識が変わり、現実が変わります。抵抗が大きく重たい段階は、大きく変わろうとしても変わりません。できれば、小さく少しずつ、それも気づかぬうちに、が効果があります。変化していることに気づきもしないで進んでいくのが抵抗をすり抜けるコツです。ある時、あれ？　何だろう？　何かが違う⁇　と気づいたら、それがステージが変わったサインです。

3　神秘のアファメーション　ある程度自分で進める人向け

神秘のアファメーションは、前へ進めなくなったとしても、自分に向き合ったり、人のサポートを受けたり、工夫したら進める段階にいる人向けのアファメーションです。

神秘のアファメーションは、質問形のアファメーションです。

このアファメーションのポイントは、答えを出すのが目的ではなく、脳がこの答えを出そうと働き出す状態をつくることです。自分に問いを投げかけると、脳はその答えをあらゆる所から引き出します。こうした脳の特質をうまく使って、望む未来をつくります。

つくり方は、望む未来をそのまま質問にします。なぜあなたが望むことが実現したのか？　という問いの言葉をつくってください。

どうして私はこんなに幸せなんだろう……？

なんで私はいつも仕事がうまくいくのだろう……？

なぜ私は毎日嬉しいことが起こるのだろう……？

このように、うまくいくこと、幸せなことを自分に問いかけると、脳はますますその答えを引き出してきます。逆に言えば、うまくいかない人、幸せじゃない人は、そうなる問いを自分に投げかけているのです。

どうして私は幸せになれないのだろう……?
なんで私はいつもうまくいかないのだろう……?
なぜ私は悲しくなるんだろう……?

こうしたネガティブな質問を自分にしているから、脳がネガティブな答えを出すのです。ぜひ、望む未来や欲しい現実を自分に問いかけてください。問いを投げかければどんどんそうなっていきます。第2の間の⓭ダアトでは、魔法の言葉をつくるワークをします。自分で変化のきっかけをつくることを身につけましょう。

――第3の鳥居――

2と3の丸をつないでいる線は、神社の第3の鳥居としてイメージしてください。第3の鳥居は、最も神聖な領域に入る境界です。ここを超えると、宇宙意識とつながります。完全に自分に力が戻ってきたのを感じてください。もうあなたを制限するものはありません。自分で決めて行動できます。イメージの中でこの鳥居をくぐることで、望みが実現したことを感じましょう。

⑨ **❸ビナーに、目的地（望む未来）に行くために、やめることを書きます**

あなたは目的地に行くために、生活の中で何をやめますか？　不必要な習慣、古い人間関係など、もう役に立たなくなった古いものを手放すことを決めましょう。やめる、抜ける、捨てるなどで、古いエネルギーを取り除くのです。人、物、事の断捨離をしましょう。

例）今関わっているコミュティを抜ける
だらだらとネットを見るのをやめる
まったくお客さまの来ないサービスをやめる

⑩ **❷コクマーに、目的地（望む未来）に行くために、やることを書きます**

あなたは目的地に行くために、何を生活の中に加えますか？　やる、手に入れる、始めるなどで、人生に新しいエネルギーを取り入れます。ずっと気になっていることを始めましょう。人、物、事を新しくしましょう。決めたことを継続してやっていくと、人生の流れが変わっていきます。

例）理想としている人のセミナーを受講する
毎日の中に自分と向き合う時間をつくる
週に2回、ブログを書く

第3の鳥居では、これからやること、やめることを自分で決めます。完全に自分の意志でこれからの流れを決めたことがわかるでしょうか。第1の鳥居で葛藤を整理するところから始まって、第3の鳥居で自分の意志で決めるところまで進んだのです。

ここまでたどってきた道（生命の樹の中央の柱）を振り返ってみます。

第1の鳥居では、自分の意志ではどうにもならないことを整理します。別々の方向を向いている頭と心をひとつにするのはとても大変なことです。

8ホドの頭と7ネツァクの心は同じ大きさの丸（エネルギー）なのです。ここを通り抜けるポイントは、まずは2つを別々に分けること。そして、それぞれを俯瞰して見て、頭と心の両方を受け入れます。そして、1段上の6ティファレトの先へ進ませるメッセージにフォーカスします。内面のごちゃごちゃした葛藤ではなく、少し先の未来に意識を向けるのです。頭と心がバラバラでなかなか思うように進めない時は、それぞれを分けて、受け入れて、少し先の未来を意識してください。結局どうしたいのか？　そこに意識を合わせるのです。これが先へ進むポイントです。すぐにはできないかもしれませんが、何度もトライ&エラーしながら、コツをつかんでください。下の方は現実世界、物質世界なので重いのです。第1の鳥居は、世俗のしがらみがいろいろあるのです。この境界を超えるのが一番大変です。多くの人はここで苦労していますが、意志発動の生命の樹のワークで、ここを超える練習ができますので、ぜひ取り組んでみてください。

第1の鳥居を超えた後は第1の間の❻ティファレトで先に進むメッセージを書きます。あなたを前に進ませてくれる力強い言葉を心を込めて書いてください。そして、ここに書いたメッセージを葛藤を抜ける指針としましょう。イメージワークとしては上から降り注ぐ光を受け取り、メッセージや応援が届けられているあなたをイメージしてください。決してひとりではないことを感じて頂きたいと思います。

次の第2の鳥居では、先に進むことで、何を失い、何を得るかを明確にします。思うように進めないのは、頭が邪魔をして、古いものを手放さない執着があるからです。失うものとは、消えて無くなっていく恐れやエゴなのです。それを明らかにすることができれば、新しく得られるものに心を開くことができるでしょう。葛藤を超えて自分の意志で物事を決めるために、第2の鳥居のプロセスを身につけましょう。変化した時に、失うものと得られるものを明確にするのです。失うものは恐れやエゴで、得られるものは、拡大し発展する豊かさや神聖さです。失うものと得るものを理解できれば、葛藤から抜け出して、自分の意志で物事を決められるようになります。恐れやエゴにコントロールされていた自分から、強い意志を持って行動できる自分になります。

第2の間では、生命の樹の隠された場の⑬ダアトで、魔法の言葉をつくるワークをします。3パターンの魔法の言葉があります。「生命の樹アファメーション」は基本形です。その他に、心の抵抗が強い人は「解除のアファメーション」を。無理なく自然に変われるアファメーションとして人気があります。ある程度自分で進める人は、「神秘のアファメーション」を試してみてください。質問形のアファメーションはとても威力があります。どんどん質問の答え通りになっていくのを味わってくださいね。

知っているレベルとやっているレベルはまったく違います。百聞は一見にしかずで、1回の体験が人生を大きく変えますし、なんと言っても体験することは最高の喜びです！

ぜひ、いいなと思ったら、どんどんやってみてください。それでは、最後の第3の間、❶ケテルに進みましょう。

――第3の間――

第3の鳥居をくぐった先は、創造の源の場です。神社の本殿をイメージしてください。創造の源の場であなたは、創造主と一体になります。イメージの中で、あなたは創造主として世界を見ていることを感じてください。これからのあなたは、どんなものでもつくることができます。どうぞ、この力を恐れずに受け取ってください。カバラの「受け取る」とは、あなたはなんでもつくることができる創造主であるという、この意識に還る（天国に還る）という意味なのです。

⑪ **❶ケテルに、目的地や望む未来を書きます**

あなたの望む未来、欲しい現実を、もうすでにそうなったとして書いてください。ここまでしっかりワークを進めてきたのですから、完了形で書けるはずです。

そうなったらいいなあ、とか、そうなりますように、ではなく、「そうなった！」と決めて書きましょう。先ほどの第3の鳥居で決めたことを続けた結果、あなたは目的地に着きました。望む未来にはどんな幸せを感じますか？　あなたは、そこでどんなことを楽しんでいるでしょうか？　どんな人と仲良くして、どんな話をしていますか？

リラックスして、未来のあなたをイメージしてください。未来に旅行に行ったと思って、ゆったりと楽しんでください。充分に未来を味わったら、そのイメージを心のままに、完了形で書きましょう。それでもやっぱり心の抵抗が、という人は、「なぜだかわからないけれど、○○になりました」にしましょうね。無理なく自然に、あなたのペースで取り組んでいきます。

例）私は自分の好きな仕事で成功して、大活躍しています
　　私はずっと夢だった田舎暮らしをしています
　　私はいつも良い気分で毎日を過ごせるようになりました

意志発動の生命の樹は、自分の意志を立ち上げる生命の樹です。この生命の樹のワークを身につけると、進めなくなった時や流れが良くない時に不安に押しつぶされるのではなく、自分の意志で道を切り開けるようになります。コーチングとしても使えるワークですので、身につけることができた人は、人のために役立ててくださいね。

間の間術（あいだのまじゅつ）～時間の巻き戻しと先送り

カバラや生命の樹は、魔術として伝えられている側面もあります。魔術として伝えられている情報には、明るいものから暗いものまで幅広くあります。カバラや生命の樹は、確かに魔法や奇跡といった神秘的な要素はありますが、私はどうも魔術という言葉はピンと来ません。

私の視点で捉えたカバラや生命の樹は、あくまでも「受け取る方法」であり、レイチェル・カーソンの「センス・オブ・ワンダー」という表現がぴったりです。「センス・オブ・ワンダー」とは、神秘さや不思議さに目をみはる感性」とされています。これは、自然や宇宙、目に見えないものや知らないものに対する好奇心や探求心のことを意味しています。ワクワクするとは、こうしたことを言うのだと思います。日常の中に潜む、「目には見えないけれど感じる何か」に目を開いて、心で受け取ろうとする在り方を伝えているのがカバラや生命の樹だと思います。

こうした瑞々しい感性がある人は、何気ない日常から感動を受け取り、豊かに暮らしています。

毎日が同じことの繰り返しだと思って退屈したり、過去を思い悩んだりしていません。自分が知っていることだけで判断することもしません。毎日が新しいことの連続で、とても生き生きと成長しています。生命の樹は樹木を象徴しています。大地に根を張り、天へ向かって伸びていく成長を表しています。生命の樹は、このような在り方を表すものだと私は受け取っています。

私はカバラ・生命の樹に、こうした「センス・オブ・ワンダー」の感性を思い出させてくれる働きを見てきました。この図形は、瑞々しい感性、そう、受け取る力を引き出している……それを見いだしてきたのです。

生命の樹を使ううちに、「センス・オブ・ワンダー」が開いていったのでしょうか。ある時、ぼ～っと生命の樹を見ていたら、ふと、間術（まじゅつ）という言葉を受け取りました。その言葉に、「これだ！」とピンと来ました。「そうだ、生命の樹は間術だ。それも、間（あいだ）の間術なのだ！」と腑に落ちました。それについてお伝えしたいと思います。

◎魔術という言葉には違和感を感じたが、なぜ、間術という言葉は腑に落ちたのか？

間（あいだ）はプロセスという意味があります。物事の成長を表すのに、とてもぴったりな言葉だと思います。物事には、原因があって結果があります。始まりと終わりのことですが、この2つをつなぐものが間です。原因と結果の間には、プロセスがあります。

生き物の成長にも同じ原理があります。人間でしたら、生まれて死ぬ。この間にプロセスがあります。植物でしたら、種が成長して、実ができ、いずれは朽ちて、土に還る。この間にもプロセスがあります。

創造も同じ原理が働いています。

アイデアが生まれて、形になる。アイデアが形になる間にプロセスがあります。

生命の樹は、樹木の象徴を通して、創造のプロセスを解き明かしています。植物の成長と創造のプロセスを重ね合わせて表現しているのです。この「プロセス」が無ければ、物事は形になりませんし、生き物は成長しません。この「プロセス」について理解し、マスターしていくカバラの教えは、「間の間術」という言葉に要約されていると思います。

これが魔術という言葉だと、なんだか私は、パワーで動かすとか、コントロールする、何か別の存在が干渉するというイメージが湧いてしまうのです。古代の日本では、神のことを鬼とか魔と呼んだという伝承があります。ですので、魔とは偉大な力を表していると は思うのですが、私は生命の樹に魔術の力は感じません。しかし、間術（まじゅつ＝意味はあいだのじゅつ）であれば、言葉にはできませんが、強く感じるものがあります。言葉ひとつのことですが、言葉はエネルギーなので、ハートに感じるこの違いを見逃すことはできません。

間には、次のような意味があります。
間は、空間や時間や隙間など、目に見えないものを表します。

①空間は、場に満ちる見えないエネルギーを表しています
②時間は、連続する物事をつなぐエネルギーを表しています
③隙間でしたら、物と物の間に満ちているエネルギーを表しています

間は、空（くう）という意味もあり、宇宙を表しています。
宇宙という言葉がありますが、宇宙の宇は空間で、宇宙の宙は時間を意味すると言われ

ています。

> ①宇宙の宇は、空間を表す
> ②宇宙の宙は、時間を表す

間は宇宙を表し、空間や時間、隙間なく満ちているエネルギーを意味しています。そして、これらの空間、時間、エネルギーは、プロセスを構成するものです。

間＝プロセス＝空間＋時間＋エネルギーということです。

まとめ

---

①間の間術とは、プロセスを理解しマスターする方法です

②プロセスとは、物事の原因と結果、始まりと終わりの間の流れです。物事や生き物の成長の流れです。人間なら、生まれて死ぬまでの間。植物なら、種が成長して、実ができ、いずれは朽ちて、土に還るまでの間。創造なら、アイデアが生まれて、形になるまでの間

③間とは、宇宙やエネルギーのことです。間は、空間や時間や隙間など、目に見えないものを表します。空（くう）という意味もあり、宇宙を表しています。宇宙の宇は空間を表し、宇宙の宙は時間を表します。隙間にはエネルギーが満ち満ちています

④間＝プロセス＝空間＋時間＋エネルギーの組み合わせ。間はプロセスのことです。プロセスは、空間＋時間＋エネルギーの３つの組み合わせでできています

生命の樹は、間の間術をマスターする教えです。プロセスを理解し、マスターする方法なのです。その奥義は「受け取る、伝承する、錬金術」です。この３つの中にもプロセスがあります。受け取ったことを伝承する間に錬金術というプロセスが入るのです。

この錬金術が間の間術です。間術は、秘数3を使い、３つに分けて物事を考えます。カバラでは、３を創造と安定を司る数字としています。１は点、２は線、３は面となり、３

は物事を立ち上げて安定させる創造の力と伝えられています。この本でも3をよく使っているのは、こうした理由があるからです。3を使うのは、物事をわかりやすくし、形にしやすい考え方なのです。

上　中　下
内　境界　外
父　子ども　母
父　精霊　子
天　人　地
過去　現在　未来
昨日　今日　明日
など

真ん中にあるものが、二極を結びつける錬金術のポイントです。また、二極から生まれた第3の新しいものです。この真ん中の変化のポイントを見つけたり、活かす力をつけるのが間術であり、カバラの実践なのです。そして、二極の間でエネルギー交換をして、物事を変容させたり、成長を進めるのが錬金術です。

錬金術とは変化を起こす術です。シンプルにひも解けば、私たちの誰もが日常で当たり前に錬金術をしています。毎日毎日、学んだり、受け取ったり、息を吸ったり、食事をしたりと必ず何かを受け取っています。受け取るとは、インプット、入力のこと。そして、受け取ったら、今度はアウトプット、出力をしています。教えたり、与えたり、息を吐いたり、排泄したりしていますね。どちらも無意識でやっていることです。受け取っては出していることを当たり前にやっていますが、このプロセスで錬金術が起こっています。まったく意識しなくても私たちは普段から錬金術をしています。これも強みのひとつですね（笑）。

では、もっと、受け取ったものを出す（表現する）までのプロセスを意識してみましょう。インプットとアウトプットの間にあるものを見てください。

呼吸や排泄など、自然にできている身体の仕組みには感謝が湧いてきます。それ以外に出した例の、学ぶ→教える、受け取る→与えるプロセスはいかがでしょうか。意識してみると、意外に無意識でやっていることに気づくかもしれません。このプロセスにもっと意識を向けて、充実させていくのが生命の樹の「受け取りの法則」です。日々の生活の中で、もっとインプットとアウトプットのプロセスを感じていきましょう。私たちが生きているということは、このインプットとアウトプットの積み重ねなのですから。

インプットとアウトプットのプロセスは、その人の意識を表します。このプロセスは、その人の在り方に表れています。在り方をよく見れば、インプットしたことをアウトプットするまでに、どのように感じて、考えて、行動するかがわかってきます。

そして、在り方の土台には、その人がどんな受け取り方をしているかが表れているのです。

そして、インプットとアウトプットのプロセスは、その人と宇宙との関係を表しています。しっかりつながっているか、まったくつながっていないかは、その人の受け取り方や、インプットからアウトプットまでのプロセスにすべて表れているのです。

まとめ

受け取ったものを出す（表現する）までの、インプットとアウトプットのプロセスには、

①その人の成長が表れています

②その人の在り方が表れています

③その人と宇宙の関係が表れています。上の世界と下の世界の回路の状態が表れているのです

このプロセスに美しさを吹き込めば、美しい在り方となり、美しい生き方になります。また、世の中に貢献したいという意志を吹き込めば、どんどん貢献できる在り方がつくられて、世の中に貢献できる生き方になっていくのです。

インプットとアウトプットのプロセスに目的意識や意志や望みを吹き込めば、生き生きとした豊かな人生をつくることができます。

インプットとアウトプットのプロセスを充実させる上で、大事なことがあります。それは、「どんな受け取り方」をするかです。もちろん出さないと入ってこないので、出してスペースをつくることは大事です。「出すこと、与えること」これは今までの教えでもた

くさん言われてきたことです。しかし、今は「自分が幸せでなければ、人を幸せにすることはできない」ことがわかってきました。本当にその通りだと思います。自分が満たされていなければ、人を満たすことはできません。自分が充分に満たされているから人を満たすことができるのです。ですから、しっかり「受け取る」ことも、私はお伝えしたいと思います。これは、自分勝手なわがままとは違います。人に与えられる自分に成長するためにも、まずはしっかり受け取りましょう。豊かな回路となるためにどんどん受け取るのです。受け取ったものを充分に味わって、出すまでのプロセスを充実させましょう。

他人を満たせるようになるために自分を充分に満たすこと。この、最後は他人のために、というアウトプットを意識して、目の前に来たことを受け取っていけば、そのプロセスは、他人を満たすことができるプロセスとなっていきます。

生命の樹のワークは、受け取ったものを出す＝インプットとアウトプットのプロセスをマスターする間の間術です。これがカバラの錬金術です。

あなたにしかできないことをやるためには、あなたの中で、カバラの、受け取る→伝承するの間に、錬金術をするのです。錬金術とは、受け取ったものを、あなたの知性と感性で創意工夫して変容させることです。空間と時間とエネルギーをデザインして、そのプロセスに望む未来を吹き込んでいくのです。

自分にしかできないことをやっている人は、こうした錬金術＝間の間術ができているのです。間の間術をマスターしている人は、分けてみたり、組み合わせたり、取捨選択しながら創意工夫して、受け取ったものを伝承するものにつくり上げています。これが、イメージが形になっていく成長のプロセスです。このプロセスをたどっていけば、あなたにしかできないことをやれる流れにつながります。

しっかり出すには、しっかり受け取らなくてはいけません。しっかり受け取っていなければ、創意工夫はできません。人は理解していないことはできないのです。文字を知らなければ書けないように、わかっていないことは表現できません。

溢れんばかりに受け取ったことでないと、外には溢れていかないのです。たいした感動もしていないことを人に伝えても伝わらないのと同じです。頭で知っただけの知識を話しても温度がないので、人には伝わっていきません。こうして見ると、表現力がある人とは、受け取る力がある人だと言えますね。

まずは、しっかり受け取ってください。そのためにも、受け取りたいことを明確にしましょう。最初は受け取りたいことが何なのかわからないかもしれません。そういう場合は、欲しい気持ちにフォーカスすればいいのです。このことは、生命の樹のワークで練習できます。22日間のステップをたどりながら、受け取りたいことは何か、宇宙と自分に問いかけましょう。今の自分に必要なこと、自分を生かせるものは何なのかを問い続けてください。受け取る力がつくまでは、気づく力も弱いので、ほんの小さなことしか気づかないかもしれません。迷いもあるでしょう。しかし、どんな小さなことでも受け取ることを練習すれば、必ず答えに気づけるようになります。

受け取りたいことが明確になればなるほど、どんどん受け取れるようになります。受け取る力がついてきたら、宇宙や自分とつながります。自分が信じることと、宇宙が導くことが一致してくると、迷いや不安から解放されて、間の間術（錬金術＝創意工夫）ができるようになります。

受け取ったものを出すまでのプロセスが充実してくると、インプットからアウトプットの流れが一方通行ではなく、双方向に循環するようになります。また、アウトプットが即インプットにつながります。インプットからアウトプットまでの流れが速くてクリアなので、すぐに結果を出せるようになるのです。

例を挙げると、「学ぶ→教える」があります。

学ぶがインプットで、教えるがアウトプットです。これが、受け取る力がある人は、「教えること＝学ぶこと」となり、教えると同時に学びます。

学ぶ→教えるまでのプロセスが充実しているので、インプットからアウトプットまでの流れが速くてクリアです。アウトプットがすぐにインプットにつながって、双方が循環しています。

こういう人は、学んだことを教えるまでのプロセスがとても素早く進みます。かといって、学んだことを浅く軽いものではなく、深く充実したものとして教えることができるのです。そして、**教える時には、同時に学んでいるのです**。

もうひとつに、「受け取る→与える」があります。

よく、与えたものが受け取るものと言われていますが、受け取ることができない人は、与えることもできないのです。受け取る→与えるまでのプロセスが充実していないということです。しかし、受け取る力のある人は、受け取ったことを、スムーズに時間もあまりかけることなくより良いものにして与えることができるのです。

こういう人は**「与えたものが受け取るもの」となり、与える時に、同時に受け取ることができるのです。さらには、「受け取ることが与えること」になっています。**喜んだり、感動して受け取る時に、与え手にも同じように喜びや感動を与えているということなのですね。

こうしたことは、プロセスが充実していることと受け取る力の効果なのです。

物事には、原因と結果があります。インプットからアウトプットへのプロセスがあるということです。このプロセスは受け取る力によって充実します。受け取る力は、与えられたものを自分のものにする力です。受け取る力がある人は、与えられる力があるのです。ガツガツもらおうとしなくても、自然にしているだけで与えられるような魅力がある人なのです。

そして、受け取る力がある人は、充分に満ちているものを、自然に周りに与えているだけなのです。このプロセスを生命の樹のワークで充実させていきましょう。生命の樹を使って、受け取る力をつけながら、間の間術（錬金術）を自分のものにしてください。

受け取るとは、「待つこと、聞くこと、許すこと、引くこと（他にもあります）」です。女性的な受動の姿勢で、内側に静けさがあります。また、受け取る力とは、純粋で、敏感で、繊細な感性です。

時を待つ、相手の話を聞く、知っていることだけで判断しない、一歩引く、など、人は意外にこれができていません。それは内面に不安や焦りがあるからです。しかし、受け取る練習をすれば、満ちてきて、不安や焦りが安心と信頼に変容していくので、受動の姿勢ができるようになります。

次に、受動の姿勢ができるようになったら、受け取ったものをしっかり味わう練習をしましょう。受け取ったものをすぐに出そうとするのではなく、創意工夫を楽しみながら、自分のものにするのです。分析したり、研究したり、試したりして、自分の中でゆっくりと熟成させます。もちろん、その中でもすぐにできることはやりますが、受け取ったものをゆっくりと育てることにも取り組んでください。リラックスすることも受け取る姿勢です。閃きはリラックスの状態でやってきます。行動するのと同時に、無になることや、ゆっくりと内側で育む感性も磨いていきましょう。

カバラの奥義「受け取る、伝承する、錬金術」のプロセスをまとめます。

まとめ

①受け取る
受け取ると気づくようになる
←
②気づく
気づくと考えられるようになる
←
③考える
考えると理解できるようになる
←

④理解する

理解すると行動できるようになる

↓

⑤行動する

行動すると確信できるようになる

↓

⑥確信する

確信できると伝えられるようになる

↓

⑦伝承する

受け取ったものが大きく育って、周りへと伝わっていく

↓

⑧循環する

受け取ると伝承するの間のプロセスが豊かに循環する

ここまで成長すると、与えたものが受け取るものになり、受け取ることは与えることになる。向こうからどんどんやってくる

このプロセスで行う間の間術（錬金術）をまとめます。

①分ける
②組み合わせる
③取捨選択する
④創意工夫する
⑤足したり引いたりする
⑥分析したり研究する
⑦試してみる、実験する
⑧リラックスして受け取る
⑨感じる、考える
⑩熟成させる
⑪まとめる
⑫伝承するものにつくり上げる

ここで伝えたことを参考に、あなたの知性と感性を使って、受け取ったものをゆっくりと育んでください。あなたの美学、哲学を反映させて、受け取ったものを「伝承するもの」へと、ゆっくりつくり上げていきましょう。

最後に、もっと受け取る力をつけられる、時間を行き来するワークを2つご紹介します。

このワークで時間を行き来する練習をすると、集中力（フォーカスする力）を高めることができます。集中力は、受け取る力を強くするので、小さなことにも気づけるようになります。また、時間を行き来できるようになると、物事を大きな視点で見られるようになります。意識が拡大して、過去→現在→未来という時間の流れから抜け出せるようになり、もっと自由になれるのです。

時間の流れには、未来からの流れもあります。「未来→現在→過去」という、上の世界から降りてくる未来の時間があるのです。この時間の流れにつながることも間の間術のひとつです。

これは、未来のイメージを心に固定して生きることや、未来から逆算して考えるなどの未来の先取りのことです。未来の先取りをするには、イメージを明確にして、それに集中しなくてはなりません。このワークをすると、集中力がつき、もっと受け取る力がついていきます。すると、どんどん未来の時間の流れにつながっていくので、未来の先取りができるのです。

現実世界では、アイデアが形になるまでに時間がかかります。場合によっては形にならないこともあるでしょう。形になるまでの時間は、思いの強さや集まってくるエネルギーに影響されますが、それを加速させるのが受け取る力です。これは、磁力のような集中力のことです。受け取る力がある人は、あらゆるエネルギーを集めます。人、物、事、情報、お金、応援など、必要なものをどんどん引き寄せることができるのです。そして、短い時間で形にすることができます。受け取る力は本当に、時間さえも思いのままにできる宇宙の偉大な力なのです。

そして、現実世界の時間とは生命とも言えます。その人がどのように時間を使っているかが、現実に表れています。また、一番意識しやすいのも時間です。時間は自分で意識したり、デザインしやすいもので、コントロールすることができるのです。２つのワークで、時間を超える方法を練習してみましょう。

ワークはとても簡単です。一日5分くらいで、時間の巻き戻しと先送りを練習します。ひとつ目は時間の巻き戻しのワーク、2つ目は時間の先送りのワークです。

◎時間を行き来するワーク

どちらのワークも、専用のノートとペンを用意してください。生命の樹の22日間のワークと合わせてやるのもいいでしょう。できたら3週間は続けてみてください。脳科学では、21日間続けると脳に新しい回路ができると言われています。神秘家の伝承では、40日間ワークをすると、体験したことが定着し、霊体が変容すると言われています。

長くやる必要はありません。それよりも、毎日の継続が大事です。無理なく続けられる5分から10分くらいでできるワークですので、ぜひ試してみてください。

1　時間の巻き戻しのワーク

夜寝る前に、その日一日の時間を巻き戻して、もう一度逆にたどります。

このワークの前の行動、お風呂、晩ご飯、買い物や仕事や友人との時間、お昼ご飯など、ひとつひとつの行動にフォーカスを当てて、もう一度たどります。朝目が覚めたところまで時間を巻き戻したら終了です。箇条書きでいいので、ひとつひとつの行動をノートに書き留めていきます。

これは、ひとつひとつの行動にフォーカスを当てて、時間を巻き戻していくワークです。布団の中でやると、速やかに眠ってしまうので（笑）、ノートに書いてください。

このワークをすると、集中力がついて、よく気づくようになります。イメージする力がついて、そのイメージを心の中に保てるようになります。感じる力もついてくるので、どんな小さなことでも受け取れるようになります。また、物事をよく観察できるようになり、自分の中にある情報を取り出せるようになります。この自分の中の情報とは、過去生や未来生、夢の中での体験なども含まれます。

このワークをやってみて、頭がクリアになったと言う人がたくさんいます。次に多いのは、記憶力が良くなった人、明晰夢をよく見るようになった人です。時間の巻き戻しをすることで、過去から未来に流れる時間の意識が、未来から過去に流れる時間の意識とつながります。夜寝る前にもう一度逆からの時間をたどることで、頭がクリアになるのかもしれません。

実は私もそのひとりです。私は、頭がクリアになって、アイデアがよく閃くようになりました。感じたり、気づくようになって、受け取る感度が上がったのです。また、記憶力が良くなって、速読ができるようになりました。頭がクリアになると、インプットしたことがよく入ってくるのですね。また、頭がクリアだと心もスッキリするので、とても良い気分になれました。

それでどんどん面白くなって、6ヶ月くらいやってみたことがあります。その時のワークでは、4ヶ月目にとても不思議なことが起こりました。1週間、同じ夢を見続けたのです。ワークをするようになって、明晰夢をよく見るようになったのですが、その1週間は別格でした。

夢の内容は、宇宙物理学のような講義を受けている私です。夢の中で1週間、毎晩続けて講義を受けました。どこか別の星の神殿のような場所で、私は他の10人くらいの人と一緒に講義を受けていました。神殿と言っても、もっと進化した未来都市の建物のようでした。その講義は、フリーエネルギーに関するクラスのようで、物質化と次元の構造について学んでいます。会話はすべてテレパシーで時々脳内に画像が入ってきます。

空間に現れたパソコンのような画面に、構造や式がダダダダーッと出現すると、続いて立体のホログラムが現れ、その後物質化するのです。その構造と物質化の仕組みを学んだら、物質をホログラムに戻してエネルギーに戻したり、重力の中心点を自由自在に変えて、水を下から上へ流したり、横や斜めに流したりと、そんな夢を1週間続けて見たのです。

その1週間は、夢の中にどっぷり入って、そちらの世界の方がずっとリアルでした。朝起きた時、頭がぼ～っと痺れて、まだどっぷり夢の中でした。こちらの世界の方が夢かと思うくらい、夢の中がリアルだったのです。

この1週間は、夜になるのが待ち遠しくなってしまうほど、昨日の続きを夢の中で体験しました。夢の中で、まったく同じ世界に行けたのです。そして、見事に（?）1週間の講義を受けることができました。それは次元を超えたこの宇宙の高度な学問でした。この世界の言語では、その末端のほんの一部分しか表現できないのが残念ですが、この時に体験したことは、後々生命の樹をひも解くことに役立ちました。それは、この世界では、物事はひとつの側面しか見えませんが、そこには、たくさんの側面が重なっているという確信です。この体験をした私はパラレルワールドが在ることを確信しています。できればもう一度体験したいし、誰もが自由に体験できるようになったらいいなと思っています。

その他、たくさんの人がイメージができるようになったと言います。集中力がつくので、心の中に絵を描けるようになるのですね。そして、その絵をしっかり保てるようになるのです。何が起こるか、ぜひ試して頂きたいと思います。

2　時間の先送りのワーク

これもとても簡単なワークですので、ぜひ試してみてください。

朝起きたら、夜の自分にお手紙を書きます。その日一日の終わりの自分にメッセージを送ってください。夜寝る前になったら、次の日の朝の自分にお手紙を書きます。朝の自分にメッセージを送ってください。内容はなんでもいいです。他の誰かに見せるものではないので、なんでも思っていることを自由に書いてくださいね。

このワークをすると、自分に優しくなれます。自分にお手紙を書く行動によって、自分に愛情をかけられるようになるのです。また、少し先の時間にいる自分にお手紙を書くことは、未来の自分と交流することになります。愛の言葉を送ったり、励ましたり、悩みを相談するのもいいでしょう。

このワークをした人は、みなさん自分に優しくなれたと言います。ワークをすると、自分を信じて応援することが身についていきます。このワークの素晴らしさは、その思いを未来の自分が受け取る時が来ることです。自分の中で、少し先の未来の自分とつながる時が来るのです。自分に対する否定ではなく、優しい思いを受け取る自分に成長できるのがこのワークの素敵なところです。

これも私の体験なのですが、ワーク開始後3週間くらいの出来事です。朝、夜の自分にお手紙を書いていたら、ちゃっかりお願いごとが出てきました。当時の私は、自分を変えたくて自己啓発に取り組んでいました。いいなあと思った本やネットの情報を、コピーしたり、ワークをしたり、メモを取ったりした書類がたまっていました。ごちゃごちゃになった書類を整理できずに、とても気になっていました。その日の朝にちゃっかり出てきたお願いごとは、「たまっている書類を何とかしたいから手伝って〜」でした。お手紙に書いた後、すっかり忘れていたところ、その日の夕方、不思議なことが起こりました。朝お手紙に書いたお願いごとがそのまま私の中に響いてきたのです。書いた口調そのままに、「たまっている書類を何とかしたいから手伝って〜」と聞こえてきたのです。そして、私はハッ！とそれを受け取って、「ああ、やらなきゃ！」と思いました。そして、何年もたまっていたその書類をものの40分くらいで整理できたのです。これは本当に不思議な体験でしたが、この時はっきりわかったのです。「自分の願いを叶えているのは、自分だ」ということを。

この時私は、自分が放った思いを受け取って形にしているのは、他ならぬ自分なのだと心の底からわかったのでした。この体験は、本当に百聞は一見にしかずで、今でも大きな力になっています。

朝の私は、夜の私に向かって願いごとを伝えました。そして、私は夕方、ハッ！と気づいたのです。その時私は「ああ、やらなきゃ！」と受け取ったから実現したのですね。

このワークで、自分とつながる練習ができます。少し先の自分に温かい気持ちを送り続けること。それが自分への信頼や愛情になって、受け取る器に空いた穴を埋めていきます。

実際にこのワークをした人からも、自分を好きになれた、優しくなれた、信じられるようになった、応援できるようになったと報告を頂いています。また、私と同じように、「自分の願いは自分が叶えている！」ことを体験した人もたくさんいます。これも時間にして5分くらいのワークですので、ぜひ、日常の中に加えてみたいと思う人は取り組んでみてください。

また、このワークには応用編があります。

慣れてきたら、時間の先送りをもっと先の時間にするのです。

① 生命の樹のワークをするなら、新月前夜に受け取りの生命の樹をつくった後に、22日後の自分へのお手紙を書きます

22日後には、次の新月前夜の自分にお手紙を書きます。これを1年続けてみます。

② 1ヶ月後の自分へのお手紙や、1年後の自分へのお手紙もいいでしょう

書いたお手紙をしまっておいて、その日になったら読むのも素敵ですよね。

③ 先送りだけでなく、時間を巻き戻して、過去の自分にお手紙を書いてもいいのです

過去の自分に寄り添って、感謝の気持ちや優しいお手紙を書くことは、癒しの効果があるでしょう。

④ また、一方的に書くだけでなく、お手紙を受け取った自分になって、お返事を書くのもとても面白いワークになります

例えば、受け取りの生命の樹のワークで、22日後の自分にお手紙を書いたとします。今度は、22日後の自分になって、お返事を書くのです。コツは、頭を解き放って、自由に想像すること。設定した時間軸の自分になって、閃いたことをどんどん書いてください。慣れてきたら、1年後や3年後の自分とコミュニケーションすることもできます。また、過去の自分ともコミュニケーションできるのです。未来の自分を応援したり、過去の自分を癒すこともできます。質問をすると、思わぬヒントが書いてあり、驚くこともあります。こうした自分とのコミュニケーションには、温かいエネルギーが流れています。自分の中に在る愛を感じて、感動するかもしれません。

時間を行き来するワークは、生命の樹のワークとも相乗効果があります。生命の樹のワークは時間をデザインするワークです。時間を巻き戻したり、先送りするコツを生命の樹に生かして、自分の人生をデザインしてみてください。

何事も練習と体験です。世の中にはいろいろなメソッドがあります。ピン！と来たら、

まずは気軽に実験してみましょう。そして、錬金術を楽しみながら、あなたに合うものを見つけて、あなたにしかできないことをやっている未来とつながってください。その未来はあなたに受け取ってもらおうと、向こうからも働きかけていると思います！

生命の樹には、計り知れない力があります。それは「受け取る」という力。私たちは計り知れない宇宙の豊かさを、思っているほど受け取っていないのです。宇宙は豊かさしかありません。宇宙は、愛、平和、喜び、美しさ、豊かさ、他いろいろと、あらゆるものが拡大し、発展する無限の愛の源です。これは、満ちている、在る、完全である状態です。私たちはその源から生まれ、生を終えたら、そこへ還っていく存在です。この状態が私たちの本当の姿なのです。

しかし、満ちている、在る、完全である状態が本当の自分であるということを信じるのは難しく、無い、足りない、欠けているという意識で生きていると、どうにもならない現実の中で、彷徨い苦しむことになります。私も数年前まではそうでした。どんなにがんばっても、現実を変えることなんてできない、いつまでも貧しさの中でもがいていくのだ、これはカルマだ、自業自得の罰なのだとさえ思っていました。なんとか変わりたいと思いながらも、心の奥では、神や宇宙、社会や家系や自分のことを恨んでいたのです。

そんな私でしたが、なんとしても幸せになりたいというあきらめきれない思いがありました。今思えば、宇宙や未来の私が見捨てることなく働きかけてくれていたのだと思います。生命の樹が私の前に現れた時が、その働きのピークだったと思います。初めはなんとなく、なんだかわからないけれど、かすかに感じる何かに向かっていったその先が、今の私へつながっているとは、本当に夢にも思いませんでした。実際に向かっていっても、なかなか現実は変わりませんでしたから。でも、それもまた良かったのです！　自分を変えたいと思って初めに取り組んだのは、「引き寄せの法則」でした。私は引き寄せができなかったので、生命の樹に向かっていったのです。そうして、生命の樹の「受け取りの法則」を発見することになったのです。

この流れを振り返ってみると、本当に不思議で仕方がありません。実際に行動したのは私ではありますが、そこには私ではなく、大いなる宇宙の働きがあったとしか思えないのです。いつも講座でお話ししていますが、本当に、向こうからやってきた、としか言いようのない流れが今に運んでくれました。

私がやったことと言えば、「受け取る」ことに意識を合わせた、ただそれだけと言っても過言ではありません。ただひたすらに目の前に来たことを「受け取って」行動し続けただけなのです。

生命の樹のワークをして、外へ外へ向かっていた意識を自分の中心に戻して、そこに「もうすでに在る」ものとつながることを意図して、やってくるものを素直に受け取っていきました。

それまでの古い意識で、ガンガン行動しても道は開けませんでしたが、「受け取る」姿勢で、待つ、聞く、許す、引くというやり方で女性的な受動の力がついてくるとどんどん道が開けていきました。

私は、生命の樹を使って人生を変えることができました。がんばって修行したわけでもないのに、楽しく幸せになりました。生命の樹によって、自然な流れで成長したからです。私は、この成長のプロセスで、本当の努力の意味がわかりました。

本当の努力とは、自分や大いなる宇宙の流れにつながろうとする努力です。自分が生かされている自然や、日常や、他人と調和して生きる努力です。自分を超えた大いなるものに委ねること、信じて受け取ることが人間として努力する取り組みなのだと思いました。そして、あらゆる生命とつながること、調和すること、ハートを開くこと、これが日々の生活の中で努力していくことなのです。

私は、生命の樹で「受け取る」ことに意識を合わせるようになって、自然にやらなくなったことがあります。それは、がんばって何かになろうとしたり、つかみ取ろうとすることです。あれこれ計算したり、あれもこれも必要だとたくさんのものを用意したり、コントロールすることを自然にやらなくなりました。こうした姿勢は、すべて不安から出ていたと受け入れることもできました。「受け取る」力は、私を満たし、私という器の穴を埋めていきました。そうして、余計なものをそぎ落とし、本来の私に戻してくれたのです。

努力することと、受け取ることは車の両輪でした。生命の樹の働きの向こうからやってくるものを受け取りながら、宇宙とつながろうとして生命の樹に働きかける。これを私は生命の樹のワークで練習しました。努力することと、受け取ること、その両方の働きがうまく調和した時に、とても開きそうになかった重たい扉がガシャーンと開いて、人生の歯車が大きく回り出したのです。

この時私がやっていた宇宙とつながろうとする努力は、下から上へ向かう働きで、向こうからやってくるものを受け取るのは、上から下へ向かう働きです。下から上へ向かう努力は自分で意識しやすくやりやすいのですが、古い意識でやっていては、うまく進んでいくことができません。おそらく道が開かない多くの人がここでつまずいていると思います。道を開くには、上から下の働きを受け取り、それに委ねて行動しなくてはいけません。新しい意識で、新しい努力の方法を身につけることが必要です。

残念ながら、生命の樹は、「魔法のように一瞬で変わる！」とか、「一夜にして願いが叶う！」方法ではありません。生命の樹は、女性的受動の力を目覚めさせ、あらゆる生命とのつながりや調和の中で、自然なプロセスの流れにつながる方法です。それは、ゆっくりと確実に、自分の在り方を「受け取る」に相応しい器に整えていく方法なのです。

自然なプロセスで自分を成長させながら、他人の成長を助け、持って生まれた使命を果たす。このような目的意識で生きる時、すべての願いが叶う自分になっていきます。生命の樹は、この目的を思い出させ、天国へ還るため（本当の自分になるため）にあなたと共に働きます。

生命の樹をしっかり使えば、先の見えない道を彷徨いながら進まなくてもよくなります。生命の樹で「受け取る」ことに意識を合わせれば、宇宙の導きを受け取れるようになり、上と下の回路が開いていきます。それは一生閉じることのない宇宙とつながる回路なのです。この回路が開くと、宇宙や自分とつながって、自分にしかできないことをやれる未来へと運ばれていきます。そして、人生の最大の目的とは、このゴールに到達するのと同じくらいに、ゴールまでのプロセスを味わうことです。

ゴールに到達するまでのプロセスは、あなたにしかできないことにつながっています。このプロセスが、あなたの人生の意味になるのです。

プロセスをマスターするためには、しっかり受け取ることが必要です。しっかりと受け取ることができて初めて、受け取ったものを創意工夫したり、変容させたり、伝承するものへとつくり上げられます。しっかり受け取ったものでなければ、自分の外には表現できないのです。受け取ったものを育める自分という器ができていなければ、内側で錬金術は起こりません。なかなか表現できない人は、溢れるまで充分に受け取っていないのかもしれません。充分に受け取れば、プロセスが満ちて整ってきます。そのプロセスを通って、受け取ったものが伝承するものとしてつくり上げられて、外に溢れていくのです。

受け取ったものを伝承するものにつくり上げる3つのポイントをまとめます。

まとめ

①しっかり受け取ること。インプットの間の間術

受け取る姿勢を身につけましょう。受け取ることに意識を合わせて、向こうから来るものに気づけるように感性を高めます。まずは受け取ることができる自分になることがスタートです。感動できる瑞々しい心を養いましょう。

②受け取ったものを自分の中で育むこと。錬金術の間の間術

受け取ったものをしっかり味わい、自分のものにします。創意工夫し、変容させて、錬金術をします。このプロセスはとにかく実験です。難しく深刻に考えないで、以前よりも少し満ちた意識で実行です。実験に失敗はつきものですが、失敗も成功の一部です。味わうこともせず、体験もしていないものは表現できません。自分のものになっていなければ外には溢れていきません。

③受け取ったものを出す時の意識を明確にすること。アウトプットの間の間術

ここで頭を使って考えます。何を表現したいのか？　何を与えたいのでしょうか？そして、それによって何を受け取りたいのでしょう？　与えるものと受け取るものは同じです。何かをしようとする時は、意識の状態を確認します。

始めた時の意識を確認することを身につけましょう。どんな意識で始めたか（表現したか、発信したか）を知ってください。足りない意識は恐れが元に在り、満ちている意識は愛が元に在ります。

恐れは奪うことにつながり、愛は与えることにつながります。望まぬ結果が出る人は、物事を始める時の意識をよく見て、自分を満たすために受け取る練習をしてください。幸せになる努力をしたり、自分を満たすのは悪いことではありません。いずれは他人のお役に立つために自分を満たして幸せになるのです。それを目的とし

て受け取っていきましょう。

望む結果が出ている人は、さらなる豊かさを受け取るために、出す時の意識をより豊かさで満ちたものにしてください。そうすれば、もっと豊かさに満ちた幸せな現実を受け取ることができるでしょう。

スタートとゴールとプロセスはひとつの輪につながっています。どれかがズレると全部がズレます。この輪はどんな意識でつながっているか、足りない恐れなのか、満ちている愛なのか常に確認してください。もしズレているように感じた時は、受け取りの生命の樹の❶ケテルを意識してください。

❶ケテルは、物事の始まりと王の場を表します。恐れに支配されるのではなく、冷静に何を受け取りたいのか？　と欲しい気持ちに集中するか、何のために受け取りたいのか？　と望む目的に集中すれば、たどるべきプロセスを受け取って、本来の道に戻れます。

この本では、あなたの中に在る「受け取る」力を目覚めさせる方法について書きました。

何かヒントがありましたら、嬉しく思います。

この本には、向こうから来たメッセージが流れています。


言葉に注目せよ！

意味は、意識に注目せよ

ヘブライ語！

意味は、変わらぬ意識

旧約聖書！

意味は、始まりの意識

カバラ！

意味は、受け取る意識

今、終わりは始まりとひとつにつながろうとしています。
あなたの中にもうすべてが在ります。あなたがやることは、ただそれを「受け取る」だけなのです。生命の樹は、天国へ還る地図と言われています。それは、親が子どもの手を引くように、慈愛に満ちた王が国民を導くように、天国から無償で与えられる愛なのです。

その愛を受け取ってください。

生命の樹～受け取りの法則は、宇宙からの贈り物です。未来につながる架け橋なのです。宇宙の無限の豊かさを、溢れんばかりの愛を、完全なる調和の美を、あらゆる良きものを受け取って、この地上を満たしていきましょう！　それが、この時代に生きる私たちの使命だと信じています。ご一緒に、未来と今の架け橋になっていきましょう！

【この章で受け取った３つのことは何ですか？】

①

②

③

魔法の言葉

なぜだかわからないけれど、私の望みは実現した。
どうしてこんなに私の願いは叶っていくのだろう……？
「私の心は宇宙の中心」この意識がすべての願いを叶えていく。

おわりに

恩師 武田京子さんのことば

降りてきたのよ。

私にはわからないのよ。

私は示されたままに描いただけ。


最後まで読んでくださってどうもありがとうございました。

生命の樹〜受け取りの法則を知って頂いて、いかがでしたか？

「受け取りの法則」を感覚的にわかっていた人もたくさんいると思います。そして、なぜ引き寄せができなかったのか？　その訳もわかって頂けたのではないかと思っています。

私がこうして本を書くことができたのは、生命の樹によって導きを受け取ってきたからです。実は、私は、生命の樹を伝えることを目的にして進んできたのではありません。それよりも、自分をなんとか救おうと必死で進んできたのです。いろいろ試して行き着いた生命の樹には「受け取りの法則」がありました。「受け取りの法則」は、女性性の受動の力を引き出す教えであり、「引き寄せの法則」に通じる働きがあることを発見しました。

どん底にいた自分を救い出すために、「受け取りの法則」を使っていくと、まったく意図しないことがどんどん起こってきました。それは信じがたいとても素敵なことでした。自分を超えた何かが向こうからやってきて、それをハートを開いて受け取った時に、想像もできなかった人生が展開していったのです。私がやったことは、ただ目の前に来たものを受け取って、それに委ねて行動しただけです。そこに目的や計画や計算はまったくなかったのですから、一番驚いているのは実は私なのです。

ここで、なぜ私がカバラや生命の樹をひも解くことができたのか、その秘密をお話ししたいと思います。

私には、カバラや生命の樹の理解へと導いてくれた先生がいます。その先生とのご縁がなければ、このプロセスを受け取ることはなかっただろうと思います。その先生は、札幌の北海道神宮のお向かいに画廊を持つ、武田京子先生と言います（京子の花画郎 http://

flower-angel.net/〉。京子先生は、十数年かけて、宇宙からのメッセージという全25作の大きな油絵を描いてきました。その絵は先生が瞑想中にほんの一瞬の間に第3の目に見せられたものです。そして、題名もフッと降りてきたとのことでした。先生とは19年前に出会い、当時はまだ世に出ていなかったスピリチュアルや引き寄せや玄米菜食をすでに実践していました。先生は、フッと閃いたことはそうなるのよ、というお話や、宇宙はレストランなのよ、しっかり注文しなさいね、というお話をいつもしていました。

私は頭がかなり曇っていたので、たくさん聞かせて頂いたお話をようやく意識化することができたのは、十数年後のことでした……。私は、一番近くで一番多くそうしたお話を聞いてきたのです。

19年の間には、たくさんの宇宙からのメッセージが降りてきては、先生を通して絵となっていきました。その間何度も耳にしたのが、「降りてきたのよ」という言葉です。先生が考えたのではない何かが向こうからやってきたと言うのです。毎回いつも「私にはわからないのよ」と言っていました。

そして、受け取った後は、それを忠実に再現して絵に描くということをして、全25作ができあがっていったのです。どれもすごい大きさの油絵です。油絵をやっている人が言うには、ひとつを完成させるのに、最低でも半年はかかるだろうという大きさでした。しかし、先生は2週間で描き上げたこともありました。何かが乗り移っていたか、動かされていたと思いますが、体力的にも時間的にもあり得ないプロセスを経てできあがった絵もかなりあります。

とにかく、先生の自我がまったく入らないプロセスで誕生した絵はまさしく宇宙からのメッセージでした。絵を見た人は宇宙へ解き放たれていき、意識の解放が起こるのです。それは人から人へと伝わって、先生はまったく動かないし宣伝もしないのに、世界中からその絵を一目見ようと人が集まってくるのでした。

これこそが、後に私が受け取ることになった、カバラであり生命の樹です。

私は、カバラや生命の樹の奥義である「上に在るものは下に在る」「受け取りの法則」を、ひも解く前からずっと目撃していたのです。私は先生を通して絵ができあがるプロセスの大半を目撃する機会に恵まれ、何度も「降りてきた」エピソードを耳にすることで、知らないうちに受け取る器が準備されていたのだと思います。

先生は言います。「確かに向こうからやってくるのだけれど、受け取る準備ができていないことは来ないのよ。人知を超えた働きを、こちらは受け取るだけなのよ」と。

こちらは向こうから来るものをコントロールできませんが、来るものを受け取る準備はいつだってできるのです。向こうから来るものは、あなたにしかできないことを思い出させる宇宙からのメッセージなのです。人は誰でも自分にしかできないことにつながっていて、それが始まるタイミングがあります。向こうから来るものは、ふいにいきなりやってくるように思いますが、実はそうではありません。着々と、水面下の意識できないところで受け取る準備がなされていたからやってくるのです。

やってくるタイミングは、天分を知り、受け取る意識になり、準備が整った時です。

天分は持って生まれたもの、受け取る意識は女性性の受動の力、準備とはあらゆるものと調和しようとする努力です。この３つが揃った時にやってきます。この３つに集中して生きていけば、必ず向こうからやってくるものを受け取ります。

ただし、最初は小さな兆しです。たとえ、ピン！と来たとしても、最初は何のことかさっぱりわからないかもしれません。しかし、３つに集中しているならば、どんなに小さなことでも受け取ってください。それはすべて、あなたにしかできないことにつながっています！

武田京子先生との19年は私の人生の宝物です。カバラは口伝で密やかに、師からたったひとりの弟子へ伝えられたと言われています。私にとって、先生はカバラの師です。いつもありがとうございます。

SHIEN学という相互支援の学問をまとめ上げた舘岡康雄先生の『世界を変えるSHIEN学――力を引き出し合う働きかた』（フィルムアート社）。先生から教えて頂いたすべてのことが、この本を書く力と知恵になりました。どうもありがとうございました。

ありがとう農法を生み出した佐々木ファームの村上さゆみさん。ご両親の慣行農法という価値観と自分たちの自然農法という価値観との軋轢は、古い意識と新しい意識がぶつかり合う社会の縮図そのものでした。最愛の息子さんの死という大きな悲しみと絶望を愛と喜びに変えたプロセスは、無いから在るへの意識の変容であり、希望の光を見させてもらいました。この光こそ、世界が今、必要とする光だと思います。この光から生まれた「ありがとう農法」は今、日本を大きく変えています。ありがとう農法は人類の新たな始まりの物語だと思っています。

さゆみさんの笑顔を見るたびにいつも涙が溢れてきます。それは、愛を、ただただ愛を感じるから。生命は常に成長する。どんなに粉々になった鏡にも青い空は映し出される。愛はすべてを結びつける。後はそれを受け取るだけ。さゆみさんの変容のプロセスで、私は「生命の樹の受け取り法則」を理解することができました。この世のすべての美しさの結晶とも思える美しい愛を教えてくれてありがとう。さゆみさんという友と出会わせてくれた宇宙に心から感謝しています。

太陽系時空間地図 地球暦® 考案者の杉山開知さん。杉山開知さんの太陽系時空間地図地球暦® HELIO COMPASS（http://heliostera2015.strikingly.com）によって、生命の樹と宇宙と意識のつながりを発見することができました。どうもありがとうございました。

私がカバラや生命の樹をひも解くことができたのは、この4人の方々のお陰です。どうもありがとうございました！

そして、いつも支えてくれる大切な家族と友人たち。ありがとうございます！

このたび、Ｃｌｏｖｅｒ出版から出版させて頂けたことに心から感謝いたします。ずっと憧れていた会社から出版させて頂くことができ、最高の夢が叶いました。「生命の樹――受け取りの法則」を世に出すことができたのは、小田編集長のおかげです。小田さんが私を見つけてくださって、まとめてくれたのがこの本です。途中原稿が書けなくなった時には、温かく励ましてくださいました。Ｃｌｏｖｅｒ出版の小川代表、小田編集長、本当にありがとうございました‼

子どもの頃からいつか本を書きたいと漠然と思っていましたが、生命の樹の活動が全国に広がった頃から、生命の樹の本を書きたいと強く思うようになりました。

実は何度か、本の出版が実現するように生命の樹のワークをしていました。生命の樹のワークで上の世界（意識）につくったことを、今、下の世界（現実）でしっかり受け取ることができました！

次はみなさんの番です！

生命の樹を使って望む未来を受け取ってください。
受け取る方法は、この本に書いた通りです。

そして、受け取る姿勢を表している「恩師 武田京子さんのことば」もヒントにしてください。向こうからやってくるものを受け取って、ぜひ、その流れに乗ってくださいね。
あなたにしかできないことをやる人生へ進んで頂きたいと願っています。

目の前に来たものを「素直に受け取る」「喜んで受け取る」「信頼して受け取る」。
そうすれば、必ず望む未来とつながります！

すべてはもうすでに在るのですから。

この本が、手に取ってくださったあなたの人生を豊かにするきっかけとなりましたら、最高の喜びです。このご縁に心から感謝いたします。どうもありがとうございました！

◎「はじめに」でやって頂いたワークの解説

「はじめに」でこちらのワークをやって頂きましたね。

1章を読む前に、30秒だけ目を閉じて、この本を読み終えた少し先の未来とつながってください。そして、次の**奇跡の問い**を未来のあなたにそっと渡してまた戻ってきてください。

どうして、こんなに◯◯なんだろう……？

◯◯にはあなたの叶えたい願いを入れてください。

・どうして、こんなになんでもうまくいくのだろう……？
・どうして、お金がたくさん入ってくるのだろう……？
・どうして、いつもＨＡＰＰＹなんだろう……？

①まず、素直にこのワークをやってくださったことが、受け取るワークでした。なんだかよくわからないけれどやってみることが受け取る力を引き出します

②ワークでは、この本を読み終えた少し先の未来とつながってくださいとありましたね。これは、7章　生命の樹の応用編「間の間術②時間を先送りするワーク」にあたります。少し先の時間軸の自分につながることは、イメージする力をつけるワークです。未来の時間から受け取る練習になります

③そして今、「はじめに」のワークを思い出していると思います。これは、「間の間術①時間を巻き戻しするワーク」にあたります。過去の時間軸の自分につながることは、集中力をつけるワークです。過去の時間から受け取る練習になります

④ワークでは、本を読み終えた未来の自分に「奇跡の問い」を渡してくださったと思います。叶えたい願いはどんな問いでしたか？　これは、問いの形で、願いを叶えた状態をインプットしました。脳は問いを与えるとその答えを出そうとして、パソコンの検索のように、あらゆる所からその答えを集めてきます。まだ叶っていない願いでも、問いをしたことで叶う状態が整ってくるのです

うまくいかない時はついつい、「なんでいつもこうなるの……？」「ああ、どうして

私はダメなんだろう……？」「どうして同じ失敗ばかりしちゃうんだろう……？」と問いかけてしまいませんか？　問いは答えを集めてくるので、またその状態がつくられます。このワークは、その逆の問いかけで、願いが叶う状態をつくっています。このワークは考えて答えを出すワークではありません。答えを出すのは宇宙なので、宇宙に検索をするように問いかけてください。あなたがやるのは、その答えを受け取ることです。このワークも受け取る力を引き出します

⑤なんだかわからないワークをやらされて、未来に行ったり過去に行ったり、なじみのない問いを考えさせられたり（笑）、ここまで読んで頭が混乱したかもしれませんね。混乱したあなたは、いい感じです！　固まっている頭は、一度混乱するとほぐれていくと聞いたことがあります。時には頭をぐるぐるとかき回してみるのもいいかもしれません。刺激を受けて、思考停止の状態になると、思考のパターンにちょっとした変化が起こります。元の思考に戻った時に、新しいスペースができることもあります

この本を閉じたら、いよいよ「受け取る」本番が始まります。普段の生活で、受け取る

ことを意識してみてください。

受け取る、受け取る、受け取る、受け取ると意識していたら、マインドセットが在るに変わってきます。受け取る意識は、在るものを見つけ出します。無いものは受け取れませんから。受け取る意識は、在るものを見つけ出します。どんどん受け取り始めますから、センス・オブ・ワンダー〜不思議さや神秘さに目を見張る感性を開いて、準備してくださいね。

素敵な地球に生まれたことをワクワク楽しんでいきましょう！
受け取る力がつくと、驚くようなことがどんどん起こってきます。
この本は宇宙から受け取った間術の本。
素敵な間術が広がっていきますように。

2016年 11月吉日
小西 温子

もっとカバラを学びたい人へ

～参考文献リスト

・カバラの奥義や「I AM」についての教えをわかりやすく学べます。とても参考になります。

『想定の『超』法則　その思いはすでに実現している！』ネヴィル・ゴダード著（ヒカルランド）

『願望物質化の『超』法則』ジュヌビエーブ・ベーレン著（ヒカルランド）

『豊かさの法則　40日で、富とお金を引き寄せる』ジョン・ランドルフ・プライス著（講談社）

・難解なのと、使い方はのっていませんが、カバラや生命の樹の学術的な本です。

『カバラ―ユダヤ神秘思想の系譜』箱崎総一著（青土社）

『カバラーの世界』パール・エプスタイン著（青土社）

『知の教科書 カバラー』ピンカス・ギラー著（講談社）

『カバラ』ロラン・ゲッチェル著（白水社）

・生命の樹の説明がとてもわかりやすく書いてあります。

『カバラ・マインドシステム活用術』斉藤啓一著（学研パブリッシング）

・引き寄せや願望実現について学べます。

『ザ・マスター・キー』チャールズ・F・ハアネル著（河出書房新社）

『引き寄せの法則 オーラ篇』ウィリアム・W・アトキンソン著（徳間書店）

『富を「引き寄せる」科学的法則』ウォレス・ワトルズ著（KADOKAWA／角川書店）

『「引き寄せ」の教科書』奥平亜美衣著（アルマット）

『「引き寄せ」の教科書 瞑想CDブック』奥平亜美衣著（Clover出版）

・カバラや生命の樹の本ではありませんが、「受け取りの法則」をひも解くヒントになります。

『世界を変えるSHIEN学――力を引き出し合う働きかた』舘岡康雄著（フィルムアート社）

『マグダラのマリアと聖杯』マーガレット・スターバード著（英知出版）

・その他、参考文献

『世界樹木神話』ジャック・ブロス著（八坂書房）

『引き寄せの奥義キバリオン――人生を支配する七つのマスターキー』ウィリアム・W・アトキンソ

ン著（徳間書店）
『秘技キバリオン&エメラルドタブレット　あなたのメンタルを《アルケミスト》へと変容させるマスターコース』ウィリアム・W・アトキンソン著（ヒカルランド）
『魂の保護バリア　オーラ・ヒーリング―自分のエネルギー・フィールドを清め、強化しよう』スーザン・シュムスキー著（徳間書店）
『聖なる鏡―アレックス・グレイの幻視的芸術―』アレックス・グレイほか著（ナチュラルスピリット）原書：『Sacred Mirrors The Visionary Art of Alex Grey』Alex Grey ほか著（Inner Traditions）』
『思考は現実化する』ナポレオン・ヒル著（きこ書房）
『「引き寄せの法則」のアメージング・パワー―エイブラハムのメッセージ』エスター・ヒックス／ジェリー・ヒックス著（ナチュラルスピリット）
『家族をつなぐ52のキーワード』リンダ・カヴェリン・ポポフほか著（太陽出版）
『神さまとのおしゃべり―あなたの常識は、誰かの非常識―』さとうみつろう著（ワニブックス）
『ザ・シークレット』ロンダ・バーン著（角川書店）
『センス・オブ・ワンダー』レイチェル・L・カーソン著（新潮社）
『タロット解釈実践事典―大宇宙（マクロコスモス）の神秘と小宇宙（ミクロコスモス）の密儀』井上教子著（国書刊行会）

小西 温子（こにしあつこ）

1971 年、札幌生まれ
生命の樹研究家

小学３年生の時、ピラミッドの図鑑の不思議な図形に心を奪われる。この出会いが「生命の樹」の原初体験となる。

25 歳の時に参加した地球環境問題の講演会で衝撃を受け、価値観と生活への態度が大きく変わることになるが、反面、ずっと生きづらさも抱え、どう生きていったらいいかがわからずに、30 代は引きこもるように田舎で過ごす。

2007 年、また生命の樹が人生に現れることに。
『フラワー・オブ・ライフ』（ナチュラルスピリット）での「生命の樹」との再会をきっかけに探求が始まり、やがて、「生命の樹（カバラの教え）」の叡智を『受け取る』ようになる。
その叡智こそが、もうすでに在るものを『受け取る』方法であることを発見し、苦しかった心が瞬く間に、望む方向に運ばれていき人生が激変。

「生命の樹」の叡智、それは『引き寄せ』ができない原因を補う『受け取る』方法を説くもの――この自分を救ったプロセスを、他者と分かち合うべく、現在は『受け取りの法則』を全国で伝える活動をしている。

ブログ
生命の樹を使いこなして♪大好き、嬉しい、ほっとする♪
http://ameblo.jp/imakokowatashi-arigatou

校閲協力／新名哲明
編集制作DTP & 本文design ／小田実紀

宇宙とつながる、意識の設計図
「生命の樹――受け取りの法則」
月のリズムで行なうワーク 22日間

初版１刷発行●2016年11月17日
　　２刷発行●2017年２月15日
新版１刷発行●2020年８月21日

著　者
小西 温子（こにし あつこ）

発行者
小田 実紀

発行所
株式会社Clover出版
〒162-0843 東京都新宿区市谷田町3-6 THE GATE ICHIGAYA 10階
Tel.03（6279）1912　Fax.03（6279）1913

印刷所
日経印刷株式会社

ISBN978-4-908033-48-3　C0011

本書の内容に関するお問い合わせは、info@cloverpub.jp宛にメールでお願い申し上げます